U0136994

指文® 战争事典 004

战争事典

WAR STORY

宋毅 主编

中国长安出版社

图书在版编目（CIP）数据

战争事典.004 / 宋毅主编. -- 北京：中国长安出版社, 2014.2

ISBN 978-7-5107-0698-1

Ⅰ.①战… Ⅱ.①宋… Ⅲ.①战争史－史料－世界 Ⅳ.①E19

中国版本图书馆CIP数据核字(2014)第029981号

战争事典 .004

宋 毅 主编

策划制作：指文文化

出版：中国长安出版社

社址：北京市东城区北池子大街 14 号（100006）

网址：http://www.ccapress.com

邮箱：capress@163.com

发行：中国长安出版社

电话：（010）85099947 85099948

印刷：重庆大正印务有限公司

开本：787mm×1092mm 16 开

印张：13.5

字数：250 千字

版本：2021 年 1 月第 3 版 2021 年 1 月第 1 次印刷

书号：ISBN 978-7-5107-0698-1

定价：79.80 元

版权所有，翻版必究

发现印装质量问题，请与承印厂联系退换

CONTENTS
目录

前言

2013 年 7 月 22 日，全球各大媒体的记者和英国民众聚集在伦敦圣玛丽医院外，焦急等待英国威廉王子与凯特王妃的第一个孩子出生，一位身穿英国传统服装的假冒王室公告员手捧"圣旨"，高声宣告了小王子降生的消息。大英帝国的王室成员向来都是世界新闻的焦点，《维多利亚的秘密——英国王室一战秘史》一文将带您走进维多利亚时代英国王室那不为人知的私密历史。

对拥有世界上最为庞大领土的俄罗斯来说，拥有一个不冻港似乎是一个奢求。庞大的"北极熊"不但在陆地鲸吞海吃，对海洋也有着无穷的渴望。从彼得大帝开始，北极熊便开始了漫长的海军建设，《进击海洋——沙皇俄国海上力量发展史》便描述了这段发展历程。

一提起意大利，人们最容易想起的可能是足球、面条、披萨，还有黑手党，至于战争，恐怕没多少人会想起。但不论是"一战"，还是"二战"，意大利都是最主要的参加国之一。《被遗忘的战争——记一战中的意大利战场》一文，便为大家揭露了在第一次世界大战中，意大利人是如何打仗的。

晚清是一段多灾多难的历史，遭遇了"千年未逢之大变局"的满清王朝已经无法避免地走向沦亡。《晚清将帅志》将这段大变局中的那些人、那些事刻画得入木三分，颇能给当今中国社会带来一些启示。

对中国人来说，西域并非陌生的地方。自从汉代张骞凿通西域之后，西域便成了中原帝国不可分割的一部分，任何一个强大且统一的朝代都不会放任这块土地脱离自己的掌握。《大唐西域之高昌绝唱》用雄浑的笔锋、壮美的辞章为大家解说这段史家绝唱。

2014 年 2 月

维多利亚的秘密

英国王室一战秘史

作者：李海宁

◎ 爱德华与亚历山德拉的婚礼

1897年，英国女王维多利亚陛下统治英国六十周年，给了她所统御的各阶层的数百万臣民参加一个史无前例的庆典的机会。整个帝国都沉浸在一种欢乐和感恩的热情中，每一个城市和村庄都张灯结彩、喜气洋洋，把这作为一个快乐而庄严的节日。庆祝活动持续了两个星期，其中最盛大的莫过于6月22日在伦敦圣保罗大教堂举行的感恩式。据官方公布，女王将乘御车到那里，途中巡行首都，以晤见她的人民和接受他们的祝贺。

6月22日，蔚蓝的天空和灿烂的阳光使这历史上举世无双的盛典显得光耀夺目。从白金汉宫出发之前，女王给帝国各处的人民发了一封电报："我由衷地感谢我亲爱的人民，愿上帝保佑吾民。"女王的御车不仅走过了往来威斯敏斯特大教堂的那一段短路，越过了伦敦桥和威斯敏斯特桥，也遍行了泰晤士河南北两岸的通衢大道。全程约6英里，为时3个钟头。当女王的车驾通过时，拥挤在道路两旁的人群的答礼惊天动地，欢呼声中夹杂着爱戴和激动的热泪。

临近圣保罗大教堂时，军队列队而立，使女王陛下可以检阅他们。在这浩荡的行列中，不仅有英国陆、海军的代表，盛装华服、满身珠宝的"土邦主"所统率的印度帝国的仪仗队，还有各自治领和殖民地的军队或警察，包括加拿大王家骑警、黄金海岸的豪萨兵和香港的武装警察，等等。御车停在大教堂西门的前面，年迈的女王不必下车就可以参加简短的露天礼拜仪式。女王家族中一切在世的人都出场了，英国政府的全部首脑人物都来了，各国也派了代表出席。

在随后的两周里，女王在白金汉宫和温莎堡为议员及其夫人们分别举行了游园会，并接见了各属地的首脑并主持了他们就任为枢密院议员的宣誓仪式，还召见了英国国教圣公会的180名主教……

维多利亚女王忠于自己的丈夫，对子女要求严格，是一代楷模。她性格质朴、秉性真挚，被认为是美德的典范，受到民众高声喝彩。她与汉诺威家族中的历代先王截然不同。事实上，汉诺威王朝是英国历史上最腐败堕落、道德最败坏的王朝。

浊浪滔天

汉诺威王室本是德意志一个小诸侯国的统治者，机缘巧合才得以入主英格兰宫廷。1603年，"童贞女王"伊丽莎白一世驾崩，膝下无子女，都铎王朝也就此结束。为了避免发生因王位继承而引起血腥内战，英国上层贵族一致决定，用投票的方式来推选新国王。结果，曾经与都铎家族联姻的苏格兰斯图亚特家族戴上了英格兰统治者的王冠，并实现了英伦的南北统一，大不列颠联合王国的名字也就此诞生。然而，

斯图亚特家族的国王们的治国才能非常糟糕，英国几乎陷入了一个世纪的混乱。

詹姆斯一世在位期间（1603—1625年）与议会的的纷争不断；1640年，查理一世发动了反对议会的战争，但以失败告终，被送上了断头台（1649年）；紧接着，军事独裁者——克伦威尔建立了自己的铁腕统治（1653—1658年）；1661年，查理二世回英国复辟为王，1685年即位的詹姆斯二世将国家引入一场宗教战争，原因是他想用罗马天主教取代英国的国教新教。所幸这次没有再出现血腥的内战，而是以一场所谓不流血的政变——"光荣革命"——完成了政权的转换。1688年，在上层贵族和议会的斡旋下，詹姆斯二世让位给自己的女婿——荷兰的执政者、奥兰治亲王威廉三世。

威廉三世患有肺结核和气喘病，脚有点跛，他的妻子、詹姆斯二世的长女玛丽也不是个理想的公主——虽然颇有姿色，

◎ 1649年1月30日，查理一世被处死在白金汉宫门前。这幅画描绘了行刑之后，克伦威尔检视国王尸体时的场面

◎ 威廉三世

◎ 玛丽二世　由于害怕惨遭和查理一世同样的下场，詹姆斯二世仓皇逃离英国，他的女儿、女婿未费一枪一弹，就轻易夺得了王位

却有个不为人知的隐私，就是同性恋。她热恋的对象是王家鹰苑管理员的女儿弗兰西丝·阿斯普利。在一连串情谊绵绵的信中，玛丽毫不掩饰地表达了自己对弗兰西丝的爱情，但她显然没有忘记自己的性别，口口声声地称对方为"丈夫"。这段恋情最终无奈地结束了。一方面由于弗兰西丝的冷漠，另一方面也是因为父王的压力。当玛丽知道自己要嫁给威廉的时候，痛苦了整整一夜。不过，她还是接受了这个结果，试着去爱那个身体孱弱的丈夫。

威廉沉默寡言，一直对妻子十分冷淡，岂料这场婚姻却给他送来了一个比荷兰更大、更强的国家，他意识到了妻子的好处，对她产生了由衷的感激之情。1689 年，威廉三世将妻子封为女王——玛丽二世，与

自己平起平坐。这是英国历史上绝无仅有的时期，即国王与王后共同执掌王权，享有平等的权利。新统治者还接受了阐明议会至高无上基本原则的《权利法案》。《权利法案》的主要内容是国王未经议会同意不能停止任何法律的效力、不能征收赋税等，它实际上是一部限制王权和保障议会享有更广泛权利的宪法，议会被认为是掌握财政权的最高立法机构，与国王分享大权。

尽管英国议会承认了两人的共同统治，但玛丽一直甘居幕后，威廉实际是唯一的国王。尽管他拥有大部分权力，但他还是依靠妻子来处理除军事外的其他事务。玛丽二世勤勉于政务，得到了丈夫的万般宠爱。1694 年，玛丽二世死于天花，威廉三世记念起妻子的好处，不禁悲痛万分、泪

如泉涌。1701年，英国议会通过《嗣位法》，规定英国王位应由玛丽后嗣继承；如玛丽无后裔，王位则由妹妹安妮继位；若安妮去世时仍无任何直系后裔，王位应传给詹姆斯一世的外孙女、已嫁给汉诺威公爵的索菲娅及其信仰新教的后代。英国王位的继承人不得与天主教徒结婚。

1702年，威廉在花园里骑马时，被鼹鼠打的地洞绊倒，跌下马背摔断了锁骨。由于他身体虚弱，很快出现了并发症。两星期后，威廉病死。因身后没有留下任何后代，英国的王位便由安妮公主继承。安妮患有痛风，身体肥胖且行动不便，故行动时需要乘坐轮椅或者拖车。1683年，她与丹麦王子乔治结婚。他们夫妻恩爱，与人无求、与世无争。安妮先后17次怀孕，但遗憾的是，她生下的孩子大部分都是死胎，就算活下来的也都阳寿不长。当她1714年去世时，索菲娅已病逝，英国王冠就自然落到了索菲娅的儿子乔治·路德维格头上，是为乔治一世。从此，斯图亚特王朝宣告终结，汉诺威家族开始统治英国。

1660年，乔治生于汉诺威的奥斯纳布吕克。1680年，20岁的他满怀希望来到伦敦指望获得安妮公主的垂青，但初次见面因双方均害羞而无表示。据说，安妮对这位王子倒是一见倾心，因父亲反对而放弃了这门亲事。乔治空等了四个月，失望而归。1714年，已经54岁的乔治不太情愿地被英国议会从德国召来继位，当他所乘的驳船刚在格林威治码头靠岸，朝臣们就争先恐后地迎上前去讨好新主子。一开始，乔治对这里潮湿的天气没有好感。他对人说："我在汉诺威生活得很好，要不是英国王冠比较诱人，我是不会到这里来的。"

乔治会说德语和法语，却不怎么会讲英语。他的英国大臣们又不会讲德语，君臣之间只好用法语交谈，但是，双方经常词不达意。后来，国王干脆不再参加内阁会议，不再去听那些他感到莫名其妙的英语。他要求大臣们给他书面报告，再把这些报告翻译成法语呈递给他。大多数情况下，他不了解需要他签署的那些文件的内容，他只签名，不管事。正因为他不怎么干涉国家事务，从而使内阁制度更趋成熟。英国政府的组织形式从来没有明确写在纸上，而是在运行时不断更改、完善的。

乔治五短身材，其貌不扬，令人乏味，

◎ 至少有50多位亲戚都比乔治一世有优先权，但他们坚决不肯改变信奉的天主教，从而使乔治一世继承英国王位成为顺理成章的事。

◎ 图为索菲娅·多罗茜和她的一儿一女，儿子就是未来的乔治二世

◎ 1743年，在奥地利王位继承战争的德廷根战役中，乔治二世指挥英军与法军作战。在失去战马的情况下，他步行挥剑指挥战斗，最终赢得了胜利

言谈举止鲁莽粗俗，禀性脾气也都无出众之处。他那蹩脚的英语和稀奇古怪的德国风俗自然成了人们取笑的话题，不过，大家津津乐道的还是他对丑陋情妇的偏爱。他最著名的两个情妇都是从汉诺威带来的，一个肥得流油，另一个瘦骨嶙峋。人们给她们分别起了形象的绰号——"大象堡"和"五月柱"①。

不过真正震惊英国人的是乔治对待自己妻子的不人道。1682年，乔治娶了他的表妹索菲娅·多罗茜为妻。这是一场政治婚姻，双方之间没有感情。这个美丽但头脑简单的女人对丈夫感到厌恶，开始在婚姻之外寻觅自己的乐趣。她找到了一个英俊的瑞典龙骑兵上校，甚至有谣传说他们计划私奔，但是没实施。1694年，人们发现那个瑞典军官失踪了！据说是乔治让人把他剁成了碎片，并将尸块埋在了王宫的地板下面。多罗茜的命运比这还不幸，离婚不说，还不许再见儿女，终身被监禁在一座城堡中，当时的她仅28岁。

乔治一世与索菲娅·多罗茜的儿子乔治·奥古斯塔斯——未来的乔治二世为母亲的命运感到忿忿不平，据说他曾游过囚禁多罗茜城堡的护城河，企图把母亲解救出来，但无功而返。他不肯宽恕父亲如此虐待自己的母亲，就在这样的仇恨中渐渐成长。传说小乔治天天盼着父亲咽气，以便能把母亲放出来，但这个愿望终究没有实现。多罗茜死于1726年，得知此消息的那一天，国王故意去剧场看戏。可怜的多罗茜死后七个月还得不到安葬。

有个算命先生曾对乔治一世说，妻子死后，他顶多能再活一年。1727年夏，乔治按惯例离开英国回汉诺威避暑，途中突然中风，病死在奥斯纳布吕克城他出生的那个房间里。英国人从不喜欢这位日耳曼国王，当他的死讯传来时，有人宣称："魔鬼终于掐住了他的喉咙。"英国人很快忘了国王，甚至忘了埋他。没有人想到应该制定计划把他的灵枢请回威斯敏斯特教堂安葬。最后，乔治被埋在汉诺威的奥斯纳

---

① 五月柱是指一根有飘带的柱子，通常又高又细。"五朔节"（每年的4月30日），是庆祝春天来临的节日，人们都会围着此柱载歌载舞。

布吕克。

乔治二世是英国历史上少有的几个英俊国王之一。他相貌堂堂，高大魁梧，两眼湛蓝，肤色绯红。他是个无畏的战士，是最后一位御驾亲征的英国国王，他率军在欧洲大陆纵横披靡。他对历史和本族的家系很有研究，对古典文学也很喜欢。他的法语、意大利语和英语都说得相当好。作为天生热爱音乐的德国人，乔治二世是音乐家亨德尔的赞助人。然而，这位国王并没有受到过英国人的多少尊重。

乔治从父王手中接过的除了王冠之外，还有与父亲一样令人费解的审美标准，给英国民众提供了不少茶余饭后的笑料。有人这样说："对他而言，只有胖女人才是完美无缺的。"一次，在他离开英国回汉诺威后，有人把一匹瘦弱的老马放到伦敦的大街上，还在它背上贴了一张告示，上面写道："别挡路！我是陛下的御用之马，从汉诺威运送国王及其情妇到英格兰的。"

乔治二世有过许多情人，但这并不意味着他不爱他的妻子——安斯巴赫公主卡罗琳，他只把这些情妇看作是国王的陪衬而已。王后也知道国王最爱的仍然是她，他总会回到自己的身边，所以也就容忍了丈夫的爱好，有时竟还为他挑选情人，不过每次她都要亲自确认对方比自己丑陋才行。

卡罗琳一直患有疝气，经常肚子痛，还伴有呕吐。她试图对国王隐瞒此事，因为国王对疾病一向感到恐惧，不希望失去这个世上少有的顺从、体贴的妻子。然而，由于耽搁过久，王后的肠子已经穿孔了，外科医生必须动手术打开肚子，取出坏死

◎ 卡罗琳美丽又聪明，乔治二世非常爱她。卡罗琳体贴丈夫，也深知自己对丈夫的影响力

的部分。但是卡罗琳的内脏突然破裂，大出血把床都染红了。临死前，她恳求丈夫不要再婚，国王擦了擦眼里的泪水说："我永不再娶，只要情妇。"

国王自己死得也很不体面，因为他死在了厕所里。乔治二世患有便秘，1760年10月的一天早晨，他起得很早，喝了一杯热巧克力后就去上厕所了。谁知国王坐在马桶上运劲儿时用力过猛，引起心脏病猝发而亡。他的贴身男仆曾听到从厕所里传来一个很大的声音，其实那就是国王心脏迸裂的声音。

乔治二世与乔治一世的另一个惊人的相似之处，是他同长子弗雷德里克·路易的关系也非常不好。弗雷德里克1706年生于汉诺威，人人都叫他"可怜的弗雷德"。

打从他生下来那天起，乔治二世夫妇就不喜欢他，或许是因为他的祖父乔治一世喜欢他，于是，他的父母就觉得应该讨厌他。由于他完全是在德国接受的教育，远离父母，所以那种很自然的爱的纽带就被斩断了。当1728年他到英国时，他父母甚至没有派人去接他。

弗雷德也用同样的态度回敬父亲，而且更加恶劣。他一辈子都在夸夸其谈，说当他的父王死去以后他要做些什么。当国王的人肯定都不喜欢有人提醒他们人总有一死，继位者正在一旁等着他们让出王位来。不过，乔治二世感到满意的是自己比儿子活得长。弗雷德于1751年因肺部受伤突然身故。乔治假惺惺地很悲痛，但公众没有被完全愚弄，很多人发现国王的戏演得太假。乔治二世居然命令，任何主教或与主教地位相同的人不得参加儿子的葬礼，不能唱赞美诗，也不准给前来悼念的人提供饮食。

继承乔治二世王位的是他的孙子、22岁的乔治三世——乔治·威廉·弗雷德里克，1738年生于伦敦。乔治三世从未去过汉诺威，是安妮女王去世以来，首位能说一口纯正英语的君主。小时候的他被描述成"沉默寡言，谦虚谨慎，动辄害羞的孩子"。其母萨克森－哥达公主奥古斯塔在挚友、清教徒布特伯爵的帮助下带大了儿子，并引导儿子改善王室的形象，根除淫乱的名声。与两位先王不同，乔治三世竭尽一切努力去完成国王的职责。但他在选择奴仆方面一意孤行，结果大权一度落在了亲信手里。他们对国家的政策的影响是灾难性的，尤其是对美洲殖民地的政策，导致了美国的独立。

◎ 弗雷德的肤色发黄，鼻子弯曲，看起来不像是汉诺威王朝的后裔。有人说他生下来时被"掉了包"，这似乎是无稽之谈

失掉美洲令国王受到了刺激，乔治三世的精神一步步走向崩溃，开始产生幻觉，并且语无伦次、疯疯癫癫。除了严重的腹痛之外，他还表现出四肢无力和小便颜色异常（呈紫褐色）。自那以后，医生和历史学家就对乔治三世的病争论不休。有人曾试图用心理学来解释，认为他患上的是抑郁症。但直到 20 世纪 30 年代才终于搞清楚，乔治三世得的是新陈代谢紊乱的疾病——卟啉病。假若新陈代谢过程中血液里产生的红色素过多，尿就变色，包括大脑在内的整个神经系统都会中毒，使人思维混乱，引起幻觉、癔症、偏执和精神分裂的症状。

乔治三世的病分别在 1788—1789 年间的 6 个月、1801 年的 3 个月和 1804 年的 4 个月发作过。每次发作，他就会满嘴污言秽语，性欲大发，在王宫里追逐惊恐万状的侍女，强行求欢，令旁人目瞪口呆。御医们用残酷得令人发指的方法来为国王治疗。国王的主治医生名叫弗朗西斯·威利斯，是林肯郡一家疯人院的老板。假若国王拒不吃饭或吵闹不休，就把他的两腿绑在床上，再用一条宽布带沿着他周身捆扎起来。后来，又用一种特殊的椅子限制他的行动。十分讽刺的是，这个可怕的玩艺儿称作"加冕椅"。真正的加冕椅带来的是至高无上的威严，而这张椅子带来的只是屈辱。

在大多数正常的时候，乔治三世会谴责自己那群堕落的儿子们放荡不羁的生活。提起那群王子，纵使是人称"铁公爵"的威灵顿也不禁满腹牢骚："对任何政府而言，他们都是最沉重的包袱。"最让人烦心的

◎ 乔治三世在位59年，终年时81岁，当时这两个纪录超越了以前的历任英国君主。但多次的精神错乱为他的晚年笼罩上一层乌云

◎ 乔治四世是汉诺威家族中少见的才子，在文学艺术上颇有造诣，但英国的普遍民众十分反感他的放荡不羁

◎ 这是一副1792年的讽刺漫画，把乔治四世描绘成好吃懒做、沉迷酒色的纨绔子弟，身边尽是空酒瓶、残羹和各种药品，还有用便壶压着的账单

是威尔士亲王乔治·奥古斯塔斯——未来的乔治四世。他在公开场合道貌岸然，背地里却无恶不作，不仅暴饮暴食、嗜酒如命，胖得像漫画中的怪物，而且，还到处沾花惹草、赌博欠债。国王经常责打这个不争气的儿子，有一次，他抓住儿子的衣领，把他从椅子上拎起来，用力摔到墙上。奥古斯塔斯顿时就哭了，但是很快就恢复了常态，利用父亲的病为自己谋求好处。

工了到处模仿父亲发疯时的丑态，希望政府把父亲永远关起来，这样自己就能当摄政王了。他就像等着吃死尸的秃鹫一样盼着父亲早日完全疯掉。他的等待没有白费。1810 年，年迈的国王因老年痴呆症被关进温莎堡的一套窄小的屋子里，10 年后在人们的忽视和淡忘中与世长辞，死时

目盲耳聋。乔治四世终于如愿以偿即位，他的加冕仪式极尽了国王的盛荣，可说是历代以来最盛大的一次，耗资 20.4 万英镑（乔治三世的加冕礼只花了 10 万英镑）。但是肆意放浪的生活已经严重损害了他的身心健康。尽管如此，他依旧终日被一群情妇包围着，还经常服用鸦片酊。不出所料，没过多久，他就下地狱了。

天下女人

1784 年，身为威尔士亲王的乔治四世就爱上了一位比他大 5 岁的天主教徒、寡妇——玛丽亚·安妮·菲茨赫伯特夫人，并与之秘密结婚，使自己面临失去王位继承权的危险。议会不得不出面干预，说服他甩掉非法的妻子，于 1795 年与其表妹、布伦瑞克公主卡洛林成了亲。卡洛林不仅肥胖，还粗鲁、庸俗、邋遢，乔治非常鄙视她。婚后一年她生下女儿夏洛特后，乔治四世就与她分居了。在以后的岁月里，卡洛林多半时间都在意大利，丈夫加冕时曾在英国威斯敏斯特教堂门口被警卫挡住不让进。1821 年，这位王后突然身亡。

◎ 玛丽亚·安妮·菲茨赫伯特夫人1788年时的画像。乔治四世疯狂地爱着她，他虽然情妇不断，但最后还是会回到菲茨赫伯特夫人的身边

◎ 卡洛林公主1820年的画像。乔治见到卡洛林时曾大惊失色："天哪！我不舒服，请给我一杯白兰地。"婚礼上，他更是烂醉如泥

◎ 夏洛特公主受到英国民众爱戴，她死后人们为失去这位公主而感到惋惜

乔治和卡洛林唯一的女儿夏洛特是个感情强烈的女孩，生性冲动。当她发现自己自私的父亲和怪癖的母亲结婚完全是为了继承王位，对自己没有一丝感情后，她与父亲形同路人。17岁时，父亲决定把她嫁给奥兰治亲王。起初她同意了，可是，她突然喜欢上了普鲁士的一位王子，乃决意解除婚约。但还在交涉时，她又爱上了萨克森-科堡的利奥波德亲王。1816年，婚典在伦敦举行。次年春天，公主有喜了。可是分娩时，夏洛特却死于难产，生下的男孩也是一个死婴。

等到乔治四世1830年去世时，王冠不得不给了他已经65岁的弟弟威廉四世。谁也没有料到他会继承王位，因而无人教他

怎样当国王。威廉还是一个13岁的少年时，就以海军候补生参加了海军，追随强大的英国舰队征战四海，练就了水手的坚韧性格和粗野作风。海上生活使威廉有机会在遥远异国港口的妓院里满足他的欲望。他在牙买加做过一次维护奴隶制的演讲，据说这是因为奴隶制可以满足他两个主要嗜好：鞭挞奴隶和与女奴通奸。即使当上了国王之后，威廉仍然不改水手的粗犷与直率，被人称为"水手国王"。

1794年，29岁的威廉王子与33岁的爱尔兰喜剧女演员多罗西亚·乔丹坠入爱河，共同生活了20多年，生养了10个子女。自然，这些孩子都没有继承王位的资格，他们都姓"菲茨格拉伦斯"。现任英

国首相戴维·卡梅伦就是其后代。直到必须从王兄手中接过王位，威廉才不得不和乔丹夫人脱离关系，娶了一位门当户对的妻子——同样来自萨克森-科堡的公主阿德莱德。虽然她非常丑陋，但是威廉别无选择，他所能做的只是竭力生下一个继承人。他们先后生下过5个孩子，但都无一存活。因此，他的弟弟们为了赶紧结婚生下一男半女而忙作一团，最后中头彩的是肯特公爵爱德华。

爱德华是乔治三世的第四个儿子，他是一个又高又胖，精力充沛的人。黢黑的皮肤、蓬松的眉毛，头顶上所有的头发全被染成亮晶晶的一片黑。他的衣服非常整洁，外貌死板，但与哥哥乔治四世和威廉四世一样，爱德华从年轻时私生活就极不检点，乔治三世只得把他放逐到直布罗陀，在那里指挥步兵团。他把烦恼都发泄在士兵身上。部队纪律异常严格，爱德华每天都早早起来操练、检查士兵，而且经常粗暴地责打他们。士兵们背后偷偷称他为"魔鬼"。粗暴的带兵方式终于使士兵们忍无可忍，他们在下级军官的带领下发动了兵变。

公爵还没来得及报复便被国王调往加拿大的蒙特利尔。但不久，他就好了伤疤忘了疼，在新地方继续虐待行为，而且变

◎ 威廉四世在位仅七年。和其他君王相比，他是个比较容易被人遗忘的君主，人们之所以还能记住他，只因为他是维多利亚女王的伯父

◎ 以不再重返舞台为条件，多罗西亚获得了补偿和孩子们的抚养权。不过，多罗西亚还是难以克制对演艺生活的喜爱，最终重返了舞台，威廉于是收回了她的权利。1816年，多罗西亚死于艺术之都巴黎

◎ 肯特公爵爱德华

◎ 萨克森-科堡-雷宁根家族的维克托瑞公主的画像。大大咧咧的威廉国王和精明小气的弟媳维克托瑞性格不合，他从心里讨厌维多利亚这个盛气凌人的母亲。他的愿望就是尽量活着，直到维多利亚18岁，那时她就可以不需要母亲的摄政而独自执政

本加厉。一次，他罚一位邋遢的士兵999鞭的笞刑。毫不奇怪，他的部下又发动了兵变。于是，爱德华又被派到了西印度群岛。怎奈江山易改本性难移，他在那里的统治也很快出现了危机：当他在圣诞节下令关闭当地所有的酒馆时，整团的士兵发生了暴动。这次，爱德华用残酷的手段镇压了部下——3名带头叛乱的下级军官被绞死，几十人被施以笞刑。

爱德华公爵虐待士兵的行为引起了英国国内舆论的大哗，乔治三世不得不解除了这个"魔鬼"的职务，把他召回了英格兰。爱德华到处调动时，始终带着情妇朱丽·德·圣·劳伦特，她是亲信在法国为他物色来的漂亮金发姑娘，但她的经历却没人知道。回到英国后，公爵试图改变自己在百姓心目中的形象。因此，他定期去教堂礼拜，赞助一些有影响力的慈善活动。体面的捐赠和情妇的挥霍花费了不少钱。后来，他和朱丽不得不流亡到比利时的布鲁塞尔，整日深居简出，以躲避债主和好事者的纠缠。

未来英国王位的第一继承人夏洛特的死，对爱德华来说，意味着机会。他的哥哥们都还没有结婚生子。不过，劳伦特身为平民，又是个天主教徒，显然不能当未来的英国王后。想要摆脱困境，并且尽快搞出个把子嗣来，惟一方法就是抛弃情妇，娶一位合法的妻子。正好劳伦特也没有为他生下一男半女。爱德华派人四处走访，寻觅合适的对象。长相、性格、爱好全都无所谓，最重要的是具备生育能力。功夫不负有心人，手下终于找到如意人选：来

自德意志一个小国的统治者、萨克森－科堡－雷宁根家族的维克托瑞公主。她虽是个寡妇（32岁），但风采依旧。

双方一拍即合，婚事操办进展迅速。至于维克托瑞究竟看上爱德华什么，人们就不得而知了。也许，在她看来，能够借此跻身英国王室，这件事本身就极具诱惑力。公爵已经有点迫不及待了，但是没有勇气向与他生活了25年的朱丽解释这件事情，甚至恳求不要把此事在报纸上刊登。可是，布鲁塞尔一家报纸还是登出了这条新闻。第二天早晨，不幸的朱丽在饭桌上最终得知了这个可怕的事实。爱德华回忆说："她似乎没有什么过分或激烈的反应。"但他不知道，圣·劳伦特夫人的喉咙强烈地痉挛着，耳朵嗡嗡响着，差一点晕了过去。

1818年5月，爱德华和维克托瑞举行了婚礼。于是乎，两个心怀鬼胎的人走到了一起。而且，一切如愿，结婚不久，维克托瑞就怀孕了。1819年4月，夫妻二人横渡英吉利海峡，到达多佛港，踏上了英国的土地。同年5月24日，维克托瑞为公爵生下了一个女儿，经过反复考虑和选择，他们为她取名为亚历山德琳娜·维多利亚，一是表示对孩子的俄国教父——沙皇亚历山大一世的尊敬，二是为了纪念她的母亲。这个女孩就是后来伟人的维多利亚女王。可惜，初得千金的幸福并没有延续多久。仅8个月后，爱德华就突患肺炎去世。

爱德华死前不久，一个星相家曾对他说，王室中很快会有人死去。爱德华做梦也没有想到会是自己。"我的哥哥身体都不如我健康……我的命很硬，能把他们都

克死。这样一来，王位就自然会落到我的头上，或是传给我的孩子。"然而，人算不如天算，1819年圣诞节期间，一家人观看露天表演时（一说是在打猎时），爱德华偶感风寒，从此一病不起，病情越来越严重，不久便撒手人寰（1820年1月22日）。

爱德华死后留给妻子女儿的是沉重的债务，从此，家里开始节俭度日。维多利亚的童年称不上无忧无虑。她和母亲住在肯辛顿宫——相当于英国王室接待贵族亲戚的招待所。它位于海德公园的西面，总面积不大，装修非常简单，屋内都是老家具，地毯也很陈旧。小公主总是穿同一套衣服。从小她就被灌输这样一种观念：女人频繁变换服饰不仅是挥霍浪费，而且是一种不

◎ *14岁时的维多利亚公主*

良品行。她曾经在日记中写，那时家里总是吃羊肉，因为当时的羊肉比较便宜，以致她成为女王后就再也不吃羊肉了。

11岁那年，维多利亚第一次知道了有怎样的辉煌前途在等待着她。保姆用许多卡片教她历代英王的世袭情况。后来，维多利亚自己都能把王位继承的先后顺序算出来，而且说"我最有可能是下一个"。不过，还是个小姑娘的她显然还不太在意这些，至于肯特公爵夫人，则毫不掩饰自己女儿将成为女王的喜悦，处处提防别人暗害女儿。不断有人提醒公爵夫人要防备她的小叔子乔治三世的第五个儿子、坎伯兰公爵恩斯特·奥古斯特。此人阴险狡诈，妒忌心极强，对王位早就垂涎欲滴。据说，他的党羽曾试图毒死小公主，但没得逞。

小维多利亚躲避"邪恶叔叔"的另外一个原因是，再次守寡的母亲总是受到总管约翰·康罗伊的影响。那是一个野心勃勃的爱尔兰新贵，一般认为他是公爵夫人的情人。为了完全控制公爵夫人全家，包括维多利亚在内，他实行了一套严格的家政管理办法，使母女俩几乎与外部世界隔绝。康罗伊确信威廉四世注定将要被公爵夫人的女儿所取代，计划在国王去世而公主又不满18岁须由肯特公爵夫人摄政时，自己在幕后掌握实权。

小维多利亚在肯辛顿宫开始学习冗长繁琐的宫廷礼仪和许许多多的行为禁忌：不许和陌生人交谈，不能在外人面前流露情感，不得破坏规矩，不许按照自己的好恶选读书籍，

不许吃定量外的甜品，等等。这些事情使维多利亚产生了逆反心理，从小就表现得很叛逆。她根本不把这个管家放在眼里，她是整个家中惟一一个敢于向康罗伊的严格管教发起挑战的人。这使得维多利亚今后能担当大任，出人头地。

维多利亚16岁之后，她的母亲每年夏天都带她去英国各地旅行，为的是让她领略祖国的大好河山，体察民情。1836年，康罗伊在英国北部和中西部为公爵夫人和维多利亚公主组织了多次规模盛大的"旅行"，声势近于国王巡幸，使威廉四世大为恼火。在温莎堡的一次高朋满座的宴会上，国王当着一百多位宾客的面斥责了弟妹对他的冒犯，希望自己多活些时日，以免出现某种不幸的局面。

威廉四世边说边指向维多利亚："我将很乐意将王权亲自移交给那位年轻的女士，她是法定继承人，但我不想把它交给我旁边的这位夫人（指肯特公爵夫人），她身边充斥着心术不正的小人，而且行为举止极不得体。我可以毫不犹豫地说，我一直在忍受她对我的严重侮辱，但我绝不会再允许这种大不敬的事情发生。我要她知道我是国王，我的权威是至高无上的！"最终，威廉四世的希望如愿了。1837年6月20日，威廉四世驾崩时，维多利亚

◎总管约翰·康罗伊

◎ 画家笔下维多利亚收到继位消息的情景

公主已在 28 天前到了法定年龄，不需要母亲摄政了。

维多利亚当上女王后发出的第一道命令就是把自己的床搬出母亲的房间——从此，再也没有任何人可以监视或管束她了。肯特公爵夫人听到后几乎精神崩溃，母女俩的关系就此破裂，直到多年后才恢复正常。同时，女王又果断行动——驱逐康罗伊出宫。她从未喜欢过康罗伊，也不愿再受他摆布。她慷慨报答了他从前的服务，封他为男爵并给他每年 3000 英镑的俸禄，他仍然是公爵夫人的家人，但他和女王的往来是完结了。她还将汉诺威领地和爵位让予坎伯兰公爵，从此，这块德国领土不再属于英国。

1838 年 6 月加冕典礼以后，女王的顾问们马上为她考虑婚事。1839 年，候选人之一，女王的表弟萨克森 - 科堡的阿尔伯特亲王访问伦敦时，第一次见面，维多利亚就对他一见钟情，立刻爱上了他。第二次见面后，她赞叹阿尔伯特"真是漂亮动人"。第三次见面就直接请他娶她。亲王没有立刻对她产生同等的深情，但他强烈的责任感及使命感，使他愿意与女王结婚。结婚的日子很快就定了下来。1840 年 2 月 10 日，婚礼在伦敦举行。当高贵的新娘挽着略显矜持的丈夫缓缓走向圣坛时，教堂里回荡着坎特伯雷大主教朗诵的圣经祝词，

◎ 维多利亚女王和阿尔伯特亲王的婚礼

全世界的人都在祝福这幸福的一对。

在隆重而盛大的典礼上，维多利亚女王穿着一袭由漂亮的中国锦缎制作而成的白色礼服，拖尾长达18英尺，并配上白色头纱，光彩照人，惊艳了全场。而在那之前，英国王室成员结婚时均是头戴宝石皇冠，身穿镶满珠宝银饰的晚礼服，外披一件毛皮大衣。她的这一惊人之举，迅速成为一大风尚广泛流传，西方婚礼上新娘身穿白色结婚礼服也逐渐成了习俗并流传至今。

阿尔伯特非常英俊，他的到来在宫廷的脂粉堆中激起了一阵骚动，但他并不在乎这些，反而和妻子一起开始整饬宫廷的风气。亲王7岁时，其母被指控与宫内一名管家私通，后与其父离异，被送到瑞士

居住，并禁止与儿女见面。阿尔伯特经常想念生母，但父亲不断地更换情妇，从不在儿子面前提起她的名字。年轻的亲王后被送往一所只招收男学生的大学学习，因此，他似乎不喜欢甚至害怕与女性有接触。阿尔伯特为人正直，作风正派，对妻子忠贞不渝，从来没有做过任何越轨的事情。人们相信他在倡导严肃的道德风尚、严谨的礼节仪式方面起了更大的作用。

在乔治四世及其兄弟"过火"的私生活招人非议后，君主制的尊严和威望亟待恢复，阿尔伯特帮助妻子完成了这一使命。他秉性耿直，有崇高的理想，像普通百姓一样，简单朴素、表里如一。他热心支持许多有益的事业，这对维多利亚的影响是

◎ 年轻的维多利亚女王

◎ 阿尔伯特亲王

巨大的。当时对朝政不满的人提到女王时，总是把她作为阿尔伯特的王后，暗示她的丈夫才是实际掌权者。事实上，他始终一丝不苟、不偏不倚，就各种问题陈言进谏。两人一起树立的君主制新典范，从此成为英国后代国王的行动准则。维多利亚时代，英国王室的风气很正，勤奋、自律、奉献贯穿始终。不仅为中产阶层效仿，并且是工人阶级宗教精神、纪律观念和道德风尚的一部分。

19 世纪中叶，英国在工业方面处于绝对的领先地位。迅速发展的英格兰中部和北部地区处处弥漫着矿井和锻造厂的烟尘。作坊、矿山和工厂创造的各种财富，使英国人的生活逐渐好转。尽管各地的繁荣程

度不同，但这一景象使英国人产生了自信心。伴随着经济的发展，议会发动了一系列改革，政府对公众更负责任，腐败程度也有所减轻。阿尔伯特亲王也体恤民情，特别是底层人们的生活。没有哪个王公贵族像他那样，关心工人的生存状况。他下令修建了许多疗养院，并在农村推广机械化大生产，解决了农民的疾苦。

此外，阿尔伯特还主张用科技来推动社会的进步。亲王对科学和艺术天生有着浓厚的兴趣，是他首先提出了举办世界博览会的设想。英国以前也曾举办过小型的工业博览会，他对此甚感兴趣。1849 年，利物浦新建的阿尔伯特码头开放以后，亲王看到蓬勃发展的英国工业、海上贸易及

其成果，深受鼓舞，于是热情地制定了举办英国博览会的计划。这个博览会将向英国和全世界展出各行各业取得的成就，宣传国际自由贸易的好处，有助于世界和平。

阿尔伯特亲王力排众议，带领一个委员会艰苦地工作了两年，最终于1851年在海德公园举办了博览会。博览会总共展出了1.4万余项工业技术和产品，其中有半数是英国人的创造。主要的展厅"水晶宫"占地19英亩，由暖房专家约瑟夫·帕克斯顿设计。它陈列着博览会的大部分展品，把场地的所有树木也包在它的玻璃和铁架结构内，这是19世纪50年代的奇迹。尽管有人预言博览会注定要失败，但事实证明，阿尔伯特亲王的计划是正确的，它举办得非常成功，可谓名利双收。在6个月的展期内，每月有100多万人前往参观。

维多利亚女王为丈夫战胜攻击者而感到自豪。她说："开幕日是我们一生中最伟大、最光荣的一天！"她多次去水晶宫，和成千上万的民众一起，唤起了他们的民族自尊心，博得了他们的深深爱戴。后来，

阿尔伯特用举办水晶宫展览获得的大笔利润——16.8万英镑（这在当时绝对是个天文数字），买下了肯辛顿宫附近30英亩的土地，捐献给了英国的科学与艺术事业。今天，那里是维多亚和阿尔伯特纪念馆、科学馆、科学与技术皇家学院、皇家音乐学院和著名的阿尔伯特皇家音乐厅的所在地。

后生可畏

除此之外，女王夫妇还要接受更大的考验——必须生养子嗣，为王室传宗接代，而且多多益善。维多利亚女王在19世纪大力整顿人们的思想道德，严禁流传任何与性相关的东西。但在自己的婚姻生活里，她却相当热情奔放。阿尔伯特是拘谨之人，维多利亚用许多男人的裸体像装饰他们的卧室——也许希望这会刺激她那丈夫的欲望。这办法果然奏效，不久她就怀孕了。为了确保今后王位不会空缺，英国王室向来都采取"双保险"的措施：至少生两个孩子，一个继承人，另外一个替补。而维

◎ 提起博览会，人们必然会想起与它同时诞生的那座以钢铁为骨架、玻璃为主要建材的建筑——水晶宫。水晶宫不仅是博览会的展览会场，也是工业革命时代的重要象征物

◎ 博览会结束后，水晶宫易地重建，并于1854年再次向公众开放，规模较之前更大。它作为伦敦的娱乐中心继续存在了82年（1936年，水晶宫不慎失火遭焚毁）

◎ 阿尔伯特亲王（左三）、维多利亚女王（右四，坐者）和他们的9个孩子的合影。威尔士亲王爱德华（伯蒂，左四）与维多利娅大公主（右二）分别站在父母身边

多利亚那"拘谨"的丈夫使她一共生了9个孩子——5女4男。

1840年，长女奥古斯塔·维多利娅大公主呱呱坠地，1841年11月9日，长子又出生了，取名阿尔伯特·爱德华，昵称"伯蒂"，出生后25天即被授封为威尔士亲王。大女儿倒没令父母太操心，她性格开朗活泼，学东西也很快，3岁就会说法语和德语。她后来与普鲁士王位继承人腓特烈·威廉结婚，并生下了未来的德皇威廉二世。但是，大儿子在各方面都与他的姐姐极为不同，一直是个"问题孩子"，让女王夫妇担心不已。

伯蒂在孩提时代虽然也活泼好动，但总显得精神有些不集中。他对周围的世界似乎没有一点兴趣，而且也懒得动脑筋。伯蒂长大一些后，学东西仍非常慢，而且特别费劲，因而，经常被人嘲笑。按照现代医学的诊断，伯蒂有明显的学习障碍症，很可能是阅读障碍。然而，在那个年代，

对付这种智力欠佳或能力不足的孩子，只有一个办法：严加管束。也就是说，必须要不断给伯蒂施加压力，迫使他进步。

对将来做君主所必须的教育和训练，阿尔伯特亲王是非常重视的，更重要的是，他不希望自己的儿子重复妻子诸位长辈沉浸的那种追求声色犬马的放荡生活。伯蒂6岁时开始接受正式教育，可所谓的正式只是徒有其名，阿尔伯特亲王从没有送儿子去任何如伊顿或哈罗之类的学校，而是采取家庭教育。他怕到了学校里伯蒂很有可能会和某些纨绔子弟搅和在一起，结果儿子到17岁的时候还从没有见过和他同龄、同阶层的男孩，也没

◎ 童年时代的伯蒂

有和他们说过话。他甚至都不能和姐姐妹妹们一起玩耍，因为父亲担心，和女孩子在一块儿的时间太长，容易让他变得娘娘腔。后来，伯蒂难过地回忆道："我从没有过一个男孩的童年。"

阿尔伯特亲王将教育小王子的担子放在了顾问弗雷德里克·史多克玛男爵的肩上，后者决定按照最先进、最科学的德国理念来培养这孩子。教育的每个方面都应该与伯蒂是称职的大英帝国的王位继承人相符——伯蒂要成为哲学家式的国王，成为精神高尚的榜样。一些教育家提醒史多克玛这种训练方式过于严格，孩童所受的压力可能使他变"坏"，因为尽是道德说教没有父母的爱。但是，史多克玛不接受这一点，认为正确的方法是"一味学习，没有玩耍"，教育就是将尽可能多的知识夯实填到一个尽可能小的空间，至于学生的性格和能力，几乎从不考虑。

伯蒂的老师一个比一个严厉。第一个老师是莱弗·亨利·波赫，曾在伊顿公学教过书。他把时间安排得相当紧，小王子很难有休息的机会。小王子一天六个半小时的正规上课时间，另外一些时间学习多种语言。小王子整天都在做着没完没了的例句练习和语法填空，或者死记硬背一些数据、图标和地理名词。所有的娱乐活动都是教育性的，所有的书都不是欣赏性的。没有被阿尔伯特亲自审查过的教材，波赫是不能用的。波赫感到了这种例行公事的乏味。此外，他还必须把学生每天的学习进度——进步和不足——都详细地记录下来，汇报给女王夫妇。

这样下来，伯蒂就没有锻炼身体的时间了。阿尔伯特和史多克玛对英国人所热衷的团队体育活动持有偏见，他们大概觉得操场不利于国王的智力成长和道德培养。在父亲眼里，儿子不喜欢读书的原因，是他在嬉戏上浪费了太多时间，只有限制他的自由时间，才可以帮助他集中精力学习有用的东西。伯蒂玩耍的机会越来越少，甚至所有可能使他分心的玩具都被藏了起来。有一次，小王子有了2个星期的假期，波赫注意到他就像刚从拘留所里释放的罪犯。波赫非常同情这个可怜的学生。但阿尔伯特亲王认为这种同情足以解雇他。

来自剑桥学法律的吉布斯接替了波赫，准备严格贯彻史多克玛的教育计划。孤独的小伯蒂非常依恋波赫，对他的离开很失望，对新来的老师很不配合。小王子经常无缘无故大发脾气，朝老师扮鬼脸、吐唾沫、诅咒，把东西扔得满屋都是，因此不免挨了几顿板子。维多利亚很赞成打儿子，她和丈夫可从不娇惯孩子。她把儿子的每一

◎ 长大一些的伯蒂与老师们在一起的情景。老师们给他的评语全是负面的：贪玩、没礼貌、粗鲁、傲慢。对此，女王夫妇很着急，恐怕影响到英国的江山社稷

个比较幼稚的错误，都认为是性格的缺陷，而不是小孩子的缺点。任何轻佻的行为都被无情压制了。如果不听话或不努力学习，不仅可以打屁股，甚至可以用鞭子抽。毕竟，伯蒂的职责不是自己享乐，而是治理国家。

许多同时代的有识之士对小王子德国式的教育越来越恐慌，他们告诉女王和阿尔伯特，用这种方式给小王子灌输知识实际上没有什么好处，小王子应该进行体育锻炼，接触同龄的孩子。即使是吉布斯也警告过史多克玛，孩子需要释放一些压力。但是，史多克玛不知悔改，即使许多迹象表明这种方法行不通时也不回头。那些呼救信号被看做是应该做更多相同事情的依据。阿尔伯特把自己在儿子这个年龄时的日程表拿出来给每个人看：每天从早晨6点到晚上8点，学习时间被安排得满满的。如果威尔士亲王想成为他父亲那样的人，他就必须照样去做！

现在看来，女王夫妇教育儿子的方法完全是错误的。在如此高压的管制下，绝不会产生什么好结果。起初，父母还抱有一线希望：等孩子长大些就好了。可是，随着时光的流逝，他们感到有些绝望，原本望子成龙，希望伯蒂学到更多的东西，结果伯蒂反倒越学越笨。在老师的压力下，伯蒂产生了叛逆心理。每多一次管束和调教，就会引起他的反抗。这只不过是遗传了汉诺威家族父母与子女的相处模式。

爱德华18岁时拥有了属于自己的房间。但是，这些房间不是用来喝酒或打牌的，也不是用来和女孩子玩的，女王夫妇给他这些房间的目的是希望他能够在没人监督

◎ 青年时代的伯蒂

的情况下，专心学习。爱德华生日的时候，父母送了他两份特殊的礼物：第一份是一本以"生命由职责构成"开头的备忘录；第二份是45岁的身材魁梧的陆军上校——罗伯特·布鲁斯，他是来代替前任老师吉布斯的。

实际上，这位上校的到来也意味着爱德华有了新的"管家"，使他免受外界的诱惑。同时，一些品质优良的军官也被选拔出来，担任威尔士亲王的侍从武官。但他们服从的不是爱德华的命令，而是布鲁斯的。没有上校的允许，亲王什么也做不成。布鲁斯上校以阿尔伯特亲王的行为规范为指导，详细规定了威尔士亲王在各种场合下应该怎么做，如不要在扶手椅里懒洋洋的，不要开玩笑。而那些侍从武官则奉命确保爱德华每一天的每一分钟都遵从这些规定。然而，父母的一片苦心最终适得其反。

伯蒂天生就喜欢逍遥自在，越是限制

他接触外部世界的种种诱惑和乐趣，他就越发像着了魔似的时刻盼望摆脱脸色阴郁的父母和严苛的老师，逃出沉闷的宫廷和教室，到外面去寻找自由的世界和新鲜的刺激。阿尔伯特亲王曾让儿子尝试一下大学教育。他分别在牛津大学、剑桥大学和爱丁堡大学都呆过。但这些时间都被特意安排在假期，这样，爱德华就不会碰到任何其他学生。尽管如此，亲王还是结识了声名狼藉的"布灵顿俱乐部"的一些成员，他们似乎非常投机。

布鲁斯上校恪守着他的职责，从不允许年轻人来亲王的住处拜访。每当爱德华吃饭时，他和侍从武官都会陪着。谈话的内容就是模拟以前的战役或者比较旧伤口。但是，亲王身边的仆役显然不会完全听命于这样一群死板的、冷冰冰的军官，只要爱德华给点小恩小惠，他们就会对亲王的行为睁一只眼、闭一只眼，甚至为他通风报信。只要一有时间，威尔士亲王就会偷偷溜到新朋友那里去。在他们那里，爱德华开始抽烟、赌博，还染上了喝酒、贪吃

的恶习。这些人几乎都有放荡的经历，他们不断当着亲王的面吹嘘自己同女演员、交际花甚至已婚妇女的那些刺激的风流韵事，听得爱德华脸红心跳、跃跃欲试。

1860 年，威尔士亲王执行了有生以来第一个重要的外交使命，女王和政府带着几分不安派他远赴大西洋彼岸的加拿大和美国进行正式访问。派一名王室成员访问美国的确是件冒险的新鲜事儿，但是王太子的访问取得极大成功。他在弗吉尼亚拜谒乔治·华盛顿的陵墓，在白宫的招待会和舞会上表现得非常友善，赢得了美国人的爱戴，人们十分赞赏他的平易近人。女王夫妇看到儿子变得有些懂事了，又有了希望，对他大加赞赏。当伯蒂远游归来，回到温莎堡的时候，受到了英雄的待遇。但是，同时也有人注意到，他对漂亮女郎特别感兴趣。这种兴趣导致他返回英国后不久就发生了一起不幸的事件。

颇具讽刺意味的是，爱德华的"第一次"竟是源自布鲁斯上校的"好意"。1861 年，上校说服阿尔伯特亲王允许爱德华在驻扎

◎ 爱德华一行游历尼亚加拉大瀑布时的留影，他的表现似乎让女王看到了希望

◎ 身穿骠骑兵军礼服的威尔士亲王

于爱尔兰都柏林附近的卡拉格近卫掷弹兵团里呆上一段时间，接受军事训练，并参加在那里举行的演习，了解部队的生活。布鲁斯认为这是威尔士亲王军事生涯发展的好机会，希望能够锻炼亲王的性格，使他更有出息。但结果恰恰与上校想要的截然相反。一天夜里，几个喝醉酒的军官偷偷把一个名叫内丽·克里夫登的年轻女演员带进了威尔士亲王的帐篷……爱德华初尝云雨之欢，从那以后就不能自拔了。

爱德华显然对那女人很迷恋，两人的关系开始发展。他发狂地迷上了这个出身卑微的佳人。内丽经常出入营地里爱德华的住所，很快，军营都知道爱德华有了情妇。这消息很快就上了全国的报纸，伦敦市民给她起了个绰号——"威尔士王妃"。而她似乎对此感到非常骄傲，到处吹嘘自己的"战绩"。史多克玛把这消息告诉了维多利亚女王和阿尔伯特亲王，他俩的反应大不一样。尽管女王强烈反对不正当的性行为，但当事情涉及自己的儿子时，她无可奈何地承认"猫儿没有不偷嘴的"。她

认为要使儿子年轻的欲望有所节制，最好的办法就是早点让他成婚。她的丈夫却大发雷霆到了歇斯底里的程度。

阿尔伯特亲王的心都碎了，在他那受尽折磨的大脑里，儿子的纵情放肆和叛国罪并无两样。尽管经过严格的教育和培养，爱德华还是踏上了汉诺威祖先走过的那条令人厌恶的老路，这一点使得阿尔伯特十分惊恐，连判断轻重缓急的能力都没有了。他整晚睡不着，写了一封信，谴责儿子故意对爱他的父母残忍。他说，儿子的放荡是他一生中遭受的最大打击。阿尔伯特警告爱德华，如果那个女人怀了别人的孩子，也会说怀的是爱德华的，这会让他吃官司，令王室蒙受不白之冤和奇耻大辱。

但更糟的是，仅仅几个星期后，1861年12月14日，阿尔伯特就抱恨逝世了，年仅42岁。他死于伤寒引起的高烧，那在当时属于不治之症。究其原因，是温莎堡内的排水系统散发出的有害气体使亲王染了病。这种说法使悲痛万分的女王非常不舒服，她相信丈夫死亡是因为伯蒂丑闻带来

◎ 威尔士亲王爱德华与丹麦公主亚历山德拉的订婚照

◎ 阿尔伯特亲王临终前几个月，与维多利亚的合照

的羞耻，因此把责任完全归罪于不孝的儿子，认定是他行为的不检点使阿尔伯特心力交瘁，过早去世。她在日记中这样写道："那个孽种！每当我看到他，就禁不住浑身颤栗！"在给远嫁柏林的大女儿的信中，维多利亚甚至表露出根本无法忍受与儿子同在一个屋檐下生活。

女王命令儿子必须马上结婚，免得夜长梦多，又搞出其他绯闻来。父亲的去世使爱德华略感内疚，遂遵从母亲的意愿。他选中了丹麦公主亚历山德拉，并向她求婚，她也很快答应了他。亚历山德拉人长得漂亮，也非常聪明；为人乐观开朗，外向活泼。惟一的遗憾是她有些听力障碍。但是，伯蒂并不爱亚历山德拉，只是为了缓解母子关系，才结婚。1863年3月，他们宣布订婚。虽然阿尔伯特亲王死去已有5个多月，但维多利亚女王仍十分悲痛，不愿在公众面前露面，坚持婚礼不在伦敦而在温莎堡的圣乔治小教堂举行。

尽管20世纪后英国在举办王室婚礼的场面上无与伦比，但在19世纪中期却不是这样。同1981年查尔斯王子和戴安娜·斯宾塞以及2011年威廉王子和凯特的婚礼相比，爱德华和亚历山德拉的就显得黯然失色。不光缺乏王室气派和尊严，更有省钱的痕迹在内。接送新人的马车陈旧，马饰破烂肮脏，也没有玫瑰花装点和骑兵队开道。结婚仪式此前没有排练过，匆忙开始，草草收场。

不过，婆婆对这个儿媳的美貌和亲切有礼很称心。女王甚至含蓄地将儿子在都柏林军营里闹出的丑事告诉了亚历山德拉，

当然，避重就轻地讲了些好话。她说伯蒂只不过是受了那个女人的引诱一时糊涂而已，并且已经为自己的行为感到愧疚，再也不会跟那个女人有任何瓜葛了。维多利亚还坚持带这对新婚夫妇去朴茨茅斯拜谒刚建成的阿尔伯特亲王的陵墓。亲王生前，女王对他崇敬无比，亲王死后，她也奉他若神明。女王打开墓门，领了他们进去。她握住两人的手说："他在祝福你们！"对女王来说，这个时刻远比婚礼要神圣。

但是，结婚刚一年半，儿子、儿媳就和女王出现了矛盾。1864年1月8日，亚历山德拉生下了第一个孩子——一个小王子。维多利亚立即给孙子赐名阿尔伯特·维克托，用以纪念自己的亡夫。刚当上父亲的爱德华对此非常不满，不过也没有办法顶撞母亲，只好屈从了。没过多久，普鲁士与丹麦因争夺石勒苏益格、荷尔施坦因两块领地而开战时，女王和爱德华便发生

◎ 维多利亚女王的后代与欧洲各国的王室联姻，因此，她又被称为"欧洲的祖母"。这是1894年维多利亚女王（前排中）与家人的合影。她的外孙德皇威廉二世坐在其右边

了政治纠纷。女王同情普鲁士，因为那是她大女儿和大女婿的家，而爱德华则支持他妻子的国家丹麦。女王生气了。后果很严重！

不肖之子

　　丈夫的去世让维多利亚整日郁郁寡欢，生活中似乎只剩下了对亡夫的哀思。她曾长时间离开伦敦隐居，竭力避免在公开场合出现，即使礼节性的抛头露面，也不戴王冠，而总是穿着黑色的衣服，一副寡妇的打扮。女王的所作所为恰恰更好地维持了江山社稷。她长期隐居，导致首相无法事事请示女王，因此，首相的权利渐渐增大，促使英国的君主立宪制更趋完善。而她的儿女们通过与其他国家王室的联姻，如西班牙、希腊、罗马尼亚、俄罗斯和挪威，使英国的影响与日俱增，遍及欧洲。

　　在以后的岁月里，维多利亚女王尽管已逐渐淡出公众的视野，但仍然履行着国家首脑的职责，经常参与立法及其他事务。爱德华认为，父亲去世后，自己应该辅佐母亲管理国家。但维多利亚对他始终很反感。每逢他毛遂自荐想访问某些外国君主和政治家以便解决国际间的纠纷时，女王都会拒绝。每当大臣建议给他一把可以开启内阁公文箱的钥匙，允许他批阅国家机密文件时，她也拒不同意。

　　至于那些行礼如仪的事情，女王倒是颇愿委托她的儿子。因为维多利亚觉得这类活动太耗时间，对它们没有丝毫兴趣。爱德华越来越多地出席诸如桥梁通车、大

◎ 爱德华、亚历山德拉夫妇与长子阿尔伯特·维克托的合影。维克托天生发育迟缓，患有严重的发育障碍症。1892年1月，维克托死于肺炎，年仅28岁

◎ 爱德华七世在世时吸烟成风，并使吸烟成为社会公认的一种行为。40岁时，他患了严重的支气管炎。御医们劝他少吸烟，但他把医生的话当耳边风，根本不理会

厦奠基或落成之类的仪式，这些活动第一次在历史上成为王室成员的活动。除此之外，爱德华大多数时间处在休假状态，无所事事。和亚历山德拉的婚姻使他终于得以摆脱母亲的控制，离开幽暗、阴沉的宫廷。压抑、限制和克己都被抛到脑后，现在他可以尽情按自己喜爱的方式生活了。他始终忙着寻找新的乐子和刺激：走访有钱人家的乡村别墅、抽上等的雪茄、狩猎、赌博、

◎女王和约翰·布朗之间的微妙关系一直是英国王室和上流社会津津乐道的话题。女王的儿女们把这个忠实男仆称作"妈妈的情人"。甚至有传言说女王已秘密嫁给自己的仆人

观看赛马、参加舞会、去剧院看戏，等等。

爱德华与父亲形成了鲜明的对比。阿尔伯特从不吸烟，他觉得那样让人恶心，爱德华却是个彻头彻尾的瘾君子，每天要抽12支雪茄和20支其他香烟。阿尔伯特只有在下国际象棋时才会喝点酒，而爱德华则是狂饮。阿尔伯特又高又瘦，爱德华却又矮又胖，在最能吃的壮年时期，他一天竟要吃五餐，每餐十几道菜。他胖得太离谱了，身高只有1.60米，腰围却足有1.37米，他总穿高跟靴子，使自己看起来高大些。阿尔伯特避开社会和传媒；爱德华乐群、怕索居，并成了时髦的社交生活领袖……儿子的生活方式当然使女王感到不快。她曾告诫儿子，一个追求享乐的贵族极易在忠诚的工人阶级中引起不满。爱德华却答道：拥有地产的贵族是社会的支柱，只要尽了职责，就有权享乐。

女王非常气愤，却又无可奈何，只能到约翰·布朗那里去寻求一些安慰。那是

一位苏格兰侍从官，负责照料女王的坐骑。阿尔伯特亲王死后，他和孤独的女王在一起的时间多了起来。他们之间建立了长期的友谊关系，他的身份也从普通侍从升格为贴身侍卫。女王曾赐给他一座小庄园。曾有一些居心叵测的人传说他们已秘密结婚，某些小报就用"布朗夫人"指代女王。对别人的说三道四，女王不屑一顾，她只考虑自己的感受。1883年布朗去世时，女王异常伤心，亲自写下了讣告。她情真意切地写道：

在失去丈夫的那些年里，布朗是她最重要的精神支柱。他与那些官僚完全不同，并不虚情假意地逢迎女王，甚至当着女王的面抽烟喝酒，这些行为让她感到新鲜，并获得了快乐。

布朗死后，他的位置被一个印度侍从阿卜杜尔·卡里姆取代。1887年，24岁的卡里姆来到英国，适逢维多利亚女王登基50周年"金色庆典"纪念。他很快赢得了

女王的信任,成了她的新聊伴。她称呼他"芒思",赐了他一处庄园,为他配备了仆从。女王对这个印度人的宠爱引起了大臣们的不满。他们指责这种亲密关系很不体面,但维多利亚置之不理。她认为,只不过是养个了与自己聊天的男伴,没事儿时解解闷而已,并无伤大雅,不会因此而威信扫地。

威尔士亲王也尽可能打破陈规,兼容并包地吸纳各方宾客。他的朋友有拥有地产的贵族、银行家和其他富商大贾。事实上,任何只要富有且风度翩翩,能够举行规模盛大的宴会和狩猎的人,王太子都喜欢结交。不过,他最喜欢的还是与漂亮女人厮混。如果说,传宗接代是王位继承人所公认的任务的话,那么一共生下了5个孩子的爱德华与亚历山德拉可算是完成了这项任务。自打1867年患上风湿病后,亚历山德拉便很少出席公开聚会,越来越严重的听力障碍也使她慢慢从公众视线中消失了。因此,爱德华便开始去寻找新的"石榴裙"了。

爱德华在寻欢作乐时也不忘为他充沛的精力寻求出路,他养成了到处旅行的习惯。他常去法国南部的里维埃拉、德国的巴登-巴登以及波希米亚的马里安温泉。每次出国,官方都说他是去疗养,然而,细心的人很快就发现,温泉胜地除了环境优美、景色宜人外,还聚集了很多诱人的著名交际花和许多不正派的女人。爱德华最喜欢的是巴黎,那里简直是他的第二个家。他总会带上一群狐朋狗友去夜总会消遣,那些秘密的娱乐场所连他的母亲也从不知晓。那些场所以拥有高级妓女而著称,能够给他提供感官上的刺激。

◎ 珍妮·杰罗姆风流成性,情人无数,除了爱德华王储外,还有奥地利和普鲁士的王子。伦道夫·丘吉尔去世后,珍妮再嫁两次

◎ 据卡米拉的朋友讲,卡米拉曾不止一次吹嘘,她的祖奶奶爱丽丝·凯佩尔就是爱德华七世的情人。卡米拉还向查尔斯开门见山地坦言:"我祖奶奶是你祖爷爷的情人。你觉得咱俩会怎样呢?"此言被广为流传

爱德华与许多漂亮的英国女人和欧陆女人保持着亲密的"友谊",她们走马灯似的出现在他身边。最初是有夫之妇莉莉·朗翠,随后是当时英国知名的女演员莎拉·本哈特。此外,他还与《纽约时报》老板的女儿珍妮·杰罗姆保持着暧昧关系,

珍妮的丈夫是伦道夫·丘吉尔爵士，儿子就是日后大名鼎鼎的英国首相温斯顿·丘吉尔。在爱德华所有的情人中，爱丽丝·凯佩尔夫人是最重要的。1891年，22岁的爱丽丝嫁给了乔治·凯佩尔上校，29岁时又认识年已56岁的爱德华，两人随即打得火热。她对王子忠心耿耿，而且行为内敛，处事大方，彬彬有礼。

妻子对丈夫的风流韵事总是采取一种容忍和谅解的态度。伯蒂显然不是个忠诚的丈夫。这一点，亚历山德拉心知肚明。不过她仍自我安慰地幻想，丈夫在大多数时间还是最爱她的。后来，她甚至默许了爱德华与凯佩尔夫人之间的关系，这其中也包含了些许无奈吧，个中滋味恐怕只有她自己最清楚了。颇具讽刺意味的是，凯佩尔的重孙女卡米拉，日后也成了一个名人，即现任威尔士亲王查尔斯王子的第一个情人和第二任妻子。

这种交际使爱德华不止一次陷入婚姻纠纷和其它丑闻之中。有时，王室和政府官员不得不努力阻止这类丑闻的扩散，以免给王室抹黑。这种努力有两次失败了，王太子只好到法庭去作证。1870年，议会议员查理·莫登特爵士申请离婚，理由是其妻与爱德华的两个朋友通奸。莫登特夫人承认不仅与这两名被告有私通行为，而且和爱德华本人也有。因而，按照法律程序，王太子被传出庭，必须说出实情。好在法官临危救难，接受了他对指控所做的否认，认为莫登特夫人精神失常，帮他摆脱了官司。不过，证据显示，有几天下午莫登特爵士参加会议时，爱德华曾访问过莫登特夫人并与之

◎ 爱德华除了不停抽烟外，还嗜酒成性。然而，直接影响他健康的就是暴饮暴食。对比前后两张穿军装的照片，可以发现他越来越胖了

单独相处。用当时的语言来说，他的行为有欠慎重，如果不是不正当的话。

俗话说，救得了一时，救不了一世。1890年的纸牌赌博案闹出了更大的丑闻。爱德华在约克郡参加聚会赌纸牌时，戈登·卡明上校被指玩假。大家一致同意，只要上校承诺今后不再赌牌，这件事就不外传了。但没有不透风的墙，这一秘密还是泄露了出去。上校控诉几位牌友诽谤他，爱德华再度被传出庭作证。公众舆论不仅对王太子参与赌牌表示震惊，而且，因为他是陆军元帅，非但没将上校的行为通知其指挥官，反而隐瞒其玩假的事实，触犯了军规。报界对爱德华展开了激烈的抨击，其中，《每日纪事》评论道："他乐于这种低级的牌赌，我们大为震惊，甚至可以

说我们感到很恶心。而有朝一日，他将统治我们！"

1897年，"金色庆典"过去后的第十年，英国又举办了庆祝维多利亚女王即位60周年的盛典——"钻石庆典"。然而，隆重豪华的庆典刚刚结束、欢呼呐喊刚刚平息，政治的天空就阴霾密布了。多年来，英国人和布尔人在南非一直处得不愉快。1899年，双方长时间的不和突然爆发为全面战争。对英国来说，战事进行得很不顺利。布尔人以极快的速度采取了攻势。英军大败，伤亡甚众。但前方传来的噩耗使英国人挺起了腰杆，而挺得最直的就是年迈的女王。

尽管身体日衰，维多利亚女王仍驱车巡行伦敦的主要大街，以表达在那忧患的日子里她和她的人民在一起。她还亲自送慰劳品鼓励军队的士气、去医院慰问伤员、抚慰阵亡将士的家属，并以坚决的口吻告诫和激励政府的负责官员："请了解，这所房子（温莎堡）里没有一个人抑郁不安。我不关心战败的可能性，因为根本不存在这种可能性！"女王派罗伯茨勋爵担任总司令。罗伯茨勋爵统率的援军得到加拿大、澳大利亚和新西兰派来的分遣队的加强，他们比英国的军队更适应南非的艰苦生活。他们起了很大的，也许是决定性的作用。随着他们的到达，英军转守为攻，布尔人一败再败。

胜利在望，但女王的精力消耗得太多了，无疑折了她的寿命。1900年12月，她去了怀特岛上的奥斯本——阿尔伯特生前最喜欢的地方修养。在这幽静的地方，女

◎ 英国人利用他们资源和人力上的优势赢得了战争，布尔人被迫承认英国的统治

王写下了她的遗嘱。1901年1月，罗伯茨回国复命，女王接见了他。女王颁给他最高勋章，并封他伯爵。因其子已在战争中阵亡，女王允许他的女儿有继承权。1月19日，民众方才得知女王病重。医生公布的病状报告书中这样写道："女王近来身体违和，目前已不能如往常一样驱车出游。女王因操劳过度，影响了神经系统。"几天后，女王病情加重。

1901年1月22日18时30分，维多利亚女王溘然长逝，享年82岁，在位63年7个月零3天。此时，她的儿子爱德华站在床的一边，外孙德皇威廉二世站在另一边。丧仪在温莎堡的圣乔治礼拜堂举行。遵照女王的遗命，她的葬礼用陆军仪式，一驾跑车装着小小的棺木。送葬的行列行经伦敦，她的家族成员以及欧洲所有王室的代表都参加了执绋。王室游艇"阿尔伯特"号穿过在放礼炮的两列军舰，将女王的遗体运送到朴茨茅斯，安葬于女王亡夫之侧。女王的去世宣告了一个辉煌盛世的结束。然而，没有人对未来感到恐慌，尽管他们

心里清楚，下一任国王是什么样的货色。这一刻，人们反而如释重负。毕竟，该去的留不住，该来的始终会来。

女王逝世的第二天早晨，新国王便前往伦敦，在圣詹姆斯宫中举行了他的第一次枢密院会议。德文郡公爵以枢密院院长的资格正式公布女王去世，书记官朗读了新国王的即位诏书。然后，国王进入枢密院会议室。结束了坎特伯雷大主教主持的宣誓仪式后，国王向枢密会议致训词。国王未用正式发言稿，但声明他愿意不断努力，继承他那受人敬爱的母亲的遗志。他这样说道："在担负起沉重负荷的时候，我也决心做一位严格的立宪君主，只要一息尚存，就一定会为我国人民的幸福生活而努力。"

在母亲行将就木时，爱德华为了讨好她，把自己未来的头衔称为"阿尔伯特·爱德华一世"。但如今，国王却把"善良的阿尔伯特"丢开，决定采用他英国祖先曾用过的古老名字。翌日，穿着华丽制服的掌礼官从白金汉宫的阳台上宣布新王登基，并在伦敦各处宣传。各城市则由市长们宣布。英国于是再度有了一位国王——爱德华七世。新王登基的时候已经60岁了，已是风烛残年，40多年贪吃、赌博和纵欲的生活使他变得肥胖和秃顶。英国人对他的品德和能力，能否正确地履行君主的职责，普遍存怀疑态度。生怕在新王的统治下，维多利亚女王和阿尔伯特亲王所保持的高尚会一落千丈。然而，没过多久，种种疑虑竟都烟消云散了。

随着宫廷为先女王守制的期限已满，

◎为了加冕典礼，爱德华七世不惜花费重金，让人打造了一辆全新的皇家马车，车身通体镀金，堪称无价之宝

1902年2月11日，在圣詹姆斯宫举行了新王的第一次朝贺；3月14日，在白金汉宫举行了第一次朝觐；6月8日，爱德华国王和亚历山德拉王后参加了在圣保罗大教堂为南非恢复和平而举行的一次感恩式。加冕典礼订于6月26日举行，一切的一切都是为这件大事准备的。按照新王的意愿，典礼的规模异常盛大。与会的英国民政和军政的代表，整个帝国各自治领、殖民地和附属国的代表，世界各国君主、宫廷和政府的代表，都已齐集。但是，就在距离原定日期不足48小时的时候，英国和全世界都被英王病重、典礼必须延期举行的消息惊得目瞪口呆。

爱德华七世突然得了盲肠包膜炎，不得不施行手术。为了不浪费为典礼特别准备的大量食物——2500只鹌鹑、200条羊腿、牡蛎、大虾，爱德华把它们全部分给了伦敦东区的50万穷人和一般公务员。这件事产生了意想不到的效果。公众突然开始信任国王，到8月9日正式举行加冕典礼时，爱德华在百姓心目中的地位已经由一个无用的废物上升为自查理二世复辟以来英国最受欢迎的国王了。

隆重庄严的仪式在威斯敏斯特大教堂举行，英国王室成员、政府官员、来自各地的贵族以及各个国家的使节都参加了典礼。在圣坛上方的一个包厢里，聚集着一群艳丽的贵妇人。那里被含糊地称作"国王的马厩"，事实上，里面的女人都是爱德华的情妇。紧接着加冕礼之后便是一系列庆祝活动：8月12日，检阅殖民地军队；13日，检阅印度军队；16日，检阅海军。

在秋季短期休假归来的时候，爱德华七世和妻子巡幸伦敦南区的街道，在市政厅与市长共进午餐，然后在圣保罗大教堂参加为他的康复举行的感恩式。

新国王上台以后做的第一件事就是把宫中门厅里的约翰·布朗雕像挪走，并命人烧掉了有关"芒思"的所有文件。同时，他蓄意把母亲的财产统统搬进温莎堡的贮藏室里，把父亲的房间也破坏掉。他还违背女王的遗愿，把奥斯本的宅第移交给国家。除了部分内室被改作维多利亚和阿尔伯特亲王的陈列室和纪念馆外，其他部分则拨给海军学院作为训练学校和伤病官兵的疗养院。

温莎堡、白金汉宫立刻呈现出一幅完全不同的景象。阿尔伯特亲王死后没有动

◎ 英王爱德华七世与亚历山德拉王后的合影

◎ 爱德华七世是英国王室成员中第一位拥有汽车的人。1898年，他第一次驾驶戴姆勒汽车在公路上出现。1900年，他购买了自己的第一辆汽车，也是戴姆勒品牌。1905年，他又先后买下7辆戴姆勒汽车

过一草一木的宫殿又被重新装潢，灯光、卫生等方面的设备都跟上了现代标准。国王一扫多年来笼罩在英国宫廷内部的阴霾，敞开了王宫的大门。原来幽闭的宫廷再度成为社交的中心，阴沉的午后引见废弃了，取而代之的是附带有宴会、舞会以及各种社交活动的晚朝。自从威廉四世去世后，英国王室已经60多年没有如此轻松和纵情了。

爱德华七世给人留下的印象有点像财大气粗的大老板。回顾英国王室的历史，还没有哪个国王像他这样喜欢讲究排场。他喜欢奢华、炫耀气派，对于各种名牌特别在行。国王本人不仅爱赶时髦，而且会亲自引领时尚潮流。比如，他用抽烟来装酷、戴草帽。此外，他还喜欢尝试新鲜的事物，比如坐着刚问世不久的戴姆勒汽车在伦敦大街上兜风。这在当时的英国算是标新立异的举动，因为保守的英国人根本不接受这个来自欧洲大陆的新生事物。

爱德华七世开创了英国历史骄傲张狂的风气，他举办各种活动，在公众场合出尽了风头。令爱德华感到非常欣慰的是，民众热情高涨。他的个人形象，体现了英国这个

空前强大的"日不落帝国"作为世界霸主的国家地位和威望，从而唤起了普通老百姓的自豪感和自信心。由于国王成功地调动起民众的激情，转移了人们的注意力，民众对他糜烂的生活也就不再过多追究了。

其实，爱德华七世是个颇有心机和手腕的出色政客。他始终在找机会插手国家大事，从不甘心只是间接地对政策施加影响。在外交方面，爱德华的影响最为显著。他是一个善于结交的国王，对英国与各国的关系起了不可估量的作用。他在位期间，英国同法国、俄国以及正在崛起的新强国日本建立了友好关系。虽然英国并没有与它们真正结盟，但建立起的友好关系使欧洲的政治格局为之改变，其影响波及到整个世界。

海国传统

英国位于欧洲大陆边缘，地理位置对其外交政策有着深远的影响——这似乎使英国在外交时只有两种选择：要么积极参与欧洲大陆事务，要么从欧洲"孤立"出来。

◎ 1815年6月18日，在比利时的滑铁卢，威灵顿公爵指挥英军与普鲁士军队联手，打败了拿破仑一世，并迫使其退位，被流放至南大西洋的圣赫勒拿岛

在斯图亚特王朝和汉诺威王朝统治期间，路易十四和拿破仑一世曾一度主宰了欧洲大部分地区，严重损害了英国的利益。为了反抗，英国投入了大量兵力。从 1689 年至 1815 年，先后发生过 7 次英法战争。在马尔伯勒公爵、纳尔逊和威灵顿的率领下，英军取得了一个又一个辉煌的胜利。

这些战争体现了英国对其商业至关重要的海洋的控制所必须采取的两大外交政策：不允许任何一个欧洲国家在欧洲大陆占统治地位；同时，又与至少一个欧洲大陆国家保持密切联系。当法国是英国在大陆的主要敌人时，英国一直同奥地利或普鲁士保持着密切关系。这个时期末期，法国和整个欧洲大陆精疲力竭，德意志尚未

统一、意大利仍四分五裂，奥地利、俄国、普鲁士和荷兰的力量和影响都有所下降，英国却安然无恙，成为欧洲最强大的国家，并在地球上的大部分地区处于绝对的统治地位。虽然同时期发生的工业革命已为英国带来了闻所未闻的财富和经济实力，但它仍乐于在控制世界贸易的同时，在欧洲大陆上保持力量平衡。

拿破仑垮台后的三四十年里，由于普遍精疲力竭，没有一个国家为了解决领土纠纷或称霸野心而诉诸战争，欧洲因此享有了一个从未有过的和平发展时期。当然，也有一些政治上的困难，最明显的是不断凸显的民族主义，新的国家相继诞生，革命和社会动乱沉重地打击了许多欧洲强

◎ 土耳其无法镇压希腊起义，请求埃及总督支援。1827年，英国、法国和俄国派出舰队干涉，在希腊的纳瓦里诺港，摧毁了土耳其和埃及的舰队。1830年，土耳其被迫承认希腊独立

国——希腊人在1821年成功地进行了起义，从土耳其人的统治下赢得了独立；比利时人在1830年也进行了反抗，摆脱了荷兰的统治。

在比利时平原上，马尔伯勒和威灵顿曾挫败了路易十四和拿破仑这两个自有无敌舰队以来对英国最大的威胁。事后，英国便决定把这块敞开无阻、容易跨越的弹丸之地变成一个中立地带，并且根据维也纳会议解决拿破仑战后的遗留问题，征得其他列强的同意后，将比利时划给尼德兰王国。比利时人反对合并，在1830年初奋起反抗，引起一场国际争夺战。荷兰人力争保持他们的属地；法国人急于重新吞并他们一度统治过的地方，也插手进来，谣传法国国王要派出一个儿子到比利时即位。英国人对任何一个大国窜进比利时平原都特别敏感，于是进行干预。

列强在伦敦开会讨论这次危机，英国人懂得，一块属地总是各个邻国垂涎的目标，只有成为一个坚决维护其领土完整的独立国家，才能存在，才能成为一个安全地区。经过九年的努力，英国动用海军终于摆平了逐鹿比利时的各国，使它们最后承认了比利时的独立。维多利亚女王的叔叔、夏洛特的丈夫利奥波德当上了第一代国王，并使各国签订了一份国际条约，保证比利时成为一个"独立和永远中立的国家"。（英、法、俄、普、奥五国于1839年在这份条约上签了字。）

1848年法国爆发的革命使法国改朝换代，但是，它的影响并不局限于法国，它也影响了中欧——奥地利统治下的匈牙利人

◎ 1854年9月，英法联军在克里米亚海岸登陆，然后向塞瓦斯托波尔挺进。他们在阿利马河高地上遭遇了俄军，英国人发起进攻赶走俄军的情景

揭竿而起，在俄国的干涉下才被镇压住。成功的镇压鼓舞着沙皇在巴尔干采取一种更有侵略性的政策。奥斯曼帝国已经是一个衰朽的国家，俄国人希望能利用它的虚弱从中渔利，英国人却对此提出了异议，他们不能允许俄国在土耳其的崩溃中占便宜，希望能阻止俄国拥有进出地中海的直接入海口。

法国和英国联合起来反对俄国。1848年，拿破仑一世的侄子路易·波拿巴在混乱中粉墨登场，巧妙地利用了自己名字的影响力，浑水摸鱼成为法国总统，是为"法国皇帝拿破仑三世"。他相当狡猾，他相信伯父失败的主要原因是英国的敌视，如果自己要使法国恢复昔日在欧洲享有的光荣与威望，就必须得到英国的支持。

1854年，一支俄国军队越过多瑙河，入侵奥斯曼；英国和法国对俄宣战，派兵保卫奥斯曼。奥地利要求沙皇从奥斯曼撤兵。俄国人答应了，但英国和法国仍决定给俄国一个教训。英法入侵克里米亚，进攻俄国在塞瓦斯托波尔的海军基地，爆发了克里米亚战争。1856年，英国和法国胜

◎ 在萨多瓦战役中，腓特烈·威廉亲王指挥普鲁士军队向奥地利人发起进攻的情景。此战役后，奥地利被排挤出德意志，普鲁士统一德国的进程又迈出了一大步

◎ 拿破仑三世向威廉一世交出自己的佩剑的情景。法皇孤注一掷地想要赢回他正在失去的声望，结果反倒使自己在色当做了俘虏

利了。俄国暂时从东欧撤退，不再在欧洲事务中扮演积极的角色。此后的几十年，俄国主要活动在中亚和远东地区。

拿破仑三世试图填补俄国留下的权力真空，重新确立在欧洲的外交优势。1859年，他援助"受压迫的民族"意大利反对奥地利，获得了胜利。作为报酬，他得到了萨瓦公国和尼斯城。同时，他还竭力重建殖民帝国，最大胆的计划就是派兵去征服墨西哥。然而，这样做使欧洲人怀疑起法国的野心，还萦绕在上一个拿破仑阴影下的英国也认为拿破仑三世是有野心的专制君主。因此，英法两国开始疏远。法国的孤立为普鲁士进行扩张创造了条件。

1861年，威廉一世登上了普鲁士的王位。他在继位初即任命奥托·冯·俾斯麦伯爵为首相，这对欧洲历史和现代政治产生了不可估量的影响。俾斯麦以超群的才能和冷酷的手段主宰着德意志实现统一的进程。经过深思熟虑，俾斯麦蓄意挑起了3次战争，打出了锻造德意志的三锤。第一锤是1864年普鲁士同丹麦进行的战争，普

鲁士夺取了石勒苏益格和荷尔施坦因两个公国；第二锤是1866年的普奥战争，奥地利战败，成为普鲁士的附属国；最后一锤是1870年对法战争，拿破仑三世兵败被俘，并死于流亡途中。俾斯麦终于消灭了在欧洲的敌人，普鲁士得以主宰了德意志全境，威廉一世也被推上了德国皇帝的宝座。

1871年1月，在巴黎城外路易十四昔日巍峨、豪华的凡尔赛宫（当时是普鲁士军队的司令部）明镜殿里，统一的德意志帝国宣告成立。然后，德国又把一系列苛刻的议和条款强加给了法国：割让阿尔萨斯和洛林两地，赔款50亿金法郎，德军

◎ 1871年1月18日，在巴黎城外的凡尔赛宫明镜殿里，普鲁士国王威廉一世接受了其他君主敬奉的"德国皇帝"称号

在爱丽舍田园大街举行胜利阅兵式。法国人决心雪耻，到处寻盟友求帮助。不过，英国看到拿破仑三世垮台后很高兴，俄国人也趁机重新返回东欧，已统一的意大利对继续从法国求得帮助失去了热忱，而俾斯麦则施展巧妙的外交手腕阻止它们脱离德国。

尽管英国坚持孤立政策，俾斯麦仍推行外交和殖民政策，尽一切可能拉拢英国，此外，他还设法运用双边联盟拉拢在巴尔干半岛不断发生冲突的奥地利和俄国。1879年10月，德国和奥地利缔结了一个秘密防御协定，即人们熟知的"两国同盟"——责成两国在遭到俄国进攻时相互支援；如果发动进攻者为另一国家，则双方必须保持善意的中立；假如发动进攻的国家得到俄国的支持，则双方又有互相支援的义务。

两年后，意大利因法国占领突尼斯而深感愤怒，于是也加入这个同盟。这样，"两国同盟"扩大成为"三国同盟"。根据1882年订立的新条约，假如法、俄两国联合进攻，盟约就适用于三国；如果法国进攻意大利，则其他两国必须给以援助；反之，如果德国遭到法国的进攻，则只能得到意大利的援助，而得不到奥地利的支援；然而，假如进攻来自俄、法以外的另一大国，则缔约国彼此有义务信守善意的中立。

1881年，德国和俄国、奥地利签订了一个中立条约，规定如遇第四个大国进攻，彼此有义务信守善意的中立，并且承诺要相互尊重各自的利益。条约的期限为3年，1884年后又延长了。1887年，德俄两国又签署了一个新的秘密中立条约，即所谓的"再保险条约"。双方约定，如缔约国的一方遭到第三国的进攻，另一方必须保持善意的中立。俾斯麦把这个条约视作自己外交天才的成功范例。他说："除了上帝，德国已无所畏惧。"

俾斯麦和俄国缔约后还不到9个月，1888年3月，威廉一世就在91岁生日前几天去世了，维多利亚女王的女婿腓特烈即位。腓特烈深受英国妻子的影响，对议

◎ 俄土战争后，列强希望重建巴尔干半岛的秩序。因此，俾斯麦于1878年代表德国在柏林举行会议，邀请各国派代表出席。他一面让俄国放心，一面平衡英国与奥匈帝国的利益，从而达到了孤立法国的目的

◎ 腓特烈和儿子威廉二世1862年时的合影。1888年威廉一世死后，腓特烈继承了德意志的皇位和普鲁士的王位。但在1887年他就已患了喉癌，结果只在位99天便去世了，因而又被称为"百日皇帝"

◎ 一幅描绘俾斯麦下台的政治漫画——"领航员离船了"。威廉二世年少气盛，不甘受制于俾斯麦，而俾斯麦也明白鸟尽弓藏、兔死狗烹的道理，在一连串的政治斗争中感到心灰意冷，于1890年正式下野

会和君主立宪制兴趣浓厚，梦想有一天也能使德国走上自由主义和民主化的道路。可是他当时已身患重病，对时局不再有什么影响，在位仅99天就去世了。于是，皇位就传给了29岁的儿子——威廉二世。这位新君主在政治上缺乏经验，但又非常自负，虽然他赞赏俾斯麦，但当白发苍苍的俾斯麦试图改变他时，赞赏马上变成了因受触犯而产生的敌意。

德意志的专制政体不能同时容纳两个他们这样的人物。当然，首相必须退出，因为皇帝是主人。就在1890年俾斯麦递交辞职书、退居乡下的采邑期间，沙皇委派特使来德国就延长"再保险条约"一事进行磋商。威廉二世认为自己不能再继续以前的政策。后来，尽管俄国做出了巨大让步争取同德国达成协议，威廉二世仍拒绝续订"再保险条约"。

对这位在外交上经验不足的皇帝的态度起决定作用的，是枢密顾问霍尔斯泰因和外交大臣比洛伯爵（后来任首相）对世界形势的判断。他们嘲笑俾斯麦诡计多端的外交花招太难捉摸，应该用一个简单的方案取而代之。他们认为俄法结盟是不可能长远的，深信英国也决不会与俄国和法国达成谅解，将会向德国靠拢。因此，德国可以享有自由行动和选择的权利，扮演世界仲裁者的角色。不幸的是，这个估计完全错了。

虽然"再保险条约"未被延长并没有切断德国同俄国的接触，但柏林的做法却引起德国对外政策改弦更张。俾斯麦十分担心且千方百计设法避免的事情现在变成了现实：陷于孤立的俄国开始接近法国。1891年，一支法国舰队访问俄国，受到热烈欢迎。1892年8月，两国总参谋长签订了军事条约，规定如果俄国受到奥地利和德国的进攻，或者法国受到德国或意大利单独的或者联合的进攻，双方应互相提供援助。1894年1月，两国外交部批准了这个军事条约。

欧洲大陆上的主要强国形成对立的两

◎ 1898年7月，一支法国军事探险远征队在马尔尚少校的带领下抵达尼罗河畔的法绍达，显而易见是想在尼罗河流域获得一个立足点。随后，伦敦威胁巴黎，如果远征队不撤走将引发战争。11月，马尔尚率队撤离法绍达

大阵营，双方的分歧渐渐发展成不可逾越的鸿沟。此时的英国正忙于本国事务，没有意识到形势的变化。16—18世纪，美洲的发现和商业革命的兴起促使欧洲各国在海外不断扩张，建立起各自的殖民地。19世纪，工业革命驱使欧洲人再次向海外扩张，攫取了更多富庶和具有战略地位的土地。这两场侵略扩张，英国获得了最多的利益。到19世纪末，大英帝国已经拥有地球上大约1/4宜居的土地，这些土地上居住着4.25亿人口。感到自豪的4150万英国人能够如此夸耀：大英帝国的国旗是永远不落的！

欧洲其他列强也在竭力寻求新的殖民地，以确保剩余资本和剩余产品有海外市场。但是，他们发现，世界上几乎所有地区都有大英帝国的影子。因此，欧洲其它列强与英国在不同地区不断发生冲突：法国与英国在上尼罗河流域和遏罗，俄国与英国在波斯、阿富汗和中国的东北及西藏。英国和德国的矛盾不像英国与其他大国的冲突那样尖锐，如果伦敦和柏林能签订一个条约确保世界和平，也未可知。

1898年，这样的条约有可能订立了。深感孤立的英国大臣约瑟夫·张伯伦曾对德国驻伦敦大使哈茨费尔德伯爵说，英国必须放弃它光荣的孤立政策，寻找一个盟友。他建议两国以相互谅解为基础，调和现有分歧，结成一种不亚于参加三国同盟的关系。但是，由于德国政府无法消除自己被当作英国在大陆上的利剑为英国利益服务的怀疑，反而希望自由行动，从英国和俄法可能发生的冲突中得到好处。

尽管遭到了失败，张伯伦还是不愿放弃，因而，布尔战争爆发后德皇1899年11月访问英国时，他又重提了结盟的事情。威廉二世先后两次接见张伯伦，并同他有

◎ 在这张照片上，留着海神尼普顿式胡须的提尔比茨（中）正和威廉二世（左）在交谈。日后，他们为自己所做的那个漫不经心的梦付出了沉重的代价：德国制定的海军扩充计划促使英国与法俄结成了同盟

过一次冗长的秘密谈话。后来，张伯伦在莱斯特的一次公开讲话中提到："伟大的海上强国英国和陆军强国德国之间的天然联盟，将会是未来世界强大的一个势力，是和平的一个因素。"可是，德皇的海军大臣阿尔弗雷德·冯·提尔比茨对此泼了冷水。

俾斯麦拒绝建设一支强大的适于远洋航行的海军，因为这一行动会激起与英国的海军竞赛。提尔比茨却认为德国远洋舰队不会激起两个大国的竞争，反而会与英国联盟。在他看来，如果德国建设起强大的舰队，英国人就会寻求与德国人的友谊，不会向德国人挑战了。

为了实现结盟而进行的最后一次努力，完全是出于德国驻伦敦使馆一等秘书埃卡德施泰因个人的主动精神。然而，由于柏林当局坚持缔结要有英国议会批准的正式盟约，而英国政府又反对这样密切的联系，这次协商同样也不了了之。不过，只要英国不参加德奥或法俄任何一方，欧洲的和平是能保持的。遗憾的是，这种和平局面并没有维持多久。

1901年维多利亚女王逝世后，局势便发生了逆转。女王偏爱德国事物，而她那喜欢与异端为伍的儿子显然偏爱法国事物。1855年，爱德华被带往法国访问时，曾对拿破仑三世说："您有一个美丽的国家，我愿做您的儿子。"他的这种偏爱，历久不变。1899年爱德华再次访问巴黎时，向刚入主爱丽舍宫的卢贝特说："总统先生，我认为您和我可以办一些好事。"卢贝特回答："这是我的心愿，也是我的希望。"

母亲在世时爱德华还不可能与她对抗，但她崩殂后，他便可付诸行动了。

外交革命

在那些同盟缔结的条约中，最富有戏剧性的一个，就是1902年1月英国和日本缔结的《英日同盟》条约，其内容为：缔约国双方相互承认有权保护自己在中国和朝鲜的利益，如英国在中国、日本在中国和朝鲜的"特殊利益"遭到他国威胁，或因中朝内部发生"骚乱"而受到侵害，两国有权进行干预；缔约国一方为保护上述利益而与第三国作战时，另一方应严守中立；如缔约国一方遭到两个或两个以上国家进攻时，另一方应予以军事援助，共同作战。条约有效期为5年。秘密条款还规定：两国海军应配合行动，在远东海域保持优势。

这个条约对日本来说，其重要性是无以复加的——此条约意味着日本已被世界上最强大的帝国承认了，并享有平等条件。随后，日本进攻俄国并在战争中取得了胜利。这是影响巨大的一件大事，整个亚洲

◎ 和大英帝国以对等的条件缔结了同盟，使日本国民众感到欢欣鼓舞；而英国人对与黄色人种缔结关系平等的同盟却表示出无限地感慨

大陆乃至全球，凡是有色人种和白种人相接触的地方，人们都察觉到了。它不仅是对俄国的打击，而且是对一切西方列强的打击，对英国也不例外。同盟不仅将英国在大洋洲各殖民地惧怕的一个强国化为一个友邦，还在太平洋上得到了一个强大的海军同盟，减轻了在远东地区所受的压力。

英国既已摆脱孤立签订了一个同盟条约，也就不踌躇签第二个。它决定弥合跟法国的旧隙。这时，"有魔力的国王"爱德华七世的才能，为此铺平了道路。1903年5月，他不顾进行正式国事访问将会遭到冷遇的忠告，径往巴黎。他到达时，法国民众面带愠色，默不作声，有人还奚落了几声"布尔人万岁！"和"法绍达万岁！"但爱德华七世毫不介意。忧心忡忡的副官嘟囔道："法国人不喜欢我们。"爱德华七世回答说："凭什么他们就该喜欢我们？"然后，继续从马车上向群众点头微笑。

爱德华七世抛头露面了四天：出席了总统府的国宴和外交部的午餐会，在万森检阅了军队，在隆尚观看了赛马，参加了歌剧院的特别演出盛会，幕间休息时间同观众打成一片，并向一个著名女演员用法语表示祝贺，缓和了气氛。所到之处爱德华都发表演说，讲得谦和有礼，机智圆通。在爱丽舍宫的演说中，他说："我自童年时起，就认识巴黎。我曾经时常访问她，我一直对她的无比美丽和市民精神，满怀敬慕。我将永远不会忘记，总统先生，我在你本人、你的政府和你的人民款待中所受的欢迎，这使我相信，我的访问将会使我们两国之间的友好关系重新恢复，促进我们之间有助

◎ 要留意的是，英法协约消除了两国之间的各种摩擦，但并非一纸盟约。然而，随着时间的推移，尤其是经过摩洛哥危机之后，同盟关系变得越加牢固

于双方利益的那种睦谊。"

当爱德华离开巴黎时，群众山呼"吾王万岁"了。一个比利时外交官报告说："这个国家人民态度的一百八十度大转变是少见的。他赢得了所有法国人的心。"不出两个月，法国总统卢贝达访英国，在伦敦受到极热烈的接待。商谈漫长且艰难，因为讨论的范围过大，涉及全部殖民地的利益，所以，双方一再讨价还价。可是，出于一种"对德国的普遍反感"，经过大臣们艰苦努力、排难解纷，英法终于言归于好，在1904年4月签订了全面的协约。后来，任法国总统的彭加勒曾以法兰西精密的语法说出了同样的语句："我的同胞中没人会忘记英王爱德华在这个决定性时刻给予那项永世长存的亲善工作可喜的推动力。"

◎ 日军对旅顺港的包围与塞瓦斯托波尔的围攻（1854—1855）极为相似。日军全力进攻203高地（俄军的防御轴心），终于将守军逐出了阵地，但俄军的机关枪和大炮也对日军造成了惨重的伤亡

《英法协约》包括三个协议，不但谈妥了关于摩洛哥和埃及的问题，而且澄清了关于西非、暹罗、马达加斯加和新赫布里底群岛的一些突出事情。法国放弃了它在纽芬兰捕鱼的垄断权。作为交换条件，英国在西非几内亚的冈比亚河和尼日尔河地区与塞内加尔之间的边界问题上作了重要让步；调整了两国在新赫布里底群岛实行的共管制度，并划定了在暹罗的势力范围，以及解决了马达加斯加岛和桑给巴尔岛的关税争执。最重要的是北非，法国承认了英国在埃及的实际地位，英国则承认了法国在摩洛哥的优先要求和利益。

协约成了事实，德国国内的反应不一。柏林的政府当局特别是霍尔斯泰因仍认为它没有带来什么联盟，只不过是对悬而未决的争执做了合乎常理的解决，从而结束了长期的摩擦，但两国联合不会真正持久，估计1904年2月爆发的日俄战争会迫使英国站在它的盟国日本一边，法国站在俄国一边。可这种推测却是缺乏现实基础的，无论是英日关系还是俄法关系都没有影响英法协约，因为局限于日俄两国的战争仅仅要求英国保持善意中立，而同俄国的军事同盟只是在欧洲同三国同盟进行战争的情况下，才对法国产生义务。

威廉二世怒不可遏，企图另外打造一个新组合。他似乎已经想出两种可使英法协约丧失效力的办法。第一种是凭借以武力为后盾的外交胜利来昭示世界，友好协约根本不具效力，并表明世界上的重要协议如果没有德国的参与是不成的。第二个办法是和沙皇密谋，将俄国拉进德国的势力范围，其最终结果是把法国也拉进来，建立一个反对英国的德俄法组合，造成俄法同盟决裂，并使英法协约与德奥意三国同盟相对立，同时又像俾斯麦时代一样获得俄国的保证。

◎ 1905年3月31日，威廉二世访问摩洛哥城市丹吉尔，图为德皇的大批随从骑着马慢慢地通过丹吉尔拥挤街道的情景。德皇宣称德国要维护摩洛哥的独立，列强在摩洛哥的地位绝对平等

1905年，俄国已在争夺朝鲜和满洲的战场上败于日本人之手，它在军事上的积弱无能已天下共知，欧洲因之失去平衡。各国政府都在同一瞬间意识到，不论哪一国政府，如果有心要趁此时机开启战端，法国势必要在无盟国的情况下单独作战。德皇受到首相比洛的鼓励，立即抓住这一引人注目的时机，咄咄逼人地显示了德国日益增长的力量。3月底，当法国开始对摩洛哥进行"和平渗透"，不仅想把该国的全部国债集中在自己手里，而且要使其海关和军队也受自己控制时，德皇在巡游地中海的途中亲临了丹吉尔港。

威廉二世逗留了两小时，对苏丹做了一次访问，且发表了一篇演讲，强调他以保护摩洛哥的独立和主权为己任。此言一出，举世为之轰动——这不啻是给法国下了战书。巴黎的外交部确信能得到英国的支持，于是甘冒战争风险，做出了愤怒的回应。但是，考虑到俄国同日本作战惨败，继而因革命兴起已遭到削弱，而英国的主要力量——皇家海军不能靠轮子跑上陆地，德国陆军的绝对优势和目空一切的威胁，法国总理府痛苦地作了让步。他们建议德国按照英法协约解决两国之间的殖民地争端。为了使法国在国际上受到耻辱，英法协约失去效力，使双方认识到彼此的支持毫无价值，从而重新考虑同德国结盟，德国坚持召开一次国际会议，讨论摩洛哥的形势。

1905年夏天，德皇又邀请沙皇尼古拉二世到芬兰湾的布页科，在没有大臣的陪同下，进行了秘密会谈。他草拟了一个巧妙的条约，约定如果德俄双方之一受到一个欧洲大国的攻击，另一个将有义务在欧洲给它支持。当然，威廉二世也非常清楚，俄国不可能失信于法国而接受他的条约，他的打算是，此条约成既定事实后

◎ 在这张照片上，德皇威廉二世和沙皇尼古拉二世为了互示友好，各自穿上了对方国家的军装。尽管他们是表兄，可他们的国家确是对手

再邀请法国。他认为，只要双方君主签字，问题就能迎刃而解。威廉二世口若悬河、能言善辩，尼古拉信服地签了字。

威廉二世对如此戏弄表弟感到踌躇满志、兴高采烈。他弥补了致命的失误，使德国的后门安全了。包围圈打破了，整个局势似乎就要变得对德国有利了。但他所看到的仅是一个幻影。沙皇将条约带回国，大臣们看了之后惊恐万状，向他剖析威廉二世诱使他干了一件自相矛盾的蠢事：在一场可能爆发的战事中，如果站在德国那边，他就抛弃了与法国的同盟。沙皇在群臣面前颜面尽失，像个犯了错误的孩子。他恨威廉二世这样作弄他，决定今后不再信任这位表哥。于是，这份条约被搁置起来，虽然它从来没有被正式废除，但实际上已经夭折了。

同俄、法结成欧洲大同盟的计划失败后，摩洛哥问题成为破坏《英法协约》的主要手段。德国指望在号召的国际会议上解决此问题，然而，命中注定它又要失望了。由于德国的催逼，1906年1月，会议在西班牙南部港口城市阿尔赫西拉斯举行。

◎ 1906年1月，德国召开了阿尔赫西拉斯会议，由于英、俄支持法国，会议结束时签订了有利于法国的协议

从一开始，德国人便发现他面对的是比自己更强大的恃强凌弱者。阿尔赫西拉斯距离直布罗陀的英国海军基地仅有几英里，英国早把整个大西洋舰队和地中海舰队都调集于此，包括20艘战列舰、数10艘巡洋舰和驱逐舰及其它舰艇，阵势很是吓人。会谈期间，英国人利用一切机会，邀请各国与会代表登上一艘名叫"英王爱德华七世"的旗舰，并设宴款待他们。

英国海上力量的威胁，使德国在这次会议中没有任何收获。虽然通过了在形式上承认摩洛哥独立的决议——这意味着如果时机到来，德国可以合法地再次提出摩洛哥问题——但法国同西班牙一起负责掌管摩洛哥的警察，仍保证了法国在当地的影响力。最重要的一点是，德国非但没能够搞垮英法同盟，反而加强了它。英国政府不仅答应给法国外交上的支持，而且还暗示，一旦德国进攻法国，英国不会保持中立。虽然英方拒绝书面保证给予法国武力支持，但双方的总参谋部人员举行了正式会谈，制订了一份共同作战计划，作为预防措施。

爱德华七世不断出国访问，罗马、维也纳、里斯本、马德里，且不限于仅拜访王室。他每年都去马里安温泉疗养，并在那里同外号为"老虎"的法国总理乔治·克列孟梭各抒己见。"老虎"对爱德华七世说，有朝一日法国需要帮助的时候，仅靠英国的海上力量是不够的。他请国王注意，拿破仑是在特腊法尔加尔角受挫，但最终却是在滑铁卢被彻底打败的。当时，英国的军事体制正在全面刷新，布尔战争已显示

◎ 理查德·霍尔丹（1856—1928），1879年进入律师界，1890年成为王室法律顾问，1895年当选议员，1911年被封为子爵。他最大的功绩是在担任英国陆军大臣期间（1905—1912）进行了军事改革

出英国陆军在组织上的许多缺陷。历届陆军大臣并非怠于发动改革，各种方案虽接二连三地被提出，但都石沉大海，因为多数党一直主张缩减陆军预算。对此，新任陆军大臣理查德·霍尔丹反抗道：节约和效率并不是对立的。他相信，可以用比过去少得多的钱打造出一支军队，但如果想要一支精良的军队，即使费用再多，也再所不惜。

英国正规陆军在新体制下进行了周详严密的训练、组织和准备工作。这支军队包括6个步兵师和1个骑兵师（由4个旅组成），炮兵队、工兵队、医疗队和运输队也是一应俱全，一共有14.5万人和6.7万匹马。遇到紧急情况时，可以立即组成一支"远征军"跟法国人并肩作战。第二线军队负责沿海防务，由旧民兵、志愿兵以及义勇骑兵组成，共20万人，分成14个步兵师和14个骑兵旅。平时，每个师各由一名少将训练指挥，并在陆军部的指示和监督下负责行政事宜。旧有的民兵预备队取

消，代之以一个特别分遣队，用于补充战争动员时担任辅助任务的勤务部队。此外，大学和其他公立学校还成立了军官训练团，必要时，可大量地供给受过训练的品质优良的军官。

协约中的俄国，地大人多，诱惑着整个欧洲。尽管在对日战争中声名狼藉，但只要想起它那惊人的人口、资源和潜力，英国和法国就感到心宽胆壮；反之，德国人则提心吊胆、寝食难安。英国同日本结盟阻止了俄国在远东的扩张，并使俄国对君士坦丁堡和海峡地区的觊觎未能得逞。然而，德国太咄咄逼人，以致英俄消除敌对情绪、清除旧有分歧的愿望变得迫切。英国此时已对奥斯曼帝国失去兴趣，这为英俄双方就各自在亚洲的殖民目标达成谅解扫清了道路。同时，法国也殷切希望它的两个盟国能言归于好。于是，在法国的热心促成下，两国开始正式谈判。最后，按照英法协约的榜样，英俄在1907年8月31日签订了英俄协约，解决了发生摩擦的3个地点——西藏、阿富汗和波斯所有悬而未决的问题。

对于西藏，英俄同意中国（清）是西藏的宗主国，保持西藏领土完整，英俄双方不能吞并西藏，绝不干涉内政，不索取铁路、公路、电报和矿山租让权或其它权利；不派遣代表到拉萨，只通过中国政府和西藏办理交涉。关于阿富汗，俄国承认它不在自己的势力范围内，英国对其有特殊利益，保证不派遣任何代表到喀布尔，同它的一切政治关系均以英国为中间人；英国声明，没有改变阿富汗政治地位的任何企

图，只就和平的意义来运用它的权力，绝不策划或鼓励任何反俄的举措；同时，两国承认对方在阿富汗享有完全平等的商业机会。最重要的是关于波斯的问题。英俄承诺波斯的完整和独立，并保持对其它一切国家的工业和贸易的门户开放。波斯被划分成 3 个区域：北部和西部是俄国的势力范围，南部和东部是英国的；双方的势力范围中间有一个中立地区，在这里两国得自由获取政治或商业的让与权，但同时放弃在分别划给双方的势力范围以内的任何这类的自由。

与英法协约在英国和法国受到欢迎的情况不同，英俄条约在英国和俄国都不大受欢迎。俄国由于对日战争失败引发了国内革命，英国公众对沙皇应付这种局面采取的严厉镇压措施提出了尖锐的批评。爱德华七世认为，为了去除萦绕在脑际的疑虑与隔阂，进行王室的友好接触势在必行。1908 年，他乘御用游艇前往雷维尔（爱沙尼亚的塔林港）进行国事访问，不仅同沙皇进行了亲切的交谈，还同皇后跳了一曲华尔兹《风流寡妇》，这支舞居然使自戴上罗曼诺夫王朝的后冠以来一直都郁郁寡欢的皇后嫣然一笑。不过，这次会晤还是在英国议会中引起三名议员的批评，国王出于报复拒绝邀请他们参加在白金汉宫为全体议员举行的花园茶会。

英俄协约触怒德皇的程度不亚于英法协约。威廉二世认为他那身躯肥硕的舅父是个马基雅维利式的敌人，是策划建立德国包围圈、实施反对德国联合行动的元凶。"他是一个魔王！"在有三百名宾客的午

◎ 1908年英王访问雷维尔期间，登临沙皇御用游艇时拍摄的照片。为了显示友好，他们也各自穿上了对方国家的军装

宴上，德皇激动地说道："你们想像不出他是一个怎样的魔王！"在英国，爱德华七世以个人的和蔼可亲赢得了"和平缔造者"的美名。英国流传这样一首受人欢迎的歌谣：

只要有一位像爱德华七世这样的好国王，就不会发生战争。

然而，欧洲好似游戏棒那样叠得盘根错节，所有强国都已加入两大敌对的联盟体系，抽动一根就不能不牵动其余。每当发生重大争端时，两方的成员即使对争端持怀疑态度，也不得不支持各自的盟国。它们担心自己的同盟瓦解后，自己会被孤立，从而遭受危险。因此，就算是小小的争端，往往也会成为重大危机。两大联盟的所有成员国，不论愿意与否，都将卷入其中。

走向战争

俾斯麦有言在先："巴尔干地区的一些混账事儿，会点燃下次的战火。"当民

◎ 1804年，塞尔维亚人举行起义。土耳其人趁欧洲忙于对付拿破仑之际，调集大军镇压。1813年，塞尔维亚人打了败仗。土耳其人重新占领了这片地区后，肆意劫掠屠杀。这种形势下，塞尔维亚人于1815年再次发动起义，并且得到了相当大的自治权

族主义已在西欧和中欧获胜时，在东欧和南欧，奥地利帝国、沙皇俄国和奥斯曼帝国仍是各民族的"牢狱"。不过，由于民族主义运动已在他们四周取得成功，这些牢狱中的居住者正变得愈来愈难以控制。最初的缺口是土耳其的巴尔干臣民打开的。塞尔维亚人早在1804年就举行过起义，但到1815年时，才在奥斯曼帝国内部获得一个自治地位。其后，希腊人经过1821至1829年的持久独立战争后，从土耳其赢得了完全的独立。罗马尼亚人稍迟些，于1859年赢得自治。

英法在克里米亚战争中成功阻止俄国后，奥斯曼帝国得到了20年左右的相对和平时期。这20年，巴尔干半岛、克里特岛和亚美尼亚，不同种族、宗教集团的叛乱不断发生。1871年，在法国败于德国后，俄国重又推行积极的反土耳其政策。1877年，奥斯曼帝国与俄国战火又起。战争的结果是塞尔维亚、罗马尼亚和黑山赢得独立。如果不是欧洲其他列强阻止的话，俄国会把土耳其人全部从欧洲排挤出去。

同时，英国、法国、奥地利也在攫取奥斯曼帝国的领土。1878年，奥地利得到了波斯尼亚、黑塞哥维那这两个省份的托管权；1881年，法国夺取了突尼斯；1882年，英国占领了埃及。所以，奥斯曼政府为了对付内部叛乱和外部侵略，求助欧洲最强

PUNCH, OR THE LONDON CHARIVARI.—June 17, 1876.

THE DOGS OF WAR.

Bull A1. "TAKE CARE, MY MAN! IT MIGHT BE AWK'ARD IF YOU WAS TO LET 'EM LOOSE!"

◎ 1876年的漫画，显示俄罗斯（牵狗的人）怂恿巴尔干各国攻击奥斯曼帝国（远处的背影），而攀在栅栏上警察约翰·布尔（英国）则警告沙皇要小心行事

的军事大国——德国，进行军队改革、走近代化道路的事情，毫不奇怪。一个德国军事顾问团被请来帮助奥斯曼建立军事院校，结果，大部分受训的奥斯曼军官明显地被打上了普鲁士的烙印，变得越来越亲德了。

1896年，一部分驻守在马其顿的尉官和校官组成了一个秘密的政治团体，即"青年土耳其党"。1908年夏天，他们发动政变，一举成功，建立了一个效法西方议会政体的立宪国家。已经自主但仍受土耳其统治的保加利亚，利用当时的混乱形势于10月5日宣布独立。这些事件尽管令人震惊且意义重大，却完全被维也纳政府正式兼并

名义上属苏丹、事实上已属维也纳的波斯尼亚－黑塞哥维那的事件所掩盖。

与此兼并事件最有利害关系的就是塞尔维亚。若干年来，特别是1878年以后，在塞尔维亚小而古老的国家里，民族意识就在迅速地成长，建立强大且统一的塞尔维亚国家的理想影响着许多人。波斯尼亚－黑塞哥维那的塞尔维亚人带着期待的心情观看同胞的宣传。维也纳单方面采取的兼并，对其边境对统一投以热情的塞尔维亚人来说，自然是一个震撼。塞尔维亚政府坚决反对，提出强烈的抗议并动员了军队，同时，还呼吁俄国，理所当然地期待它作为"斯拉夫兄弟"的同情，并给予支持。一时间，人们都在猜想战争已迫在眉睫，欧洲的和平全系于俄国的态度。

奥地利采取的独立行动也使德皇怒气冲天："这是对土耳其的侵略！"他在有关公文上这样批注："是英国可以对中欧大国妄加猜疑的好材料。维也纳……已经可恶地欺骗了我们。……英王现在将会把'条约的防卫'铭记在他的旗帜上了。……

◎ 一幅描述波斯尼亚-黑塞哥维那被奥地利踩在铁蹄下的土耳其漫画。维也纳兼并波斯尼亚-黑塞哥维那的举动也激起了奥斯曼帝国极大的愤怒，因为这两省在法律上还在苏丹的统治下

爱德华七世赢了我们一个大回合。"可是，他又无可奈何，因为他很清楚，奥地利是德国唯一坚定的盟国，不能与之争吵；除承认这个吞并而外，别无它法。德皇以戏剧性的语气宣称，如果盟友被迫动干戈，一位身穿"闪耀甲胄"的武士将会出现在其身边。1909年3月底，柏林通知俄国，如果俄国援助塞尔维亚，那它不仅是对奥地利宣战，也是对德国宣战。

俄国虽然愤怒，但是由于在1904—1905年的战争中败于日本，接着在1906年又非常困难地镇压了国内革命，元气已经大伤，尚未喘过气来，并没有作战的准备。英国和法国对奥地利的行为表示遗憾。但总的来说，它们对巴尔干事务不如对与德国的关系那样关心。于是，两国从旁斡旋，使俄国政府让了步，塞尔维亚也就只好忍气吞声暂且默许了。土耳其从奥地利得到220万镑作为放弃两个省份的补偿，保加利亚也一次性付出500万镑结束了对奥斯曼政府的进贡。危机结束了，同盟国获得了胜利，但俄国和塞尔维亚无法忍受遭受到的失败，他们对德国和奥地利的怨恨反而更深了。

德皇威廉二世并不是唯一一位为波斯尼亚危机所困扰的君主，英国国王也深受困扰。爱德华七世在宫中收到消息时，震惊不已。在场的人从来没有见过他那样激动，那样心烦意乱。尽管此后没有爆发什么新的惊人事件，但爱德华七世却发作了几次心脏病。医生断定国王的时间不多了。1910年1月，爱德华七世在前往马里安温泉和比亚里茨以前，祝贺德皇生日快乐，

◎ 晚年的爱德华七世，他的鬃毛猎犬蹀躞在身边

送了一根手杖作为贺仪。4月底回英国后，他处理国事时并未露出精力衰竭的迹象，但一个月后，噩耗传来——爱德华七世因肺炎在白金汉宫逝世了。公众知道国王病了，却没想到他会离去得这样快。

爱德华七世临终前的日子被人认为是"生命不息、忙碌不止的回光返照"。1910年4月24日星期三，国王从法国比亚里茨游历回来时，已经咳嗽不止，但仍去皇家歌剧院看了戏。第二天，他应付了一些会谈后，晚上才去看大夫。周五晚上，国王不顾医生的劝阻，又去听歌剧了。周末，他下榻王室属地诺福克桑德林姆宫，并在大风大雨中亲自监督装修工修缮宫内的主厅。几天以后，爱德华七世身染重病。这显然是因为他在乡间度假时，受了潮湿气

候的影响，此外，因淋雨而造成的感冒也是原因之一。尽管如此，国王仍继续处理国务，而且，就在5月5日那天下午，还在问他的赛马"飞跑女巫"是怎样在赛马大赛上获胜的。

民众聚集在白金汉宫周围，焦急地等待着国王的最新消息。第二天，当太阳从云雾后面钻出，并且比一年中的任何时候都光彩夺目的时候，人们开始振奋起来；当寒冷的小雨下起来的时候，人们的心便又沉了下去。不久，有消息称国王已经处于病危关头。那天中午，爱德华七世在白金汉宫接见财政顾问时，还吸了一支雪茄。用过午餐回到寝室后，就昏倒在敞开的窗

子前。由于长年吸烟，国王40岁时就患上了严重的支气管炎。御医们曾劝他少吸烟，但他把医生的话当耳边风，根本不去理会。到了60岁，连续发作的支气管炎使他的呼吸越发困难了。

亚历山德拉得到丈夫病重的消息，立即匆匆赶到宫里。爱德华临死之前，王后通知了国王最喜欢的情妇——爱丽丝·凯佩尔夫人，并让她与王室成员一起守候在国王的床前。5名医生迅速奔到国王的床前，可是已经无济于事，为了减轻他的痛苦，只好给他注射了吗啡。午夜来临前，国王与世长辞了，终年68岁，统治英国仅9年时间。当爱德华终于咽下最后一口气、

◎ 前来参加英王爱德华七世葬礼的欧洲八国君主，中间坐着的是乔治五世，站在他身后的是脸上留着举世闻名翘胡子的德皇威廉二世

宫中陷入一片惊慌时，王后这样说道："至少我现在知道，他将会在哪里了。"

世界各国对这突如其来的消息的惊愕程度，并不亚于英国。俄国说："我们失去了外交的支柱。"在法国，据《费加罗报》的报道，英王逝世引起了"深深的哀痛"和"惶恐不安"；巴黎大街上灯柱和店家的橱窗因为失去了一位"伟大的朋友"，都披上了黑纱，马车夫的鞭子上也系着黑绉纱蝴蝶结；甚至在其他城镇，也可以看到挂着黑纱的英国故王相片。在东京，不忘英日同盟之功的家家户户，挂着两国国旗，并在旗杆上缠着黑纱。在德国，不论感情好不好，是按常规办事的，陆、海军全体军官服丧八天！在领海内的舰队鸣炮致哀并下半旗，帝国议会全体肃立谛听议长宣读唁电，德皇亲自去英国大使馆吊唁。

欧洲各国帝王纷纷赶到英国参加爱德华七世的葬礼。德皇也乘坐他的"霍亨索伦"号游艇，在4艘英国驱逐舰的护送下来到了英国。他将船停舶在泰晤士河口后，乘火车抵达维多利亚车站，到站后，他受到表弟、新王乔治五世的欢迎。5月20日上午爱德华七世出殡时，至少有包括威廉二世在内的9位外国君主、5位储君、40多位宗室贵胄、7位皇后，不计其数的王公贵族、达官显贵，和为数不多的来自非帝制国家的特使参加。

议会塔尖沉闷的钟声响了九下，灵枢裹着王旗，由20名身穿蓝衫、头戴草帽的水兵抬着紫、红、白相间的炮车。阳光下，闪烁着的"剑光"——德国、俄国、奥国显赫的轻骑兵和重骑兵，以及爱德华曾任

◎ 灵枢要先停放在威斯敏斯特教堂祭奉3天。在此期间，灵枢由王家卫队守候，老百姓可以悼念。英国人把这项仪式称为"躺在国家的怀抱中"

名誉官长的其他国家的骑兵部队，在立正致敬。灵车由英国骑炮兵队曳着，其两面是黑压压的人群，鸦雀无声；阻拦人群的近卫军警戒线，纹丝不动。皇家近卫骑兵队的乐队奏着《扫罗王》的送葬曲。送葬的行列就在警戒线之间徐徐前进。长长的出殡队伍，沿着白厅、林荫大街、皮卡迪利大街和海德公园一直到帕丁顿火车站，遗体将从那里送往温莎安葬。

伴随灵车走着的是爱德华七世的63名侍从副官，全部都是贵族，英国的3位陆军元帅在最前面，6位海军元帅在最后面。爱德华七世的坐骑，由两名马夫牵着，鞍在人不在，马镫上马靴倒置；鬃毛猎犬踯躅在后面，更添了睹物思人的伤感。接下来的是大队伍：穿着有中世纪纹章战袍的传令官们、银杖侍从、白官仗侍从、王室侍从武官、苏格兰弓箭手、假发黑袍的法官们、深红法衣的高等法院的首席法官、紫色长袍的主教们、戴着黑丝绒礼帽和伊丽莎白式饰边衣领的王室卫队成员、号手。再接着就是帝王的队伍。前排居中的是新登基的英王乔治五世，左侧是爱德华七世

的兄弟康诺特公爵，右侧是德皇威廉二世。威廉二世，骑着青灰马，穿着嫣红的英国陆军元帅服，手执着元帅杖。他后面丹麦国王弗雷德里克、希腊国王乔治、挪威国王哈康、西班牙的阿方索、葡萄牙的曼努埃尔、缠着穆斯林丝头巾的保加利亚国王费迪南德、比利时国王阿尔贝、奥地利皇储弗朗茨·斐迪南、奥斯曼土耳其苏丹的继承人尤素福王子。

◎ 缓缓行进在伦敦大街上的爱德华七世的出殡队伍途径维多利亚女王铜像时的留影

◎ 游弋于阿加迪尔港外的"豹"号炮舰

继帝王之后是皇室贵胄：日本天皇的兄弟伏见宫亲王、俄国沙皇的兄弟米哈伊尔大公、意大利国王的兄弟奥斯塔公爵（穿着天蓝衣着、戴着翠绿羽翎头盔）、瑞典国王的兄弟卡尔亲王、荷兰女皇的丈夫亨利亲王，再就是塞尔维亚、罗马尼亚和门的内哥罗的王储们。他们后面是一辆玻璃车厢的马车，载着新寡王后和她的姊妹俄国皇太后，再后是 12 辆马车，载着各国的王后、贵妇以及东方各国的王公显贵。再后面是德国的小诸侯：汉诺威、萨克森 - 科堡、萨克森 - 哥达和萨克森 - 科堡 - 雷宁根的大公们。此外，还有遥罗的一个亲王，波斯的一个亲王，前法国奥尔良王室的五个亲王，戴着金流苏土耳其帽的埃及总督的兄弟，穿着浅蓝绣花长袍的大清帝国载涛贝勒。在这绚丽壮观的行列中有三个穿着便装的人：瑞士的加斯东 - 卡兰先生，法国外交部长亥雄先生和美国的特使、前任总统西奥多·罗斯福。

葬礼上，德皇百感交集。他在公开场合举止得体，和英国亲戚在一起时黯然神伤，但私下又不禁倨傲自得——舅父已从欧洲政治舞台上消失了，他的时机到了，

就按捺不住玩起新的阴谋来。面对自己已为三国协约包围的情况，德皇力图恢复俾斯麦的"再保证政策"。1909 年 2 月，他同法国缔结了一个关于摩洛哥的协定；1910 年，同俄国缔结了另一个关于它们各自在波斯和美索不达米亚的利益的协定。此外，英德两国也欲达成真正的和解。虽然英国劝说德国将海军计划放慢、承认英国是霸主的一切尝试失败了，但在其他问题上一直没有停止过协商，并且在争执的有关德国修建经中欧穿越巴尔干、土耳其至中东的"巴格达铁路"问题上，达成了一致——英国得到了从巴格达到波斯湾铁路末端的修筑权。

这些协议本应该能造成三国协约的瓦解，然而 1911 年的扰攘事件却使三国协约更加巩固。1911 年，摩洛哥出现的危机比 1905—1906 年的更加严重。动乱中，法国

人声称居住在那里的欧洲人的生命安全处于危险之中。为此，法国政府派遣一支军队前往救援，于4月在拉巴特登陆，5月21日占领首都非斯。尽管法军指挥官接到严格命令，不得有看似威胁苏丹君主权或否认该国领土完整的行动，但德国人却猜疑这是法国为攫取整个摩洛哥而迈出的第一步。德国政府表态："倘若法国军队觉得有留驻非斯的必要，使得苏丹只有在刺刀的援助下才能维持统治，那么整个摩洛哥问题将重新出现。德国将认为阿尔赫西拉斯协议已是一纸空文，各签字国有恢复行动的完全自由。"

1911年6月23日，乔治五世在威斯敏斯特大教堂加冕。上午8时，教堂里已挤满了准备在这里逗留一天的人们，大街上也挤了成千上万的人。他们等上几个小时，为的只是能看上一眼从这里经过的王家队伍。室内的昏暗、室外的阴云，与前来参加仪式的人们鲜艳华丽的礼物、珠宝饰物形成鲜明对比。仅一周后的7月1日，德国海军的"豹"号炮舰奉命驶入摩洛哥港城阿加迪尔；7月2日清晨，巡洋舰"柏林"号也进港，停泊在"豹"号之侧。德国计划控制摩洛哥南部，其驻各国的使领馆说，摩洛哥南部的德国公司请求政府派兵把他们从当地人的野蛮中拯救出来。问题是，发生了所谓攻击事件的地区，根本就没有德国公司。唯一的获救者是汉堡某贸易公司的一位代表。三天前，他在75英里外的小城摩加达接到命令，要他立即赶往阿加迪尔等待"被救援"。

全欧洲各国窃窃私议的都是一个词——"战争"。就在这个月里，法国和英国总参谋部共同签署了一份备忘录，明确规定战争到来后，英国一旦出兵介入，步兵师应在动员的第四天上船，骑兵在第七天上船，炮兵在第九天上船；第十二天时，所有部队将在勒阿弗尔、布伦或鲁昂登陆，然后改乘火车在莫伯日地区的指定地点集结，这样在第十三日即可投入战斗。英国陆军参战之后配属于法国陆军，部署的地区将是法军防线的延伸地区，担负警戒翼侧的任务，防范敌方的包围。时间表来得正是时候。

英国为了向世界宣告自己是法国坚固的后盾，选择财政大臣大卫－劳合·乔治为传达人。7月21日，他在伦敦市长官邸发表了一次演说："我必须说这一点，我认为不仅为了本国的最高利益，而且也为了世界的最高利益，英国必须不惜一切代价来维持它在各世界大国中间的地位和威

◎漫画《我以为是纸！？》，英国在危机时支持法国，加强了两国之间的紧密关系，所以英法已成为军事联盟

望。但是，如果我们被迫陷于这样一种处境——英国不得不放弃若干世纪以来由于英勇行为所赢得的伟大地位；英国的利益受到严重影响，在国际上却被认作无关紧要——和平才能得到保证的话，那么，我要郑重地说，以这种代价换取的和平将是我们这样的大国所不能忍受的耻辱！"

这种宣告不仅限于英国的官方发言人，议会反对党的领袖们也认为最好警告一下德国，要德国不必指望政党之争会使英国陷于瘫痪，他们说："如果任何人认为我们因为国内有困难，便会容许自己被清除出欧洲地图，我们就会这样说：'这些人完全不了解英国人民的性格和反对党的爱国心。'"幸而英国政府的坚定态度把德皇吓住了，遏制了德国官方黩武的激情；而大多数德国人对处于非洲的这片雾气弥漫、瘟疫肆行的热带雨林并没有真正的兴趣，也肯定不愿意冒战争的风险去攫取它。无奈之下，德国人只能寻找摆脱困境的出路。德国人知道，只要与法国和解，英国就不会向其盟友提供援助。

德国完全同意把摩洛哥交给法国，但作为补偿，它要求得到法属刚果地区。起初，德国人要价甚高，坚持要法国交出整个刚果。但是，法国在英国的支持下拒绝了德国的要求。到1911年11月初，拖拖拉拉的交涉才有了结果——法国政府通过自己坚定的态度迫使德国承认法国对摩洛哥的保护权，法国同意割让刚果殖民地的部分地区、通向刚果河的通道和一块狭长的海岸地区。这对法国而言，是重大胜利，对德国则是莫大羞辱。英法，团结得更紧密了。

世界之战

德国的让步纵然不是受了英国的影响，也是因为近东的局势。三国同盟的一个重要成员——意大利，已经对土耳其发起了进攻。意大利在加入同盟国时就已表明，条约不适用于其与英的关系，因为意大利半岛拥有漫长而不易设防的海岸，必须依靠称霸海洋的英国。一旦英国和中欧疏远，意大利就必然抛弃它的盟友。早在1902年，意大利就同法国签订了一项秘密协定，承认法国在摩洛哥的利益；作为法国承认意大利对的黎波里地区的利益的回报，协定还约定两国中的一方遭到第三国进攻时，另一方严守中立。而且，英德关系日趋恶化也促使意大利脱离柏林和维也纳，虽然它仍是三国同盟的成员国，但它正日益强烈地谋求向协约国靠拢。

1908年，意大利已经开始了对的黎波里地区的经济渗透，正式兼并只不过是时机问题。但青年土耳其党革命发生后，作为"先头部队"的意大利商人和工程师却发现自己处处受到新任命的土耳其官员的阻挠；同时，德国的考古学家和地质学家在的黎波里的科学调查也显得加倍热心。双方的活动可有什么联系？英国似乎要永久占领埃及。法国已雄踞阿尔及利亚和突尼斯，和德国的协调又给它在摩洛哥自由行动的权利。剩下的只有的黎波里这一隅之地了。意大利大为惊慌，看到自己大有被挤出北非沿海而分不到一杯羹的危险，于是要求苏丹允许意大利占有的黎波里，并且不及答复就宣战了（1912年9月）。

◎ 1911年，意大利人夺取了土耳其在北非利比亚的属地，由此开始了巴尔干纷争的第二个回合

意大利人没有遭到多大抵抗就占领了的黎波里的沿海城镇，但是在腹地，受阻于土耳其人和阿拉伯人的联合抵抗，战果不多。看上去战争将要无限期拖延下去的时候，奥斯曼政府突然同意和意大利商谈——奥斯曼卷入了另一个更加严重的冲突：1912年10月，希腊、保加利亚、塞尔维亚和黑山组成巴尔干同盟，联合对抗土耳其帝国，并且在几个星期之内使之屈膝。土耳其战败后呼吁欧洲列强进行调解，再次把欧洲推向全面战争的边缘。

奥地利对巴尔干同盟这种迅速胜利尤感不安，因为这不免会使塞尔维亚趾高气扬。维也纳决心在必要时以武力制止塞尔维亚扩张到亚得里亚海岸，于是和俄国的传统对抗又爆发了，矛盾也尖锐起来。最后，英德两国政治家合作，德国阻止了奥地利对塞尔维亚采取行动的企图，而英国迫使俄国放弃对塞尔维亚的支持。1913年5月底前，在伦敦签订了和约。列强建立了一个新的独立国家——阿尔巴尼亚，从而阻止了塞尔维亚人在亚得里亚海边定居。但

是，和平仅仅维持了一个月。

战胜者由于就瓜分战利品的问题未能取得一致而争吵起来，爆发了第二次巴尔干战争。保加利亚在奥地利的怂恿下向塞尔维亚和希腊发起进攻，土耳其和罗马尼亚也支持保加利亚和希腊对塞尔维亚作战。柏林再次阻止奥地利积极插手这一冲突，因此奥地利无法提供所答应的援助，致使保加利亚处于完全孤立的境地，遭到了毁灭性打击，一败涂地。奥地利的外交失利和塞尔维亚的胜利给予大塞尔维亚民族主义运动新的鼓舞。

"在波斯尼亚，1913年是革命组织纷纷成立的一年。"一位当时驻维也纳的塞尔维亚外交官证明："青年人不想别的，只想用炸弹、暗杀、炸药，来毁掉一切、消灭一切。人人都在叫嚷：'行动、行动，不要再空谈了。'"1914年6月28日，奥地利皇储弗兰兹·斐迪南大公及妻子在访问波斯尼亚省首府萨拉热窝时遇刺身亡。刺客就是当地一群激进且狂热的塞尔维亚族青年。随后的调查发现，他们使用的武器是从塞尔维亚搞来的，但未能查出阴谋者同塞尔维亚的恐怖主义组织"团结或死亡"（更以"黑手会"著称）的联系。

"黑手会"这个秘密团体于1911年在贝尔格莱德成立，其公开宣称的目的是"为实现民族的理想，联合所有塞尔维亚人"，成员大都是军官和政府官员。黑手会领导德拉古廷·德米特里耶维奇上校，绰号"阿皮斯"（即"蜜蜂"），是塞尔维亚陆军的情报头子。"阿皮斯"并不是恐怖主义的新手。1903年，26岁的他就是策划暗杀被

认为亲奥地利的塞尔维亚国王亚历山大·奥布雷诺维奇和王后德拉加的罪魁祸首。他带领人在夜里闯进宫，把国王夫妇从一间密室里拉出来，反复射击、砍劈后，把血污的尸首抛下了楼。

弗兰茨·斐迪南被定为暗杀的对象，因为他曾说过，将来当上皇帝，要给予波斯尼亚以奥地利和匈牙利的同等地位。这一政策对要建立大塞尔维亚的"黑手会"来说是个威胁，"黑手会"害怕这一改革将减少南斯拉夫人对奥地利的憎恨和敌意。但不管出于什么样的原因，结果都是一样的。这时，"该死的联盟体系"开始采取无情的、致命的行动。首先，奥地利作出了帝国正处于被撕成碎片的危险之中，要生存就必须采取强硬措施的决定。接着，德国保证，不论奥地利决定采取什么行动，它都给予全力支持。德皇以为一开始就十分明确地摆出这种姿态，俄国未必敢支持塞尔维亚反对奥地利。但这次他显然失算了，到了1914年，俄国已恢复过来，可以反击了。

7月23日，奥地利向塞尔维亚提出了条件苛刻的最后通牒。俄国对斯拉夫朋友的膺惩不能漠视，警告奥地利说攻击塞尔维亚会立即引起俄国的动员。但是，奥地利消灭塞尔维亚的决心已定，它依赖德国盟友的军事力量威慑俄国迫其让步，使它在维也纳摧毁塞尔维亚的同时不敢采取行动。塞尔维亚7月25日的答复初看起来好像是要调解，但实际上却受种种条件限制。这分明是推诿，显然无法令人满意。奥地利立刻断绝了同塞尔维亚的外交关系，并

Le Petit Journal

PIERRE Iᵉʳ KARAGEORGEWITCH
Proclamé roi de Serbie à l'unanimité par le grande Skouptchina

◎ 奥布雷诺维奇王朝倒台后，野心勃勃的塞尔维亚军人扶植起倾向俄国的卡拉乔治维奇王朝，结果产生了咄咄逼人的反奥地利政策

于7月28日向塞尔维亚宣战，次日开始炮击贝尔格莱德。俄国遂于7月30日命令全国总动员，黑山也加入塞尔维亚这一边反对奥地利。

第二天，柏林向圣彼得堡和巴黎发出最后通牒。俄国被命令要"在12小时内停止对奥地利和德国的每项战争措施"，并"通知德国"。俄国答复说，时间太仓促，不能停止动员，但只要继续谈判，俄军将不会越过边境。德国于是在8月1日动员对俄宣战。柏林给巴黎的最后通牒要求法国于18个小时内答复法国对"俄德战争"的态度，并挥舞着铁拳说："如果法国动员就无可避免地意味着战争。如果它宣布

中立，则须交出凡尔登等地的几处要塞受德国军事管制，待对俄战争结束后再归还。"对这个侮辱，法国的回答是动员。德国便于8月3日也向法国宣战。

而英国呢？当奥、俄、德、法军事调动时，它在未来战争中究竟应该起什么样的作用还没有确定。自萨拉热窝发生暗杀事件的消息传到伦敦之日起，英国政府就抱着日益焦虑的心情不断努力使奥地利和塞尔维亚间的争端局部化，以维护欧洲的和平。英国外交大臣爱德华·格雷在7月26日提议，由德、法、英、意等无利害关系的四国开会调停奥、塞不和。柏林拒绝了他的提议，说这一争端仅同两国有关，应由奥国和塞尔维亚两国独自去解决。7月27日，格雷再次建议调停，但维也纳拒绝同俄国及其它各列强讨论，和塞尔维亚发生的争端"纯然"是"奥地利的事"。

当俄国下达总动员令时，一切"局部化"的希望都化为泡影了。和平虽不复指望，但格雷继续为争取和平而努力至最后时刻。7月29日，他还致电柏林："德国只要能为和平计而扭转局面，则按照德国所认为可行的方法调解，当可立即执行。德国驻伦敦大使卡尔·利希诺夫斯基亲王，是德国和西方维护和平的热心拥护者。他抓住英国大臣格雷最后的建议，只要俄、奥、德之间还存在和平解决问题的希望，法国应当在军事上保持中立。在一封与其说是表述事实不如说是表述主观愿望的给柏林的电报中，他说格雷的建议"似乎意味着，如果我们不攻打法国，英国将保持中立，并将保证法国的中立"。

◎ 美国漫画《友谊之链》，描绘了第一次世界大战的爆发原因：若奥地利攻击塞尔维亚，俄罗斯将攻击奥地利，然后，德国会攻击俄罗斯，法国和英国将进攻德国

◎ 一幅题为《禁止通行》的战争漫画——在比利时，一个板着面孔的小男孩，挡住侵略者德国去路的情景。德国被画成口袋外挂着香肠的一个胖老头，看上去很滑稽，但不可恶

得意洋洋的德皇对他的参谋总长毛奇宣称："那么，我们的全部兵力前进吧，只向东方。"毛奇感到苦恼，他在回忆录中说，自己极力主张君主打消这种想法，

因为"这是不可能的，由几百万人组成的军队的前进……是多少年来辛辛苦苦工作的结果。一旦计划好之后，是无论如何不能改变的"。威廉二世最后对毛奇的恳求作出让步，但坚持推迟24小时后就越过法国的边境。

德国首相贝特曼－霍尔维格召见驻柏林的英国大使爱德华·戈申爵士，并告诉大使，如果英国能保持中立，那么，在对法战争胜利后，德国将会尊重法国的领土完整。傍晚，来自伦敦的消息清楚地表明英国政府拒绝接受这一建议，表示不会保证中立。德国参谋总长毛奇如释重负，立即下令军队按照入侵时间表开始行动。

8月3日，德国仍继续希望英国作壁上观，而法国则害怕。也难怪它会如此，战争在这个阶段上是无法避免了，除非英国毫不含糊声援法国，强有力的警告说不定会使德国悬崖勒马的。法国总统彭加勒在他办公室召开的一次会议上告诉英国大使："如果英国立即声明它要支持法国，就不会有战争，而德国也将马上改变态度。"法国的焦虑使英国感到他们休戚相关。大批群众自发聚集在白金汉宫外面，英王和王后受到热烈欢呼，英国和法国的国歌也被人群高唱起来。

8月2日，德军首先侵入卢森堡。因为法德边境的防御工事很坚固不易入侵，所以柏林才会要求卢森堡允许德军随意通过。同一天，德国驻布鲁塞尔公使向比利时政府递交了照会，提出了保持"友好"中立的条件：比利时必须不反对德国军队假道它的领土；凡因此造成的所有损失，德国愿意赔偿；媾和后撤出比利时领土，并愿"保证比利时王国的独立和领土完整"。

这违反了英德和其他国家于1839年签订的保证比利时永久中立的公约。第二天，比利时国王向英国国王提出个人呼吁，要求保护他的国家。英国签订的比利时中立公约，并不单单是对一个弱小国家的崇高关怀。英国的海上优势不能容忍强大的大陆国家——之前是法国，现在是德国——控制极为重要的海峡沿海地区。德国人于8月4日上午入侵比利，为英国提供了可正式参战的借口。

下午3点，爱德华·戈申爵士奉英国外交部之命要求德国保证比利时的中立，因为比利时中立是条约约定的内容，应予尊重。然而，贝特曼－霍尔维格则这样回答："仅仅为了一张废纸，英国却要去与有亲戚关系的民族交战。"他愚蠢的评论，被协约国的宣传人员利用后产生了恶劣的影响。知道德国拒绝对尊重比利时的中立时，英国内阁开始进行战争投票。午夜，一封电报发给了英国陆海军的所有指挥官："对德开战。"这样，在萨拉热窝谋杀事件才过去5个星期，欧洲大小不一的7个国家就已开始互相进攻。按照爱德华·格雷的说法："灯光正在整个欧洲熄灭，在我们有生之年，将再也看不到它们重放光明。"

第一次世界大战是在兴高采烈的群众和开拔士兵高唱《马赛曲》或《蒂珀雷里》等歌曲的歌声中开始的。交战双方的军列上都用粉笔写着"圣诞节回家"。所有的民族都满怀信心期待这场短暂的战争将带来的胜利。但是，他们不久便发现自己卷

◎ 1914年8月21日，英国骑兵在比利时的蒙斯附近向德军发起进攻。但是由于机枪的使用，其巨大的杀伤力使骑兵在前线再难有用武之地，不久就被召回后方，马匹用于运输，从前的骑士则不得不徒步参加作战

入了一场持久战。这场战争历时 4 年零 3 个月，先后卷入的有六大洲的 30 多个国家。随着战斗的进展，交战双方都不断增添新的盟友。

意大利拒绝履行三国同盟条约参战，宣布保持中立。它声称奥、德从事侵略已使所订的条款无效，并于 1915 年加入协约国对从前的伙伴宣战。长期以来对俄国图谋君士坦丁堡感到惊慌的土耳其同德国结盟，保加利亚不久也加入中欧强国的阵营。先后加入英法俄三国协约的有大英帝国的自治领加拿大、澳大利亚、新西兰和南非。在远东，印度自动地站在英国统治者一边对德宣战。日本当然也支持它的盟国英国，它乐于利用条约，把德国驻防军队从中国山东的战略性口岸胶州湾赶走。三年内，葡萄牙、阿尔巴尼亚、罗马尼亚和希腊、弹丸之地圣马力诺也将参战，成为欧洲最后几个卷来的国家。

1917 年至 1918 年间，几乎全世界所有的国家都直接或间接卷入了战争。1917 年 4 月，美国对德国宣战；12 月，对奥地利宣战。古巴和巴拿马迅速追随美国向中欧列强宣战。还有暹罗、利比里亚、中国、巴西、危地马拉、尼加拉瓜、海地、洪都拉斯、哥斯达黎加都跟着参加了对德战争；玻利维亚、厄瓜多尔、秘鲁和乌拉圭也同德国断交。不过，除了美国，上述这些国家的宣战，道义上的意义远远超过了实际上的意义。最后，人多势众、实力雄厚的协约国大获全胜，同盟国势单力孤，一个接一个地都垮了，停战协定于 1918 年 11 月 11 日签订。

这一天，伦敦阴云密布、细雨纷纷，但上午 11 时后，雨停了。英伦岛上的人们得知了停战的消息。转眼间，街头巷尾、广场和公园都挤满了欢腾的人们。他们自发集结在白金汉宫面前，11 时 15 分，乔治五世身着海军上将制服，偕同王后、太子和康诺特公爵一齐出现在阳台上。在近卫军的军乐队伴奏下，群众唱起了国歌。随后，国王夫妇坐上敞篷马车，在伦敦城里穿行，为的是让更多民众一睹圣容。狂欢持续了一整天。翌日，国王和王后参加了在圣保罗大教堂举行的感恩式，在那里和全国各地响起的歌唱，与其说是凯旋之歌，毋宁说是感谢战争成为过去的和平之歌。

得不偿失

在宣布艰苦奋斗日子结束，"我们赢得了这场战争"的那天晚上，乔治五世下令开启尘封已久的白金汉宫酒窖，让大家开怀畅饮。据史料记载，为庆祝打败了德

◎ 1917年4月2日，美国总统威尔逊召开国会特别会议，请求授权对德宣战。两天后，参议院以82票对6票通过了参战决议。4月6日，众议院以373票对50票，作了类似的表决

国人，国王打开了先王乔治四世的一瓶佳酿白兰地，这是当年为了纪念威灵顿在滑铁卢战胜拿破仑而特别封存的。不过，据说这瓶酒因为放置时间过长，喝起来有股土腥味。

这场空前的全球大战，交战双方差不多动员了6500万人。其中协约国4000万人，同盟国2500万人。伤亡人数是惊人的，尽管永远不可能确知，但据研究估计，直接战死或因伤致死的战斗人员在1000万至1300万人之间，不同程度负伤的约有2122万人。财富的损失也是前所未有的，

直接经济损失达1805亿美元，间接经济损失则达1516亿美元。

大不列颠为协约国的事业贡献了9496370人，其中英国600万人，帝国的其它部分300多万人。共有3266723人死伤和失踪，实际牺牲的约100万人，将近200万人受伤，其中伤重致残或形貌损毁者有好几十万人。还有许多人将在精神病院度过漫长的岁月。与杀人盈野的陆地战场相比，海战虽然在武器装备方面耗资巨大，人员伤亡数量却相对较少，甚至可以说微不足道的：海军伤亡27215人，其中

◎ 1914年9月22日晨，3艘英国装甲巡洋舰被德国潜艇"U-9"号（艇长奥托·韦迪根）击沉了，1459人丧身大海。从此，潜艇引起了人们的广泛注意

◎ 德国齐柏林飞艇轰炸一座俄国城市的情景

溺毙或击毙的有 22258 人。

英国国内的"战线"也受到了损伤，战斗的参与者不再仅仅是那些雇佣兵和职业军人，全英人民也被卷入战争的漩涡。德国人先是驾驶齐柏林飞艇，后来又改用哥达式轰炸机对英国本土实施轰炸。这是自 1066 年诺曼底人入侵并占领英格兰以来，战火首次降临英伦岛。被炸死的老百姓有 1413 人，伤的更多，许多房屋被炸毁、烧毁；德国潜艇击沉协约国和中立国的船只吨位达 1115.3 万吨，其中英国损毁的不下 900 万吨，从事商运的海员死亡 14661 人，受伤 3 万人，损失的船舶和货物价值计 7.5 亿英镑。

这场战争同样摧毁了社会制度和政治结构，它对政治的影响至今犹存。战争彻底改变了英国人的想法，形成了对德国的偏见。1914 年战争爆发后，英军在德国军队的疯狂进攻下节节败退、损失惨重，使英国社会一片骚动，点燃了英国人仇恨所有德国人的怒火。当时的英国，一旦见到德国姓氏的人，人们便流露出鄙夷的表情，

而后就是拳脚相加，还有的当场被扣押送往警察局。就连英国人喜欢养的德国小猎犬，也被列入了黑名单。

仇恨情绪甚至蔓延到了英国上流社会，亲手组建了英国远征军的理查德·霍尔丹就是这潮流的最大牺牲品。有人揭发他曾在一次晚会上谈起德国是他的精神家园。实际上，这位前陆军大臣只不过是在回忆自己在德国哥廷根大学留学的岁月，顺便提及的。然而，英国媒体却把这一事情炒得沸沸扬扬，结果引发了一场全民声讨运动。霍尔丹每天收到的恐吓信多达 2600 封。在如此形势的逼迫下，他只好辞去公职，以慰国人。

霍尔丹并不是惟一一位因为德国丢掉乌纱帽的人，乔治五世的侄子路易斯亲王也未能幸免。路易斯，即德国巴登堡公爵路德维希，青年时代都是在英国度过的，而且一直在英国海军服役，是个事业有成的模范军官。自 1912 年起，他就开始担任地位仅次于海军大臣的海军参谋长职务，这也是皇家海军职业军官的最高官衔了。

战争爆发后，亲王的德国出身在英国掀起了轩然大波。尽管乔治五世亲自为他说情，但是迫于舆论压力，路易斯还是被免职了。直到1921年，也就是战争结束后的第三年，英国人才恢复他的名誉，并重新授予他海军上将军衔。可心灵的创伤是永远都无法愈合的。

此后，有人斥责白金汉宫里还隐藏着"德国间谍"。乔治五世对民众的排外情绪感到非常震惊。但他自己对此也无能为力，只能眼睁睁地看着宫内惟一来自德国的侍女艾尔萨被遣送回国。到了1916年，战争已经进行过半，老百姓的反德声浪更加高涨，国王本人也被牵连了进去。尽管乔治五世是土生土长的英国人，但是这个王室很长时间以来还顶着德国名字。按照历史学家的说法，英国王族与德国有着千丝万缕的联系，祖籍可以追溯到汉诺威、萨克森－科堡这些家族。英国王室成员如同热锅上的蚂蚁，只好让步，与德国亲戚划清界限，完全代表本国人民。

为王室改换门庭的建议被提上议事日程，乔治五世让手下人征集一个更合适的名字。很快，各种建议就被汇总过来，堆满了他的办公桌。最终，担任国王私人秘书的阿瑟·比格在翻阅了大量历史资料之后，拿出了最佳方案。1917年7月17日，英国王室正式对外发布公告，宣布将家族名称改为"温莎"这个非常英国化的称谓。与此同时，所有与德国有亲戚关系的贵族家庭也都相继改名，前文提到的路易斯亲王将家族姓氏改成了英国化的"蒙巴顿"；所有拥有英国封号的德国贵族，其头衔全

◎ 一幅描绘乔治五世为安抚民心，舍弃自己德国姓氏的英国漫画。"温莎"一名来自温莎堡，是英国最古老的王宫之一，据闻是由"征服者"威廉一世选的址

都被取消，比如，汉诺威家族从此不再是坎伯兰公爵了。

一夜之间，英国王室再次受到民众的追捧，乔治五世的王位获得了巩固。而与之形成鲜明对比的是，在海峡对岸的欧洲大陆，大战使若干古老的君主政体彻底消失，君主们一个个灰溜溜地离开了历史舞台。1917年，有三百年历史的俄国罗曼诺夫王朝已无比虚弱，以致于它未经挣扎就被革命灭亡了。1918年的德国也是一片混乱，饥民同军队联合起来，放逐了德皇；同时，汉诺威、萨克森－科堡、萨克斯－哥达和萨克森－科堡－雷宁根等大小诸侯们也被剥夺了特权，被扫地出门。奥地利和奥斯曼帝国往日的强大化为泡影，数世纪之久的哈布斯堡和奥斯曼等王朝亦被肢解。

这次大战标志着欧洲开始衰落。法国流尽了鲜血，丧失了一等强国的地位。英国也破了产，不再是世界金融中心。战前，英国经济以进口食品和原料、出口成品为主，建造了世界上 2/3 的新船只，出口了生产的 7/9 棉布、1/3 煤和 1/4 钢铁，此外，还从海外投资、金融业务和商船运输中得到大量无形收入。世界大战刺激了英国自治领国家的工业化，打破了这一经济平衡；英国商船队在很大程度上遭到破坏；英国支付军费总额达 95.9 亿镑，贷给盟国的约 15 亿镑，最后不得不向美国借款。英国成了战胜国中的最大输家，其境遇与战败的德国没有什么两样。

英国一度扩大了帝国的疆域：在奥斯曼帝国的领土中，美索不达米亚、外约旦

和巴勒斯坦受托给英国管理。而在德国殖民地中，坦噶尼喀大部分地区划给英国，多哥兰和喀麦隆由英法瓜分；西南非洲分给南非；至于德国在太平洋上占据的岛屿，赤道以南的归澳大利亚和新西兰。但是，英国对它们的控制力已被大大削弱，英国再也没有足够的力量维持它在全球的地位了。同样，也无力保持它的海上优势了。

英国的衰败创造了一个权力真空，引得西半球和远东迅速成长起来的新势力竞相弥补。

欧洲所有国家在烈火中都被烧焦，就像庞大的世贸双子塔一样彻底倒塌了。美国取代西欧国家一跃成为世界上财政和工业力量最强大的国家，它和另一个潜在对手日本向英国发起挑战，并且最终取得了成功。同时，从俄国的革命种子成长起来的大"帝国"，借助下一次世界大战徐徐登上世界强国的宝座。如果维多利亚女王有幸活到这时，看到英国这番败落景象，对儿子恣意妄为所产生的严重后果，她会怎么想呢？

◎ 出席巴黎和会的"四巨头"——美、英、法、意四国首脑。英国首相劳合·乔治（左二）不愿意任由法国称霸欧洲大陆而与自己抗衡，因此不赞成过于削弱德国

进击海洋

沙皇俄国海上力量发展史

作者：莫名

彼得大帝的海军梦

689 年，彼得扳倒他的姐姐——摄政王索菲亚，正式掌权。经过历代沙皇的努力，俄国已经扩张成一个横跨欧亚的庞然大物。然而，这个版图辽阔的帝国却有着一个明显的缺陷——没有出海口。它的领土向北延伸至白海，那里气候严寒，终年冰雪，一年中有 200 多天被冰层覆盖；向南延伸至里海北岸，可惜这里所谓的"海"只是一个庞大的咸水湖。

当时，欧洲兴起了航海、经商、产业、殖民等新兴浪潮，俄国国内经济的发展也强烈要求获得出海口。对俄国来说，有三个出海口最为重要，它们分别是进入黑海的顿河河口、进入波罗的海的涅瓦河河口和进入太平洋的阿穆尔河（黑龙江）河口。

俄国在雅克萨战役之后与中国签订《尼布楚条约》，承认外兴安岭以南、格尔必齐河和额尔古纳河以东至海的整个黑龙江流域,乌苏里江流域的土地,全部属于中国。这就意味着对俄国至关重要的阿穆尔河河口确定归属中国,俄国失去了向东扩张至太平洋的重要出口。这对刚刚执政的彼得来说无疑是一次重大打击。但彼得的眼光并没有在远东停留太久,毕竟俄国是一个欧洲国家,在国策上历来实行先欧后亚。

另外两个对俄国至关重要的出海口——顿河和涅瓦河的河口,此时分别牢牢控制在土耳其人和瑞典人的手中。很显然,要想获得这两个出海口,就必须通过战争。

彼得即位之初就已着手建设海军的工作,用在伊兹马伊洛夫找到的一条小艇试航后,决定先建立佩列亚斯拉夫湖小舰队。1694年,他又在白海建立了一支小型舰队。不过,这些都只能算是初步尝试,真正的海军建设,是从第二次俄土战争开始的。

1683年,土耳其发动对奥地利的战争。1684年,奥地利、波兰和威尼斯结成共同反对土耳其的"神圣同盟"。1686年,俄国加入这一同盟。这就是历史上著名的第二次俄土战争的前奏。

1695年,俄土战争正式爆发。彼得御驾亲征,率领3万人进攻土耳其人位于顿河下游的亚速夫要塞。只要拿下这个要塞,俄国就能够控制顿河河口,获得进入亚速海的出海口,进而染指黑海。然而,由于没有足够实力的舰队来切断土耳其人的海上供应,亚速夫要塞在俄军的进攻下岿然不动。土耳其人抓住机会发起一次反击,大败围城的俄军。

初战失利,彼得总结教训后迅速调整策略,在顿河上游的沃罗涅日和第聂伯河支流杰斯纳河上的布良斯克建造船坞。在目睹了土耳其人的海军在这次交战中发挥出来的作用后,彼得坚信自己对海军重要性的判断不会错。他从荷兰、意大利和英国聘请工程师指导造船,并组织一支人数众多的劳动大军。在接下来的一个冬天里,彼得不知疲倦地投入工作,甚至亲自拿起斧头参加劳动,不惜成本建造了一支拥有22艘大桡木船、24艘火攻船以及约1500条驳船、木筏和小船的舰队。1696年5月,这支舰队在他的带领下抵达亚速夫。

他让俄罗斯腾空而起。 ——普希金

◎ 彼得大帝(1672—1725)

彼得·阿列克谢耶维奇·罗曼诺夫,俄国罗曼诺夫王朝第四任沙皇,俄国海军之父,俄国历史上最伟大的君主之一,后人尊称他为彼得大帝

◎ 彼得参观英国泰晤士河的德普特福特船坞

6月末，俄军第二次进攻亚速夫要塞。舰队由法朗斯瓦·勒福尔率领，彼得则亲自在一个大桡木船上当一名分队长。俄军水陆并进，从陆地和海洋同时切断了亚速夫守军的给养。7月，土耳其人投降，俄军占领亚速夫。彼得获得了他梦寐以求的顿河河口。这次胜利大大增加了彼得对造船的兴趣，接着，他开始悉心经营，以求巩固对亚速海的控制。他先后在亚速海的塔甘罗格建立1个海军基地和1个初级海军机构，并陆续建造更大的船只。彼得勾勒了一个庞大的造舰计划，三年内，他要建造一支包括战列舰（50门炮以上）、三桅炮舰、军需船等船只在内的总数约100艘战船的强大舰队。

1697年，颁布法令让许多贵族子弟前去西欧学习后，彼得萌生了亲自走出国门的想法，目的在于访问欧洲诸国，并亲眼看看那里有什么先进的技术可以引入自己的国家。他没有以个人名义公开出访，而是以大使团随员的身份化名出游。他认为这样就可以不用浪费时间在繁琐的外交应酬上，只打探自己感兴趣的事情。他在荷兰阿姆斯特丹当了一段时间的造船工人；在英国伦敦的码头向英国造船工人学习了新的造船知识，并邀请这些人去俄国工作；在德国学习了有关枪炮的知识。这次意义重大的出访很快被国内传来的射击军叛乱消息打断，彼得仓促从维也纳动身，以最快的速度回到了莫斯科。

1699年，平定了射击军叛乱后，彼得重新回到亚速海，亲自监督装备了一支包括 11 艘巡航舰（装备有 12—36 门炮）、1 艘臼炮舰、4 艘大桡木船的舰队。这就是俄国历史上第一支黑海舰队，不过，当时这支舰队还不叫这个名字。

1700 年，土耳其慑于俄国黑海舰队的强大实力被迫签下了《伊斯坦布尔和约》（又名《君士坦丁堡和约》），放弃了对亚速夫和塔甘罗格的主权。虽然俄国成功控制了亚速海，但进入黑海的出口仍未能打通，因为连通亚速海和黑海的刻赤仍为土耳其所占领。

在攻占了亚速夫后，彼得的注意力开始转向北方。1697 年，瑞典国王查理十一世去世，王位传给了他年仅 15 岁的儿子——查理十二世。这个时候的瑞典在取得了三十年战争的彻底胜利后已经成为波罗的海的统治者，它控制着波罗的海的大部分海岸线，包括芬兰湾两岸，波的尼亚湾全部，波罗的海东岸和诸如佩内河和奥德河的几条德国河流的河口。除此以外，拉多加湖和佩普斯湖沿岸也大部分被瑞典控制。毫无疑问，瑞典在波罗的海地区拥有无可置疑的霸权。

然而，老国王查理十一世的去世以及年幼的新国王登基，让世人都以为瑞典正在衰落。于是，丹麦的弗里德里克四世、波兰和萨克森的奥古斯都二世和彼得决定利用这一机会结成针对瑞典的军事同盟。

1700 年 1 月，奥古斯都二世对瑞典宣战，数月之后丹麦也卷入战争。7 月 14 日，俄国与土耳其签订了《伊斯坦布尔和约》。8 月 19 日，也就是俄土和约对外公布的第二天，彼得对瑞典宣战，拉开了三国联盟进攻瑞典的序幕，这就是历史上著名的"大北方战争"。

◎ 俄军早期的木制三桅舰

◎ 查理十二世（1682—1718年）

然而，现实总是离梦想很远。查理十二世虽然年轻，但却是个不折不扣的军事天才。他先是跨过海峡，将战火烧至丹麦腹地，逼迫丹麦退出战争，然后又挥军东进，将部队开过波罗的海，进入利沃尼亚。1700年11月30日，查理十二世率领由8000人组成的远征军，向正在围攻纳尔瓦要塞的4万俄军发起猛攻，以少胜多，将俄军彻底击溃。俄军被杀死和被俘1万人，其余的3万人丢弃辎重和重型装备，仓皇逃散。

"老式骑兵和非正规军还未与瑞典军队交手就竞相奔逃。新征募的步兵的表现和纪律松懈的民兵没什么不同，外国军官则既无能又不可靠。只有两个近卫军团和一个步兵兵团表现尚可。"纳尔瓦之战的俄军在历史上获得了这样的评价。

打败俄军后，查理十二世转向南方进攻波兰—萨克森并且取得一系列军事胜利，然而却在此后6年一直无法迫使奥古斯都二世退出战争——这使得彼得获得了宝贵的喘息之机，通常，这被认为是查理十二世在战略上所犯的最严重的错误，他没有认识到俄国才是他真正的心腹之患，他应该在初期击败俄军之后乘胜追击，迫使彼得屈服。

纳尔瓦的战败并没有击垮彼得的斗志，他说："他们打败了我们一次，并且在今后还可能再打败我们，但是，他们会及时教会我们应该如何打败他们。"在纳尔瓦战役失败后的第一年，彼得就以他旺盛的精力重新组建了一支陆军。他任命有才能的舍列麦捷夫替代了在纳尔瓦吃败仗的克罗阿大公，并且熔化了教堂的钟，铸造了250门大炮。

彼得首先向利沃尼亚和爱沙尼亚进军，查理十二世主力在进攻波兰—萨克森，因此在这一带只留下了很少的守卫部队，俄军很快在芬兰湾站稳脚跟，为进一步染指波罗的海打下了基础。

1703年，彼得下令在芬兰湾的涅瓦河口建都圣彼得堡，这表明他海权立国的强烈愿望。此后，经过一系列的作战，俄军在1704年底肃清了拉多加湖和佩普斯湖的瑞典守军，控制了涅瓦河两岸通往波罗

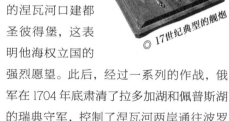

◎ 17世纪典型的舰炮

的海的狭窄走廊。彼得充分利用了这一胜利果实，开始着手波罗的海舰队的创建。

这一次，彼得依然聘请西欧的工程师为他服务。到1705年，连造带买，俄国已经拥有了9艘战列舰和36艘较小的战船。彼得为建设波罗的海舰队的努力远不止这些。俄国没有优秀的海军人才，彼得便聘请英国、荷兰、挪威、丹麦、德意志诸邦甚至美洲殖民地的外国军官。除了聘请外国军官来弥补本国海军人才匮乏的局面外，彼得也注重对本国海军人才的培养。1701年1月，他创办了数学和航海学校及海军学院，课程包括俄文、算术、地理、几何、三角、球面三角、射击学、筑城学、船舶驾驶学、航海学、击剑、天文学和美术。1703年，他设立了海军部，处理海军事务，组建了波罗的海、亚速海两支主舰队和白海、里海两支小舰队。1712年，彼得建立了圣彼得堡海军局和莫斯科海军局，1718年，将二者合并为海军委员会，设在圣彼得堡。这个机构下设十个局，分别负责管理船舶、基地、训练、海岸防御等事务。

在组建波罗的海舰队的同时，彼得继续进行着与瑞典的战争。

1706年9月下旬，奥古斯都二世被查理十二世逼到绝境，被迫签订了《阿尔特兰斯塔特条约》。根据条约，奥古斯都

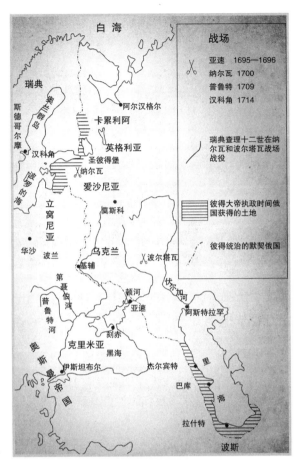

◎ 彼得大帝历次战役示意图

二世放弃波兰王位，由亲瑞典的斯塔尼斯拉·列什琴斯基取而代之；萨克森退出战争。

腾出手来的瑞典人得以投入更多的力量对付俄国，而失去了所有盟友的彼得将独自对付此时欧洲最强的军队和最骁勇善战的统帅。

1708年，瑞典人发起总攻。查理十二世兵分两路，一路有13000人，由洛伊文豪普特将军率领，在圣彼得堡附近登陆，开进了因格里亚；另一路43000人，由查

理十二世亲自率领，跨过维斯杜拉河，向莫斯科挺进。

洛伊文豪普特将军率领的那支瑞典军队很快遭到俄军的反击，损失了1100人后被迫撤离。

查理十二世率领的瑞典军队主力则进军顺利，首先在斯摩棱斯克击败了彼得。这一次，彼得惊恐了，他派人带着休战旗去瑞典军营询问讲和的可能。意气风发的查理十二世傲慢地对彼得派来的使者说："我想跟我的兄弟彼得在莫斯科谈判。"

豪言壮语虽然放出去了，但查理在军事行动上却十分谨慎。他并没有立刻向莫斯科进军，而是南下乌克兰。这是后来很多历史学家认为查理十二世所犯的第二个重大战略错误。对于南下乌克兰草原，查

理有他自己的理由。他需要一个富饶的未经战火蹂躏的地方让他的军队获得给养，同时，他希望能够联络到克里米亚的哥萨克人。哥萨克人首领马泽帕与彼得有旧怨，曾和查理进行过秘密谈判，承诺查理若来到他的领地，他将背弃俄国，改为向瑞典效忠。

然而，这一次查理十二世的如意算盘落空了。彼得得知了马泽帕将谋反的消息，随后便派遣了一支军队驻扎在哥萨克的附近，表面上是和哥萨克共同御敌，实际上却是准备在必要时候以武力干掉马泽帕。马泽帕对此惶惶不安，决定将他的计划告诉其他的哥萨克首领。结果大部分人对此感到愤慨，最后只有2000人（另一说4000人）跟随他。其他的哥萨克则坚定地

◎ 查理十二世穿越俄罗斯河流

◎ 波尔塔瓦战役

表示对沙皇的效忠，并且接受俄军军官的统一指挥。对仍在向俄国腹地挺进的瑞典军队，彼得实行了坚壁清野的策略——烧掉粮食，不让瑞典军队获得任何的给养；毁掉桥梁，延缓瑞典人的行军步伐。

查理孤军南进还导致彼得有机会集中兵力在列斯纳亚村消灭了另一支15000人的瑞典援军。

由于孤军深入，远离本土，缺乏给养，瑞典军队在乌克兰草原上度过了一个凄凉的寒冬，兵力减少到20000人左右，火药大部分失效。然而，高傲的查理十二世不愿撤退，撤退就意味着认输。他在1709的夏季包围了波尔塔瓦要塞。彼得亲自率领40000多人的俄军前来应战。欧洲大陆两大强国之间的决战展开了。查理无愧于"无敌统帅"的美名，被俄军炮火击伤后躺在担架上继续指挥作战。彼得则亲自率军出击，并差点丧命——他被一颗子弹打穿了帽子。此时的俄军与纳瓦尔之战的俄军相比，军纪方面有了很大的改善，效率也有提高了，而瑞典人则度过了一个残酷的冬天。此消彼长之下，俄军自然而然占据了上峰。最终，瑞典人的战阵彻底崩溃，大部分瑞典军队在战场上投降，残部败退到第聂伯河，因无法过河也被迫投降。查理十二世和马泽帕逃到土耳其，彼得成了这场战争最后的赢家。

然而，新的战争很快就来了。

1710年，受到法国和查理十二世的鼓

动，沉寂已久的土耳其突然对俄宣战，第三次俄土战争爆发。自 1700 年以来，彼得一直在北方征战，没有他的亲自过问，黑海海军机构衰败了。当土耳其舰队在塔甘罗格港口出现时，俄国舰队没有作任何的抵抗。1711 年 7 月，彼得亲自率领的军队在普鲁特河附近被有着绝对优势的土耳其大军包围，被迫签订了《普鲁特和约》。条约规定，俄国放弃之前所征服的全部南方领土，即亚速夫等地区；俄国不得在黑海拥有舰队；许诺不再干涉波兰事务；为查理十二世提供安全通道让其返回瑞典。

尽管彼得在黑海失去了第二次俄土战争所获得的利益，但因击败了查理十二世，其声望在欧洲骤然上升。萨克森、波兰、丹麦、普鲁士和汉诺威纷纷与俄国结盟，之前瓦解的"反瑞典同盟"复活了。彼得失去了在南方的战利品，但却在北方取得了支配地位。

反瑞同盟的重新建立给彼得带来了莫大的好处：拥有强大海军的丹麦迫使瑞典海军主力撤离了芬兰湾，彼得充分利用这一机会继续在芬兰湾攻城略地。1710 年，俄军攻占芬兰重要要塞维堡；1711 年，占领波尔沃和阿波；1713 年，攻占赫尔辛基。以上几次作战皆有波罗的海舰队的身影。

在扩大出海口的同时，彼得并没有停止对波罗的海舰队的建设。到 1714 年，波罗的海舰队拥有战列舰 17 艘、巡航舰 4 艘、什尼亚瓦帆船 5 艘、大炮 902 门，此外，还拥有庞大的大桡木船队（平均每船装备有大炮 4—5 门）。并且在这

一年，波罗的海舰队在汉沽特港外击败了瑞典舰队。俄国损失了 1 艘大桡木船，伤亡 464 人；瑞典损失 1 艘巡航舰、6 艘大桡木船和 3 艘小艇，阵亡 361 人，被俘 941 人。这是俄国海军的第一次胜利。虽然就作战规模和战果来说，俄国海军在欧洲其他海军强国眼里不算什么，但对俄国却有着开创性的意义。因此，彼得将每年的这一天定为国家节日，并将自己提升为海军中将，足见此次胜利在彼得心目中的分量。

1715 年春，16 艘瑞典战舰驶入雷维尔港，炮击停泊在那里的俄国舰队，双方爆

发了交火但都没有重大损失。这是瑞典最后一次在海上摆出攻击态势，因为它与反瑞典同盟的海上力量差距正在日益拉大，尤其是英国加入反瑞典同盟后。从此以后，瑞典舰队通常只敢呆在自己的港口里了，看着反瑞同盟各国的战舰在港口附近恣意

航行。

到 1716 年，俄国波罗的海舰队的实力更加强大了，它增加了 7 艘英国建造的战列舰和 1 艘从白海调来的船。俄国和丹麦共同制定了一份在瑞典海岸凯恩地区联合登陆的计划。届时将动员包括俄国、丹麦、

◎ 查理十二世之死

英国、荷兰在内的舰队参加。这支庞大的联合舰队由彼得亲自指挥。但是联合舰队的指挥官们由于内部意见分歧导致登陆计划最终无法实施。第二年，俄国舰队单独出击，在奥斯特加恩的哥得兰岛成功登陆，大肆掠夺了岛上的财物。

此时的瑞典已经没有任何胜算，人口减少，贸易缩小，沿海的村落被劫掠焚毁，经济上和军事上都已经精疲力竭。彼得曾表示愿意和瑞典谈判，但查理十二世不接受以割让领土为条件的停战，使和谈没能成功。

由于俄国的日渐崛起，欧洲不少国家都感受到了压力。强大起来的俄国打算干什么是欧洲各国都非常关心的事情。这种紧张情绪很快影响了各国之间的关系，英国果断退出了反瑞典同盟，加入了瑞典一方。为此，彼得于1717年出访欧洲各国，除了说服法国不支持瑞典外，并没有其他什么收获，但彼得并没有因此停止对瑞典的穷追猛打。

1718年，查理十二世在挪威的一次小规模战斗中毙命，他的姐姐和姐夫先后继承瑞典王位。查理十二世的死使瑞典人进一步丧失了抵抗的意志。

1719年至1721年，彼得继续派遣舰队袭击瑞典本土。期间英国派遣了几支舰队支援瑞典，但依然没能阻挡俄军对瑞典沿海城镇、村落的洗劫。瑞典人不得不承认失败，与俄国讲和。1721年8月30日，瑞典和俄国签订了《尼斯塔特条约》。根据条约规定的条款，俄国获取了利沃尼亚、爱沙尼亚、英格曼兰、卡累利阿的部分地

区和某些岛屿，将芬兰的东南边境地区和芬兰湾以外的芬兰地区归还了瑞典，并支付瑞典200万利克斯。

这些收获为俄国海军的发展打下了坚实的基础，俄国此时已经完全打开了波罗的海出海口，能使用许多港口。

在此后的一个庄严的庆祝仪式上，参议院说服彼得接受了"大帝"、"国父"和"皇帝"的头衔，俄国拉开了帝国时代的序幕。

1720年，彼得颁布了《海军条令》，在前言中，彼得写下那句著名的话："只有陆军的君主是只有一只手的人，而同时也拥有海军的君主才是两手俱全的人。"

《尼斯塔特条约》签订后，彼得再次将目光放到南方，他下令在顿河的沃罗涅日和第聂伯河的塔夫罗夫建设庞大的舰队，准备再次同土耳其作战。1725年，彼得去世，这一计划随即搁浅。

彼得大帝自1689年正式掌权，到1725年去世，俄国海军从无到有，在波罗的海，有战列舰（装备50—96门炮）34艘、巡航舰（装备32—44门炮）16艘、三桅炮舰9艘、大桡木船85艘，分成三个分队，配备了官兵约25000人，是波罗的海最强大的舰队；在里海，有17条帆船和38条用桨推进的船，以阿斯特兰罕、杰尔宾特、巴库为基地；在白海，也有一支小舰队，其中有几艘较大的船。

二百五十年后，美国人看见苏联的海上力量迅速膨胀起来时，意味深长地说："北极熊终于长出了有蹼的脚。"其实，笔者觉得这句话放在彼得大帝时代，用来形容他对俄罗斯海上力量的贡献才最恰当。

黄金时代

1725 年，彼得大帝去世后，统治俄国的有叶卡捷琳娜一世（1725—1727）、彼得二世（1727—1730）、安娜（1730—1740）、伊凡六世（1740—1741）、伊丽莎白（1741—1762）和彼得三世（1762），这段时期总计 37 年。

很多历史学家认为，这段时间是俄国肤浅、混乱和沉闷的时代，甚至有人用尖酸的口气说那是一段"被一对对情侣轮流统治的时代"。这六位统治者并不像彼得大帝那样有着强烈的进取心，更没有彼得大帝那样强烈的海权意识。因此，在这个时期，彼得大帝留下的波罗的海舰队逐渐衰败了。

彼得大帝的去世带来的负面效应首先就是外国人才的流失。这些来自外国的海军军官尊敬彼得大帝，但不尊敬俄国政府；愿意为彼得大帝效力，但不愿意为俄国效力。所以，彼得大帝去世的消息传来后，他们中的很多人都选择了离开。

不过，这段时期也有一些令人称道的地方，如 1728—1743 年的北方大考察。北方大考察期间，维图斯·白令于 1728 年发现了亚洲与美洲大陆的分界线——至今仍以他名字命名的白令海峡。后来，他分别在 1734 年和 1741 年两次出航，前一次试图找到从白海通往太平洋的东北通道，但是未能成功，后一次从堪察加半岛出发，横越北太平洋到达美洲西北海岸，因中途生病未能继续探索。和他一同出发的奇里科夫海军上尉则发现了阿留申群岛的若干岛屿。此外，维图斯·白令还对西伯利亚北部海岸、德维纳河、勒拿河、叶尼塞河、鄂毕河北段以及千岛群岛、鄂霍次克海、勘察加半岛进行了考察。

彼得大帝的皇后叶卡捷琳娜一世对海军采取了一种放任不管的态度，她执政后没有建造一艘新船，只将彼得在位时已经开工建造的 5 艘战列舰和 80 艘大桡木船完工了事，而且没有安排任何维护工作。

彼得大帝的孙子彼得二世继位后将首都迁回了莫斯科，仅此就可以看出他完全没有他祖父的海权意识。更糟糕的是，他把海军军费削减了 50%，并且规定除了王室活动需要外，军舰不准出航。

彼得大帝的侄女安娜对海军的态度超过她的两位前任，她确确实实施行了一些政策来挽救海军：精简海军机关，设立检验造船材料的港务局，改组海军陆战队。安娜对海军所做的一切主要体现在行政管理方面。期间，波罗的海舰队参加了"波兰王位继承战争"（1733—1735 年），俘获了法国的一艘炮舰。1735 年，第四次俄土战争爆发，黑海舰队再次组建并配合陆军又一次攻陷了亚速夫要塞。这一次，俄国海军的表现并不好，其实力比彼得大帝组建的黑海舰队要弱。后来，由于盟国奥地利对土耳其单独媾和，安娜被迫也和土耳其讲和并签订了《贝尔格莱德条约》。条约规定俄国拥有亚速夫，但放弃占领的

◎ 叶卡捷琳娜二世（1729—1796）

敬爱的叶卡捷琳娜大帝万岁！

——伏尔泰

其他地区，并且不在黑海拥有舰队。因此，这支年轻的黑海第二舰队就这样结束了自己短暂的生命。

彼得大帝的女儿伊丽莎白一世在安娜去世后继位，她认同她父亲对海军的认识，并为加强舰队建设做了一些实质性工作，但她却没有她父亲那样的眼光和能力，因此，在建造了一些战船和恢复彼得大帝制定的海军规章制度后，便没有其他作为了。在她统治期间，俄国和瑞典再次爆发了战争。虽然波罗的海舰队此时比彼得大帝时期衰弱了很多，但瑞典海军也比查理十二世时代虚弱了，因此，双方在波罗的海打了个两败俱伤。俄瑞战争结束后，俄国还发生了与波斯的战争和著名的"七年战争"。

在这两场战争中，俄国海军都没有出色的表现。

彼得大帝的孙子彼得三世在伊丽莎白一世去世后继位，他继承了祖父对海权的强烈欲望，并认真着手挽救俄国海军。遗憾的是，他统治的时间太短暂了，他很快就在妻子领导的一场政变下了台，并在一周后死于狱中。

彼得二世被赶下台后，贵族们拥立他的妻子为女皇。俄国终于迎来了彼得大帝之后又一位伟大的君主——叶卡捷琳娜二世，俄国历史上最伟大的女皇。一个崭新的时代来到了。

叶卡捷琳娜·阿列克谢耶芙娜出生于德意志，是一个名为安霍尔特—策耳布斯特的小公国的公主。她的身上流着俄罗斯留里克王朝王室的血液。

叶卡捷琳娜同彼得大帝一样对建设强大的海军有着狂热的追求，在这方面，她被称为彼得大帝的继承者。在引进国外海军人才上，叶卡捷琳娜干得丝毫不比彼得大帝差。比如，她麾下的海军上将格雷格，最初在英国海军中仅仅是一名船长副手，叶卡捷琳娜慧眼识英才将他大力提拔。她还挖角了英国海军上将诺尔斯、英国海军上尉麦肯齐、英国海军上校本瑟姆等人。

此时的俄国与彼得大帝时期的俄国有一个很大不同：俄国第一次有了足够的本国造船工程师和工人。这都得益于彼得大帝对本国海军人才的培养。因此，在叶卡捷琳娜决定对波罗的海舰队进行彻底整顿和强化后，大规模的造船工作展开了。

比起勘探北方和建设波罗的海舰队，

叶卡捷琳娜对黑海的兴趣更大些。在黑海获得出海口，是她与彼得大帝竭尽全力要实现的目标。为此，叶卡捷琳娜不断挑衅土耳其，而法国为了转移俄国对波兰的压力也怂恿土耳其对俄保持强硬态度。终于，天真的土耳其对俄国宣战了，第五次俄土战争爆发。

这一次，叶卡捷琳娜命令俄国军队海陆并进。陆军兵分两路，一路进军克里米亚，一路由鲁缅采夫率领，挺进比萨拉比亚和巴尔干，并且煽动当地的基督徒反抗土耳其人。

比起陆军的行动，海军的作战更大胆和更具开创性——叶卡捷琳娜命令俄国海军长途跋涉进入地中海向土耳其发动进攻。这是俄国海军以前从未有过的跨海作战。为此，叶卡捷琳娜特地从波罗的海舰队调拨了9艘战列舰和一些较小的战船组成地中海第一分舰队，后来又调拨了一批战舰组成第二分舰队紧随其后。

1769年8月23日，舰队离开波罗的海开始了漫长的航行，1770年3月，舰队先头部队（2艘战列舰和1艘三桅炮舰）抵达伯罗奔尼撒半岛。5月20日，有3艘战列舰和5艘较小战船的军舰抵达这里和先头部队汇合。

土耳其人根本不相信叶卡捷琳娜会派遣一支特遣舰队环绕欧洲进入地中海作战，因此，在军事和心理上都毫无准备。

5月27日，俄国地中海特遣舰队和土耳其舰队在地中海发生第一次交火。俄国舰队是5月20日才赶到这里的那支只有3艘战列舰和5艘较小战船的船队，而土耳其舰队则拥有13艘战列舰（装备50到84门炮）以及一些较小战船。俄国舰队勇敢地以少敌多，不过，这次交战双方都没有重大的损失。

6月，俄国舰队进一步汇合，拥有9艘战列舰、3艘三桅炮舰和18艘较小军舰。土耳其舰队则拥有战列舰、三桅炮舰等73艘军舰，这些军舰行驶到俄国舰队附近。仅从纸面上来看，土耳其舰队的实力几乎是俄国舰队的两倍。土耳其舰队战列舰和三桅战舰总计20艘，装备了1300门大炮；俄国舰队战列舰和三桅炮舰总计12艘，装备了710门大炮。

第五次俄土战争中著名的"切斯马海战"打响了。

双方先进行了大约1个小时的交战，俄国舰队损失微小，除了"圣叶夫斯塔菲"号因中弹起火炸死636人外，其他船只只受了点轻伤，14人死亡，30人受伤。土耳其人伤亡不详，但从土耳其人先退出战场逃入切斯马湾来看，土耳其人损失比俄军大几乎是确信无疑的。当晚，俄国舰队对切斯马港口进行封锁。7月6日夜，俄国舰队用4条火攻船向土耳其人发动奇袭，当晚的风势帮了俄国人大忙，火势从一只土耳其船只蔓延到另一只，船上的火药库一旦被点燃就立即引发爆炸。于是，在遥远的地中海，土耳其海军上演了一出欧洲版的"火烧赤壁"。

俄国海军陆战队登岸参战。到8日上午8点，土耳其地中海舰队全军覆没，11艘战列舰被烧毁，1艘被俘获，6艘三桅炮舰和8艘大桡木船被烧毁，5艘大桡木船被俘获，32艘小型船只被烧毁。土耳其人的伤亡不详，估计最少有11000人。而俄国人的损失微乎其微：11人死亡。

如此辉煌的胜利震动了全欧洲，战败的土耳其人不甘心失败，狂热地进行新舰队的建设，俄国人跨海远征，面临给养和维修的重重困难，最终没有趁胜追击，而是采取了相对保守的方针——封锁达达尼尔海峡。此后，在地中海，双方一直陆陆续续有交战，俄国也一直努力补充地中海特遣舰队的实力以弥补交战带来的损失。1771年1月，由3艘战列舰（装备66门炮）和16艘运输船组成的地中海第3分舰队抵达地中海东部。第二年10月，地中海第4分舰队抵达勒旺岛。到1773年，俄国在地中海保有12艘战列舰。到1774年，俄国舰队开始分批返回波罗的海。从第一支地中海分舰队组建起，俄国向这片海域总共派遣了20艘战列舰、5艘三桅炮舰、8艘较小的军舰，购买了11艘三桅炮舰和2艘臼炮船，回到俄国的是13艘战列舰和全部的三桅炮舰，损失的军舰有很多是因为无法维修保养而烂掉了。参加远征的12000人中，回到俄国的约7500人。

这些代价比起所取得的战果是非常划算的，切斯马海战后到俄国开始撤军的1774年，俄国击毁土耳其若干舰只，破坏了米提利尼岛的船舶修造厂，焚毁了部分切斯马城，焚烧了停泊的船只，占领了贝鲁特港口。

向克里米亚和黑海海岸进军的鲁缅采夫将军决定在顿河上游创建一支舰队，以配合陆军完成夺取黑海北海岸和顿河河口

◎ 战列线战术是18世纪海战的主要战术，这种战术名称也衍生出了战列舰一词

的任务。

在黑海海域，土耳其人拥有40艘大型军舰，而新建的俄国顿河舰队到1772年才保有2艘58门炮战列舰、2艘32门炮三桅炮舰及约7艘可以出海作战的装备有14—16门炮的军舰。拥有压倒性优势的土耳其黑海舰队本可以将这支草创的俄国舰队扼杀在摇篮里，但令人惊异的是土耳其人完全无视自己拥有的优势，从来没有摆出过攻击性的姿态，这使得实力完全处于下风的俄国舰队获得了主动权，并得以控制亚速海。

1773年7月4日，弱小的俄国亚速海舰队深入黑海向土耳其人发起进攻。9月3日，俄国舰队再次对土耳其舰队发起攻击。两次攻击双方都没有重大损失，但结果都是一样的：土耳其舰队在劣势的敌人面前飞快撤退。

与俄国人对海军的大胆运用相比，土耳其人显得保守且缺乏主动进攻的精神。

进攻巴尔干的俄军攻势受到阻滞，但因地中海和黑海的胜利，土耳其人于1774

年主动提出议和，双方签订了《库楚克·凯纳吉和约》。俄国获得了克里米亚境内及其周边的金步恩、叶尼卡尔和刻赤等战略要地，黑海的部分海岸、克里米亚半岛的东部和西部以及亚速夫，其版图几乎延伸到高加索山脉的北麓。土耳其承认克里米亚为独立国家，实际上等于放弃对克里米亚汗国的宗主权。俄国还获得了在黑海的自由航行权，包括俄国商人通过达达尼尔海峡和博斯普鲁斯海峡的权力。摩尔达维亚和瓦拉几亚被归还给土耳其，但俄国保留为他们的利益进行干预的权力。

俄国取得了第五次俄土战争的决定性胜利。彼得大帝一直想在黑海获得出海口的愿望就这样由叶卡捷琳娜女皇实现了。

俄土战争结束后，叶卡捷琳娜插手了其他地区的事务，包括伙同奥地利和普鲁士瓜分波兰以及进犯波斯。当然，继承了彼得大帝海权意识的叶卡捷琳娜不可能冷落自己的海军，她充分利用俄土战争的胜利果实加强了自己的黑海舰队。

1778年，俄国开始了赫尔松港口城市的建设，在那里兴建了建造军舰和海船的造船厂。这个船厂建造下水了第一艘以叶卡捷琳娜的名字命名的"叶卡捷琳娜光荣"号战列舰。此后一直保持每年一艘战列舰的建造速度，到1787年，船厂开始一年建造两艘战列舰，这一年，黑海舰队已经拥有大小作战船只46艘。

1781年，里海舰队得以重建。

1783年，借口平定克里米亚的鞑靼人叛乱，俄国直接吞并了克里米亚，进一步强化了它在黑海东岸的势力。

叶卡捷琳娜注意到战争期间俄国海军暴露出来的船上步兵不足的问题，因此开始着手整顿波罗的海舰队海军陆战队（俄国称之为海军步兵）。每艘船按照自己的大小和作战任务配备一定数量的海军陆战队。比如，1艘80门炮的战列舰配备160—165名陆战队员，1艘三桅炮舰配备54—56名陆战队员。到1782年，波罗的海舰队已经拥有8000余人的海军陆战队。

上一次战争中战败的土耳其人无时无刻不渴望着复仇，1787年，土耳其再次向俄国宣战。叶卡捷琳娜最初考虑效仿上次战争中对海军的大胆运用，再次组建特遣舰队远征地中海，但这一次情况变了。与土耳其人一样，从未忘记向俄国人复仇的瑞典人行动了。瑞典的古斯塔夫三世趁土耳其对俄国宣战之际不宣而战进攻俄国，企图夺回上一次俄瑞战争中在波罗的海失去的领土。

叶卡捷琳娜面临了即使彼得大帝也没有遇到过的恶劣情况：同时和土耳其、瑞典两个世仇交战。

俄国此时在黑海拥有5艘战列舰和20艘三桅炮舰，总共装备大炮1134门；土耳其人在黑海拥有22艘战列舰和8艘三桅炮舰，总共装备大炮1700门。这里要特别说明的是，土耳其人很多所谓的战列舰其实吨位都比欧洲战列舰小，按照欧洲的标准，根本不能称之为战列舰。

这一次的海战都集中在黑海进行。如同上一次在地中海进行的交战那样，俄国舰队屡次以少胜多，并且总是以极小的代价令土耳其舰队损失惨重。当然，刚开始

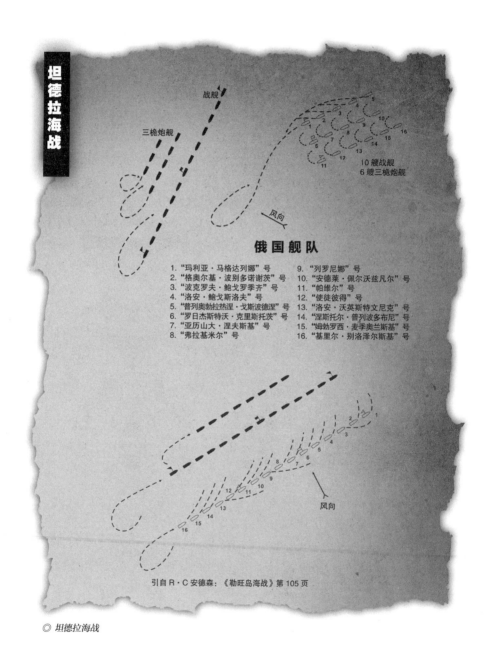

坦德拉海战

战舰

三桅炮舰

10 艘战舰
6 艘三桅炮舰

风向

俄 国 舰 队

1. "玛利亚·马格达列娜"号
2. "格奥尔基·波别多诺谢茨"号
3. "波克罗夫·鲍戈罗季齐"号
4. "洛安·鲍戈斯洛夫"号
5. "普列奥勃拉热涅·戈斯波德涅"号
6. "罗日杰斯特沃·克里斯托茨"号
7. "亚历山大·涅夫斯基"号
8. "弗拉基米尔"号

9. "列罗尼娜"号
10. "安德莱·佩尔沃兹凡尔"号
11. "帕维尔"号
12. "使徒彼得"号
13. "洛安·沃英斯特文尼克"号
14. "涅斯托尔·普列波多布尼"号
15. "姆勃罗西·麦季奥兰斯基"号
16. "基里尔·别洛泽尔斯基"号

风向

引自 R·C 安德森：《勒旺岛海战》第 105 页

◎ 坦德拉海战

时并不是这么顺利，俄国海军的指挥系统一直存在很大弊端，为此波将金（俄国陆军元帅，叶卡捷琳娜的情人）在1778年对指挥机构进行了改组。双方打到1790年，俄国再次在指挥系统上作了巨大的调整，大胆而富有才华的海军上将乌沙科夫负责统一指挥海战。在此之前，俄国还在爱琴海和亚得里亚海开辟了第二战线，建立了三支劫掠船队。

决定性的时刻终于来临了。

7月13日，乌沙科夫率领16艘战列舰和三桅炮舰以及17艘小型舰艇的舰队在刻赤海峡发现了有10艘战列舰、8艘三桅炮舰和36艘小型舰艇的土耳其舰队。毫无疑问，这是土耳其舰队的主力。双方进行了一场接触战，土耳其人损失2艘船只。

9月5日，乌沙科夫再次率舰队出海，于8日在坦德拉岛附近发现有14艘战列舰和8艘三桅炮舰的土耳其舰队。著名的坦德拉海战打响了。一场交战下来，土耳其损失7艘船，被俘1500人；俄国仅伤亡了46人。

坦德拉海战是这场战争中意义为最重要的一场战役，堪称关键性的一战。如果说在此战之前，在战略层面上土耳其人还算和俄国人相持不下的话，那么此战之后，土耳其人在各条

◎乌沙科夫海军上将

战线上就兵败如山倒了。

1790年圣诞节，巴尔干战线上的2万俄军经过一天的浴血奋战，占领了伊兹梅尔并俘虏了3万土耳其守军。这一战紧随坦德拉海战之后也成为了俄土战争中的著名战役。

至此，俄军开战前的所有作战目标全部实现，双方开始了新一轮谈判——不过是边打边谈。

1791年4月，土耳其人在多瑙河上的要塞布勒伊拉失守，损失15艘炮舰。土耳其人希望在谈判期间用成功的军事行动来争取更多谈判筹码的打算落空了。

1792年，双方在雅西缔结和约。俄国最终敲定了对克里木半岛、黑海北岸领土和库班地区的主权，在高加索和巴尔干地区事务上获得了发言权。而曾经横跨欧亚非三大洲的奥斯曼土耳其帝国从此一蹶不振，国势衰落，逐渐沦为地区性大国。

与发生在黑海的海战相比，发生在瑞典的海战规模更大。

1788年，瑞典的古斯塔夫三世对俄国不宣而战，此时俄土战争正好爆发，叶卡捷琳娜打算从波罗的海舰队调15艘战列舰到地中海作战，再上演一次千里奔袭。不知道这是土耳其人的幸运呢还是瑞典人的不幸：一方面，古斯塔夫为追求攻击的突然性，在自己一方没有完全准备好的情况下仓促发动进攻，结果正好撞上特遣舰队准备出发却还未完全出发的时候。这样一来，原本要用来对付土耳其的那十几艘战列舰自然就不用去地中海了，直接改为和瑞典人交战。如果古斯塔夫愿意等一等，待己

方准备充足且这十几艘战列舰已前往地中海后再发起进攻的话,那么,战争的结果必然大不一样。

7月2日,8000名瑞典士兵在赫尔辛基登陆并且在第二天炮轰尼斯罗特。俄国军队随即展开反击。对瑞典的海战打得不如对土耳其那么顺利。究其原因,笔者认为,一方面是瑞典是个传统的海上强国,虽然在查理十二世时期遭到彼得大帝重创,但其优良的海军传统和造船技术并没有丢失。另一方面,彼得大帝去世后,俄国海军不

断衰败,而瑞典人则保持着对海上力量的重视。叶卡捷琳娜登基后虽然着手恢复波罗的海舰队的实力并取得一定成效,但与瑞典相比,尚未形成优势。

瑞典人在波罗的海上有20艘战列舰和规模庞大的小型船队,俄国舰队扣除被调往其他地方和因维修保养不当而无法出海的舰只外,有21艘战列舰,与瑞典人实力相当,但小型船队实力不如瑞典。

接下来的交战证实了双方的势均力敌,瑞典陆军进攻斯瓦泰波尔要塞受阻,海军

◎ 第一次斯文斯孔德战役(1789年8月24日)

则受挫于第一次斯文斯孔德海战和维堡海战；第二年，瑞典人在第二次斯文斯孔德海战中扳回一局。后因俄国盟友丹麦进军瑞典西南部并包围歌德堡，瑞典陷入两线作战，被迫和丹麦签订停战协定。而俄国那边，叶卡捷琳娜也因为盟友奥地利退出与土耳其的战争，想尽快结束与瑞典的作战。因此，已经打得精疲力尽的俄瑞两国于1790年签订了《韦雷尔和约》，确认两国边境恢复战前状态。

虽然俄国在这场战争中没有在领土上捞到什么便宜，但由于瑞典海军在战争中的损失使其战列舰数量减少到16艘，而俄国则因为在战争中大力建造战船使其舰队的战列舰达到46艘，由此重建了波罗的海舰队在这一片海域的兵力优势。

至此，在叶卡捷琳娜统治时期，俄国海军取得了对土耳其作战的全胜以及对瑞典作战的平局记录，先后获得了在黑海和波罗的海的优势地位。历史学家都称这个时期为俄国海军的黄金时代。

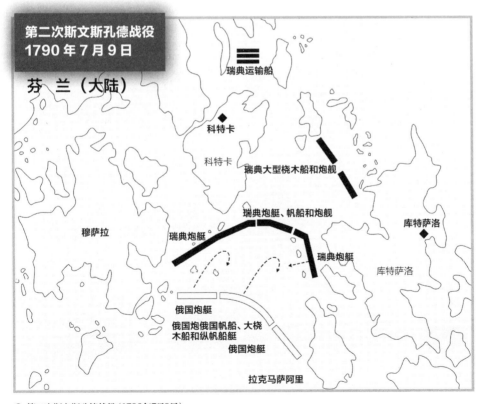

◎ 第二次斯文斯孔德战役（1790年7月9日）

俄国分舰队
（克朗）

五艘战舰
一艘炮舰
（渥瓦利欣）

维堡湾

俄国次要小舰队
（科斯利亚尼诺夫）

五艘三桅炮舰
（哈尼科夫）

7月4日瑞典舰队
逃跑时的路线

五艘战舰
一艘炮舰
（渥瓦利欣）

瑞典战舰舰队
（卡尔公爵）

俄国舰队的追赶

俄国战舰舰队
（奇恰戈夫）

四艘战舰一艘炮舰
（列日涅夫）

瑞典小舰队主力
（黑明·柯尔宁）

瑞典小舰队分遣队
（斯特丁）

俄国主力小舰队
（纳索·西根）

芬 兰

芬 兰

维
堡
战
役

◎ 维堡战役

帆船时代的终结

1789 年，法国爆发著名的资产阶级大革命，统治法国数个世纪的君主制崩溃，法兰西第一共和国成立。

这场革命让欧洲各国君主深感威胁，于是，1792 年，奥地利、萨丁尼亚、那不勒斯王国、普鲁士、西班牙和英国结成了第一次反法同盟，但为法国所击败。

1798 年，由于法国入侵马耳他和埃及危害了俄国在地中海的利益，沙皇保罗一世（叶卡捷琳娜女皇的儿子）联合英国、奥地利、土耳其、那不勒斯和葡萄牙组织了第二次反法同盟。后来，由于与奥英两国关系的恶化，俄国于 1800 年退出同盟。不久，保罗一世被他儿子亚历山大所发动的政变赶下台，亚历山大一世（1801—1825 年）成为新的沙皇。

这次革命引出了欧洲历史上一个著名的人物：拿破仑·波拿巴。拿破仑于 1799 年发动雾月政变，推翻了资产阶级的督政府，自己任"第一执政"。从这一年起，法国与欧洲诸国的战争便被称为"拿破仑战争"。

亚历山大一世即位后改变了他父亲保罗的对外政策，他认为法国在欧洲的扩张已经严重威胁到俄国在欧洲大陆的利益。于是在 1805 年，俄国同英国达成了一系列协议，随后，奥地利和普鲁士也加入进来，第三次反法同盟建立。

拿破仑战争从 1799 年开始，到 1815 年滑铁卢战役结束，历时 16 年。俄国在拿破仑战争发挥了最为重要的作用，使其在欧洲大陆上的威望空前高涨。此后，俄国多次出兵为其他国家镇压革命，俨然成了"欧洲警察"。

拿破仑战争中，担当俄军主角的是陆军，海军并没有发挥决定性的作用。

拿破仑战争期间，俄国先后和世仇土耳其与瑞典再次发生军事冲突，冲突的结果是土耳其和瑞典的海上力量被进一步削弱了。1815 年，当战争结束后，俄国在波罗的海保有 26 艘战列舰的实力，而瑞典只剩下 13 艘战列舰。

到了亚历山大一世晚期，在波罗的海，俄国拥有 28 艘战列舰、17 艘三桅炮舰和 35 艘较小的船只，这是俄国海军的主力；在黑海，拥有 11 艘战列舰和 8 艘三桅炮舰；在白海，拥有 2 艘战列舰和 1 艘三桅炮舰。这个时期，俄国海军的战舰在吨位和火力上比彼得大帝时期进步了许多。最大的"华沙 120"号长 206 英尺、宽 55 英尺、深 22 英尺，排水量 4587 吨，装备大炮 120 门，按照英国的标准，属于一级战列舰，是俄国海军在帆船时代的骄傲。

1821 年 3 月，希腊爆发了反对土耳其控制的独立战争，并迅速发展到整个伯罗奔尼撒半岛、克里特岛、爱琴海诸岛屿、卢麦里以及马其顿等地。9 月，起义军控制伯罗奔尼撒半岛。1822 年 1 月 1 日，希腊在举行的第一届国民大会上宣布独立，土耳其立即派兵镇压，并在希俄斯岛对希腊人进行了大屠杀，此举激怒了欧洲诸国。

1825年，沙皇亚历山大一世死后无嗣，他的弟弟尼古拉·巴甫洛维奇继承权位，成为尼古拉一世。

1827年7月6日，英、法、俄三国签署《伦敦三国条约》，主张在土耳其享有宗主权的前提下，允许希腊自治，同时派出舰队实行"和平封锁"，迫使土耳其接受他们的主张。

1827年10月16日，三国分舰队在纳伐里诺汇合，共有11艘战列舰、8艘三桅炮舰和8艘较小的船只，共装备大炮1298门，人员17500人。

土耳其一方获得了埃及和突尼斯的支持，它们的联合舰队据估计有3艘战列舰、20艘三桅战舰、32艘轻巡洋舰、7艘双桅方帆船以及5艘火攻船，装备大炮1150门，人员22000人。

土耳其率先开火，于是"和平封锁"变成了纳伐里诺海战。这是一场总体实力相差悬殊的海战，土耳其一方对阵的是欧洲著名的三个海军强国，似乎不用打，就已经可以知道胜负了。

双方打到下午6点，土耳其一方只有1艘三桅炮舰和其余十几艘小船逃脱，其余舰只全部被歼灭，人员伤亡在7000人左右。英、法、俄一方的损失是：阵亡182人、伤约800人，其中俄国阵亡59人、伤139人，没有舰艇沉没。

英法俄联合舰队大获全胜，但分歧出现了。英国不希望土耳其被过度削弱而导致俄国在这一地区进一步坐大，不久便撤回了舰队。

俄国此次的武装干涉，使俄土之间旧怨之上再添新仇，愤怒的土耳其人撕毁了之前与俄国签订的一切条约，并于12月向俄国宣战。俄国随后在次年的4月也向土耳其宣战，第八次俄土战争爆发。

俄国陆军依旧兵分两路奔赴两个战场：一路9.5万人，奔赴多瑙河战区；一路2.5万人，进军高加索地区。

俄国往地中海增派了一支舰队后，这片海域的俄国舰队实力达到了8艘战列舰、7艘三桅炮舰和20艘小船；在黑海，俄国拥有11艘战列舰、8艘三桅炮舰和12艘小船。而此时土耳其海军的全部实力仅仅是8艘战列舰、2艘三桅炮舰和8艘小船。可见经历多次的俄土战争之后，土耳其舰队的实力已被大幅削弱了。这一次，俄国海军在质量和数量上都压倒了土耳其海军。

俄国的陆军和海军毫无悬念地接连取得胜利，终于引起了英国和法国的担忧。

◎ 英国"胜利"号战列舰，是18世纪典型的一级战列舰。18世纪中叶，战舰大体上标准化为六个"等级"。头三个等级属于大战舰，即战列舰：一级有三层甲板，配备100或100门以上火炮；二级也有三层甲板，配备约90门炮；三级也就是作战舰队中的载重舰，有两层甲板，配备64至74门炮

他们担心土耳其的崩溃会使这一带再无任何力量可以牵制俄国，因此联合向俄国施加压力，想让俄国放弃一些到手的利益。1829年9月，俄土签订《亚得里亚堡条约》，俄国获得多瑙河口及其附近岛屿和黑海东北岸的两个边境城镇，格鲁吉亚、伊梅列季亚、明格列利亚并入俄国。

1853年1月，尼古拉一世向土耳其提出其境内所有东正教居民应由俄国"保护"的要求，企图利用东正教居民的保护问题取得对"圣地"耶路撒冷的管辖权。而"圣地"管辖权长期以来为天主教和东正教所争夺，其背后隐藏着欧洲列强对奥斯曼帝国遗产的瓜分。因此，当俄国向土耳其提出这一"蛮横"要求时，立即为英法所不容。土耳其在英国的力挺之下坚决拒绝了俄国，随后，

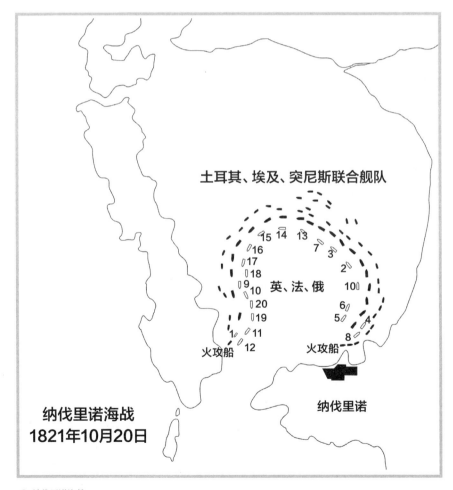

◎ 纳伐里诺海战

俄国宣布和土耳其断交。

7月，俄军进驻多瑙河诸公国，向土耳其施加压力。

10月，土耳其对俄宣战。

这可能是俄土百年博弈以来力量相差最悬殊的一次，单就海军而言，此时土耳其仅有12艘战列舰、若干小船和少量的蒸汽船。俄国拥有130艘大小战船，共装备2600门大炮，配备了1450名军官和33000名士兵，另有20000名海军陆战队用于海岸防御。

这场战争尤其惹人注意的是，蒸汽船自诞生以来第一次用于实战。

1783年7月15日，一位名叫格拉德·法兰西斯·德赫特·德·齐弗瑞的法国贵族在法国里昂的颂恩河上成功下水了全世界第一艘蒸汽船，从此，航海业迎来了蒸汽时代，帆船时代开始走向终结。

1817年，波罗的海舰队首先装备了俄国海军第一艘蒸汽船"快速"号。

1838年，黑海舰队装备了装甲舰"英喀尔曼"号。

海战开始于1853年11月，首先是蒸汽船之间发生了一些小规模的战斗。战斗首先发生在蒸汽船之间而不是帆船之间，这是一个非常重要的信号，它预示了海战新时代的到来。

之前爆发的一系列小规模战斗只不过是大战的序曲，接着发生的锡诺普海战才是真正吸引眼球的大餐。

土耳其一支负责为小亚细亚土耳其守军运送给养的舰队（约7艘船只）停泊在锡诺普附近的海港。俄国舰队鉴于以往俄土战争的经验，非常重视从海上阻断敌人的给养。因此，俄国人得到消息土耳其舰队在锡诺普后，便派遣了一支小特遣队封锁港口，同时要求塞瓦斯托波尔增援。

俄国的增援舰队很快赶来，不过2个小时的交战就消灭了这支土耳其舰队，土耳其人伤亡3000人，占全部作战人员的75%，土耳其海军司令被俄军俘虏。

俄国舰队赢得太漂亮了，以至于极大地刺激了英法两国，让他们看见了土耳其帝国崩溃的前兆。

1854年1月3日，英法舰队开进黑海，为运送军队和给养的土耳其船只进行护航，并且得到命令：如果遇上俄国舰队采取敌对行动，就开火！

由此可见，此时英法对土耳其战败的担心。

2月27日，英法以战争相威胁，要求俄军撤离巴尔干，遭到俄国拒绝。随后，英法对俄宣战。

著名的克里米亚战争爆发。

英法的参战导致俄土双方的海军力量彻底颠倒过来。英法舰队不仅数量上超过俄国舰队，而且更新式、更先进。支撑这些舰队，是英法强大的近代工业，而俄国几乎还没开始工业革命。据估计，当时英国海军有70艘战列舰、63艘三桅炮舰和108艘蒸汽船，法国有25艘战列舰、48艘三桅炮舰和108艘蒸汽船，俄国有43艘战列舰、48艘三桅炮舰和24艘蒸汽船。

9月7日，英法土同盟开始进攻了，战场的位置在黑海。

英国特遣舰队有150艘船只，分成5

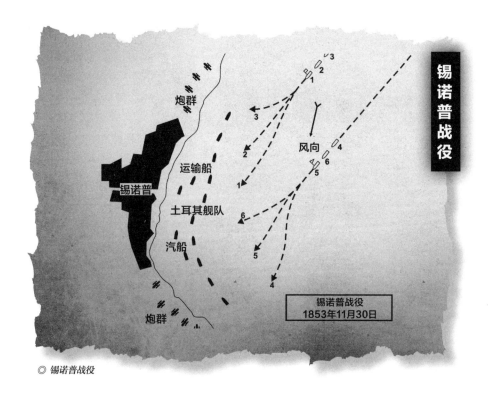

◎ 锡诺普战役

个纵队，另有一支护航队：10 艘战列舰、1 艘螺旋桨蒸汽船和 2 艘三桅炮舰；法国舰队有 15 艘战列舰、25 艘蒸汽船；土耳其舰队有 8 艘战列舰和 3 艘蒸汽船；而俄国黑海舰队的全部实力是 21 艘战列舰、7 艘三桅炮舰、25 艘轻巡洋舰，以上全部为帆船，蒸汽轻巡洋舰只有 2 艘，剩下的是一些小蒸汽船。

英法土同盟这样的实力，对俄国黑海舰队绝对是压倒性的优势。

由于海军实力相差悬殊，俄国舰队没有主动出击。英法土盟军很顺利就在塞瓦斯托波尔以南约 30 英里的地方登陆 6 万多

人，到 9 月 16 日，登陆全部完成。

10 月 25 日，同盟军取得巴拉克拉瓦战役的胜利。

11 月 5 日，同盟军在英喀曼击败俄军。

1855 年 9 月 11 日，俄军坚守了一年之久的塞瓦斯托波尔失守，这是战争中最重要的一战，俄军三位海军将领阵亡，黑海舰队不复存在。

根据英国的资料，俄国在塞瓦斯托波尔攻防战中的损失是 14 艘战列舰、4 艘三桅炮舰、5 艘轻巡洋舰和双桅方帆船、82 艘其他船只和 5 艘蒸汽船；俄国官方公布的损失是：12 艘战列舰、2 艘三桅炮舰、5

◎ 锡诺普海战绘画

艘轻巡洋舰和双桅帆船以及 5 艘蒸汽船。

不论依据哪一方的资料都能看出，俄国黑海舰队土力全灭。

除了黑海，英法还向波罗的海、白海和太平洋派遣了舰队，不过，比起在黑海的战绩，英法这三个地方的成果显得微不足道了。

1856 年 3 月，双方签订《巴黎条约》结束了战争。条约规定：多瑙河的航行权对一切国家开放，黑海中立化；俄国在黑海不得拥有海军；多瑙河入海口和比萨拉比亚的一部分转归土耳其所有；俄国放弃对奥斯曼帝国境内东正教徒的保护权。

《巴黎条约》的签订标志着俄国在东南欧地位的显著下降，也标志着俄国世界地位的下降。俄国在拿破仑战争中建立的威望至此荡然无存。

这些战争期间，俄国仍旧继续着他们

◎ 克里米亚战争之塞瓦斯托波尔要塞保卫战

在海上的勘探。

1803 年，俄国派遣了"娜杰日达"号和"涅瓦河"号进行了首次环球航行，并且在航行中跨越赤道进入南半球。

1819 年，俄国又派遣"东方"号和"和平"号进行了第二次环球航行。这一次，他们从波罗的海出发，经大西洋一路向南，在南极圈内发现了第一块陆地并将它命名为"彼得一世"岛。随后还在南极地区发现了许多岛屿，这次航行就是后来俄国人称发现南极洲的依据。

其后，俄国又组织了多次环球航行，从 1803 年到 1849 年之间，俄国派遣船队总共完成了 36 次环球航行。

克里米亚战争预示了今后世界海军的发展方向，因此，在接下来的几十年里，世界各国海军纷纷采用了一系列新技术，比如蒸汽推进器、有来复线的大炮、铁壳船，还对水雷、鱼雷和潜艇等做了早期改良。

这场战争给俄国的教训是非常深刻的，俄国感受到蒸汽动力对帆船动力所展示出来的优越性后，就开始大力建造蒸汽军舰。从 1855 年到 1863 年，俄国建造了 130 多艘蒸汽军舰，舰队中的帆船大部分都被淘汰了。

此后，俄国开始了装甲舰和浅水重炮舰的建造。1872 年，俄国建成"彼得大帝"号装甲战列舰，它排水量 9000 吨，装备 4 门 12 英寸炮，时速 14 节，是当时世界上非常强大的一型军舰。

1829 年时，俄国人曾经进行过一种铁壳潜水艇的研究。俄国人从克里米亚战争中认识到了潜艇在海岸防御方面的价值，因此相继开工建造了好几艘潜艇，但都没有实用性。

克里米亚战争结束 20 年后，俄国海军基本完成了从帆船舰队到蒸汽船舰队的转变，这个速度是非常快的，然而，从木质战船到铁壳战舰的转变就不那么快了。舰队中蒸汽木壳船的比例依然很大，黑海舰队依然没有恢复实力（俄国在 1871 年时否认了《巴黎条约》，为重建黑海舰队获得了法理基础），在整体实力上与英法等海军强国相差甚远。

1875 年，以黑塞哥维那和波斯尼亚反抗土耳其统治为开端的起义迅速波及到巴尔干半岛；1876 年，土耳其人对保加利亚起义进行血腥镇压。俄国民众对此的反应很激烈，泛斯拉夫主义情绪蔓延到俄国社会。俄国泛斯拉夫委员会派遣志愿军前去帮助自己的斯拉夫兄弟，但为土耳其所击败。巴尔干的民族主义者希望俄国能够亲自干预。

1877 年 4 月 24 日，在与奥匈帝国达成谅解后，俄国对土耳其宣战。与克里米亚战争相比，这次战争有对俄国有利的因素。首先，法国在普法战争中战败，实力受到削弱；其次，土耳其人屠杀基督徒而导致了欧洲各国的怨恨，因此，英法如上次一样进行武装干涉的可能性大大降低。

这次，双方的海军在黑海的对比非常有利于土耳其。俄国黑海舰队只有 30 艘小船，而土耳其海军经过 20 年的发展已经非常强大，它有 9000 吨的铁甲舰 1 艘、6000 吨的 4 艘、4000 吨的 1 艘和 2000 吨的 7 艘，还有几艘浅水重炮舰和装甲炮艇，共有海军人员 23000 人。从纸面上看，土耳其海军拥有比俄国海军强 10 倍的优势。

然而，土耳其这支纸面上非常强大的海军却没有在战争中发挥出它应有的作用。土耳其海军管理混乱，士气低落，战术保守且呆板，船员素质也不及俄国水兵。俄国巧妙地利用了自己手中的一切资源：用岸防炮保护港口，用水雷阻拦土耳其舰队，用鱼雷向土耳其军舰发起攻击。

结果，在兵力上拥有绝对优势的土耳其海军处处被动，甚至为了保护自己的军

◎ 被围攻的塞瓦斯托波尔要塞

◎ 重建后的俄罗斯黑海舰队

舰不受鱼雷威胁而躲在港口里，使得俄国人始终能从海上对高加索的陆军运送给养。

土耳其人无法控制海洋，在陆地上就更不是俄国陆军的对手。当俄国陆军快要逼近君士坦丁堡时，土耳其人被迫与俄国讲和。

1878 年 3 月，双方签订《圣斯忒法诺条约》，规定俄国取得高加索和比萨拉比亚南部等战略要地，罗马尼亚取得多布罗，塞尔维亚和门的内哥罗同罗马尼亚一样被承认完全独立，更重要的是，条约让一个领土范围横跨巴尔干山脉南北且达到爱琴海的独立自主的大保加利亚得以形成。

英国和奥匈帝国不愿看到俄国在巴尔干的进一步扩张以及在巴尔干出现一个大斯拉夫国家，于是再次联合进行了干预，迫使俄国修改《圣斯忒法诺条约》。

1878 年 6 月 13 日，由德国做东，英、奥、法、意、土、俄等国的代表齐聚柏林，签署了在《圣斯忒法诺条约》基础上进行修改的《柏林条约》。条约规定塞尔维亚、门的内哥罗和罗马尼亚继续保持独立地位；俄国仍然拥有南比萨拉比亚和大部分高加索地区；原计划中的大保加利亚被分成三个部分：巴尔干山脉北部的保加利亚本土完全自治，山脉南部的东鲁米利亚仍然在土耳其统治下，马其顿允许进行一些改革；奥匈帝国获得对波斯尼亚、黑塞哥维那和新巴扎的圣雅克的占领权；英国取得塞浦路斯。俄国在《圣斯忒法诺条约》中建立一个大保加利亚的构想被打破了。

柏林会议对俄国而言是非常失败的，它在其他欧洲列强的干预下放弃了《圣斯忒法诺条约》中获得的很多利益。当然，这场战争也有好处——黑海舰队的重建终于按部就班进行了。

1880 年，黑海舰队建成 1 艘 3050 吨的巡洋舰；1883 年，建成 3 艘 10200 吨的战列舰，这 3 艘战列舰均在中部装甲区装备有 3 对 12 英寸口径 30 倍长的克虏伯炮，是俄国当时最好的战列舰。

在黑海舰队逐渐恢复实力的同时，波罗的海舰队也在继续造舰，但无论吨位还是质量，都不如黑海舰队新造的军舰。

鉴于美国内战和土耳其战争的经验，俄国非常重视鱼雷快艇在近海防御中的作用，因此在 19 世纪 80 年代，俄国是世界上装备鱼雷快艇最多的国家。

1879 年，俄国开始大量建造潜艇，1902 年，开始从美国购买汽油动力潜艇。

在历任沙皇的不懈努力下，俄国建成了一支质量一般但规模庞大的近代海军。

19 世纪 90 年代初，世界海军的排名如下：英国一级战列舰 35 艘，装甲巡洋舰 18 艘，一二级加甲巡洋舰 67 艘，当之无愧的世界第一；法国一级战列舰 16 艘，装甲巡洋舰 13 艘，一二级加甲巡洋舰 27 艘，居第二；俄国一级战列舰 11 艘，装甲巡洋舰 10 艘，一二级加甲巡洋舰 3 艘，居第三位。

此后，俄国的造舰一直没有中断，19 世纪 90 年代末期，其规模进一步扩大，牢牢占据了世界海军第三的位置。但是，必须要说明的是，这仅仅是规模上的第三。俄国海军在技术和人员素质等方面依然和欧洲列强有很大差距。

从日俄战争到十月革命

1904—1905 年的日俄战争是俄国海军史上重要的一页，以至于多年后俄国人对战争的结果依然耿耿于怀。

战争爆发前，双方在纸面上的实力相差是非常悬殊的。俄国的财政收入是日本的 10 倍，人口是日本的 3 倍多，领土面积是日本的 60 倍，俄国海军经费是日本的 5 倍，海军总吨位是日本的 3 倍。

光看这些数据，毫无疑问俄国是巨人，日本是侏儒。

但是，比这些纸面实力更重要的是在特定战场兵力的投送能力。俄国的重心在欧洲，远东力量薄弱，其波罗的海舰队、黑海舰队和太平洋舰队被地理条件分隔开来，无法彼此支援。因此，俄国在战争初期能够实际动用的力量，也就仅有包括太平洋舰队在内的远东部分的力量而已，而日本却可以投入全部的力量作战。

1905 年 2 月，俄国在远东拥有战列舰 7 艘、装甲巡洋舰 4 艘、防护巡洋舰 7 艘、装甲炮艇 2 艘、小型护航舰 4 艘、炮艇 2 艘，240—350 吨位驱逐舰 25 艘以及鱼雷快艇 21 艘。这些军舰分散在旅顺、符拉迪沃斯托克（海参崴）和朝鲜的仁川。

日本海军拥有战列舰 7 艘、装甲巡洋舰 8 艘、防护巡洋舰 16 艘，小巡洋舰、炮艇和鱼雷炮艇 10 艘，驱逐舰 20 艘、鱼雷艇 85 艘。

必须要说明的是，日本海军不仅在规模上超过俄国太平洋舰队，质量也上同样

胜过俄国，包括军舰的性能和海军人员的素质。

日本对战争的准备非常用心，根据对俄作战的需要，将原来的常备舰队解散重新编组为第一、第二、第三舰队。其中第一和第二舰队组成联合舰队，东乡平八郎为联合舰队司令官，全权主持对俄作战；第三舰队驻扎在吴军港和竹敷要港，防守日本本土。与日本的蓄谋已久和准备充分相比，俄国组织混乱、疏于战备，他们甚至不相信日本侏儒敢向俄罗斯巨人发起攻击。

1904 年 2 月 6 日，日本联合舰队奉天皇的命令开始作战行动，采用不宣而战的突然袭击战法。日本的作战安排为：联合舰队进入黄海，击败旅顺口和仁川的俄国舰队；第二舰队负责掩护陆军在仁川的登陆；驱逐舰对旅顺口的俄国舰队进行夜袭；最后，在第二天，整个联合舰队的主力进一步消灭残余的俄国太平洋舰队。

2 月 7 日早晨，俄国远东总督阿列克谢耶夫收到了日本外交官断绝外交关系的电报。

2 月 8 日晚，日本驱逐舰编队悄悄接近旅顺口的俄国舰队，并近距离发射了 16 枚水雷，其中 3 枚命中目标。这次夜袭非常成功——俄国旅顺口舰队 3 艘军舰长期失去战斗力。

2 月 9 日早晨，俄军判断日军夜袭成功，下一步必然是带领舰队主力前来决战，因此下令旅顺口的 5 艘战列舰和 5 艘巡洋舰

在港外升火待发，准备战斗。中午，东乡平八郎率领的 15 艘日本军舰果然逼近了旅顺口，双方随即爆发交战。这次交战持续到中午 12 点 37 分，双方均有伤亡。东乡平八郎认为此次交战不能让日军达到预期战果，故果断命令舰队返航。

旅顺口的交战虽然没能实现日本预期的战果，但负责进攻仁川的日本第二舰队则取得了全胜——击沉俄军 2 艘军舰，自身无一损失。

2 月 10 日，日本明治天皇正式下诏对俄国宣战，同一天，俄国沙皇尼古拉二世也下诏对日本宣战。

日军很快在朝鲜半岛和辽东半岛陆续登陆。此后，双方爆发多次交战，俄国太平洋舰队屡屡失利，最后被日本联合舰队压制在旅顺口内动弹不得。

◎ 对马海战中，东乡平八郎在"三笠"号战舰指挥战斗，自右三至左依次为：秋山真之、东乡平八郎、长谷川清

2 月 17 日，沙俄政府做出了自战争爆发以来第一个正确的决定：解除平庸无能的斯达尔克海军中将太平洋舰队司令官的职务，由富有才华的马克洛夫海军中将接任。马克洛夫是当时公认的俄国最出色的海军将领。

马克洛夫 3 月 8 日到任后立即采取了

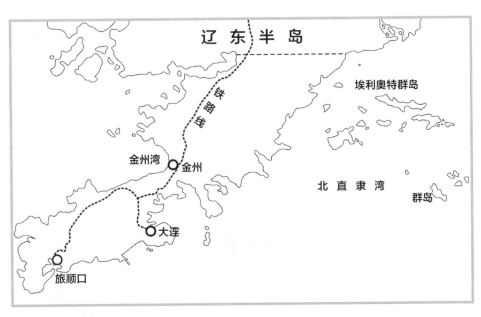

◎ 旅顺口和辽东半岛

一系列提高舰队战斗力和加强要塞海岸防御的措施，使俄国太平洋舰队发生了显著的变化。他废除一切繁杂的公事程序和礼节，全力操练，还大力修复损坏的船只；他竭力避免与实力占据上风的日本联合舰队进行规模较大的交战，而是通过进行小规模的战斗来使士兵得到锻炼；经过他的训练，俄国太平洋舰队离港所需的时间由22个小时缩短到2个小时；他还果决撤掉一批无能的舰长，任用了一批精力充沛的军官替代他们。在战术上，马克洛夫主张在日军掌握制海权的情况下，俄国舰队要保持对辽东半岛周边海域的控制，威胁日军的海上运输线，不断袭击日军，阻止其登陆；不要和日军及早进行决战，而是在舰队实力不断提高的同时，逐渐扩大作战区域，最后再进行决战。

毫无疑问，马克洛夫的到来使俄国太平洋舰队扭转目前这种恶劣战局有了一线生机。如果他能早5年到任，或者在接下来的交战里给予他更多的时间，那么日俄战争的结局一定和历史上的不同，但是，上帝在这场战争中只顾眷顾日本了，13日早上，马克洛夫的旗舰"彼得罗巴甫洛夫斯克"号在旅顺口外海域的交战中触雷沉没，马克洛夫海军中将阵亡。

13日的交战对俄国人来说是一次精神上的惨败，舰队失去了最优秀的指挥官，悲观绝望的情绪在舰队中蔓延开来。这种情绪反映在战场上，就是士兵的消极与怠惰，整个舰队躲在港内专事防御。日军动

◎ 俄舰"太子"号

用了更多的舰队封锁旅顺口。

这种情况一直持续到6月，日军在陆地上连战连捷，逐渐逼近旅顺，使旅顺有成为孤港的可能。于是，俄国太平洋舰队孤注一掷，不断出港试图逃离旅顺。日军的全力阻击致使俄军出港屡次受挫。8月，俄太平洋舰队临时司令维特甫亲自率领舰队大举出港，东乡平八郎调集舰只拦截，爆发"黄海海战"。维特甫并没有进行充足的作战准备，遭遇日舰后也没有立即抢占有利阵位迎战，只顾向符拉迪沃斯托克北上。日舰围追堵截，下午6点30分，维特甫乘坐的旗舰"太子"号被日舰击中，维特甫被弹片打死。下午8点，夜幕降临，

东乡平八郎下令中止炮击。维特甫死后，俄国舰队彻底丧失了统一的指挥，各舰舰长各自为战，有的继续战斗，有的继续前进，有的则想逃离战场。其中有5艘战列舰、1艘巡洋舰和3艘驱逐舰逃回旅顺，旗舰"太子"号逃到胶州湾被德国扣留，其余各舰有的逃到上海被中国扣留，有的逃到西贡被法国扣留，"诺维克"号被几艘日舰穷追猛打，最后不得以自沉在库页岛的科萨科夫港外的浅水处。

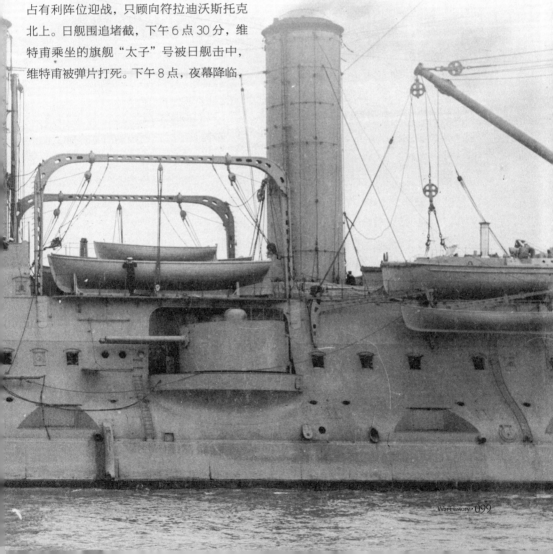

日本联合舰队至此取得黄海海战的决定性胜利。此后，俄国太平洋舰队旅顺港内的几艘军舰便一直龟缩港内，不再敢出港作战。

旅顺口俄国舰队出港突围之时，符拉迪沃斯托克的俄国舰队奉命南下接应，与拦截的日本舰队爆发激战，结果俄军损失1艘装甲巡洋舰，另有2艘军舰被击伤，此后再也没有离港。

日军至此彻底获得日本海的制海权，同时开始从陆地上强攻旅顺要塞。

11月27日，日军经过血战拿下旅顺口附近的203高地，取得制高点，随后用重型迫击炮轰击港口内的俄国军舰。

1905年1月3日，旅顺在日本陆军的猛烈进攻下投降，俄国舰队仅有6艘驱逐舰和一些小船闯过日本人的封锁线，太平洋舰队全军覆没。

截至目前，日本联合舰队损失军舰16艘，其中10艘毁于水雷；俄国太平洋舰队损失6艘战列舰、2艘装甲巡洋舰、5艘防护巡洋舰以及33艘以上的驱逐舰、炮舰和水雷艇，总损失达到46艘。

1904年2月8日战争爆发后，俄国人反应迟钝：对于是否要派遣部队去支援远东竟然讨论了4个月之久。6月2日，鉴于远东战事的局面，俄国终于决定派遣波罗的海舰队绕道非洲，横跨三大洋前去远东进行支援，这支舰队被临时改名叫太平洋第二舰队。

太平洋第二舰队由7艘战列舰、2艘装甲巡洋舰、6艘防护巡洋舰、9艘驱逐舰、约20艘辅助巡洋舰和其他舰只组成，是波

罗的海舰队100多艘军舰中的精华。舰队原定于7月中旬出发，但是由于筹办和装载军需品、修理旧船以及进行航海和射击方面的基本训练，最后于10月16日才驶向波罗的海。它所接到的命令是：不顾一切与在旅顺口的太平洋第一舰队汇合，然后打败日本海军。然而在第二舰队向远东进发的途中，日军已经占领旅顺，歼灭了太平洋第一舰队，第二舰队原本所肩负的任务突然变得没有了意义。但是，沙皇尼古拉二世孤注一掷，决定从波罗的海再向远东派遣太平洋第三舰队。第三舰队由1艘战列舰、1艘旧装甲巡洋舰、3艘小海防铁甲舰、6艘运输舰和辅助舰组成。这支舰队于1905年2月18日离开俄国。

18000海里的漫长海上航行造成俄国船员健康恶化，同时也给日本提供了足够的时间检修舰只和备战，不断传来的日军节节胜利的消息又导致船员们心理恐惧增加和士气低落。这仗还没开打，结局似乎就已定了。

旅顺和仁川陷落以后，俄国舰队在远东只有符拉迪沃斯托克这么一个港口可用了，因此，太平洋第二舰队的航行目的就改为驶向符拉迪沃斯托克。

5月9日，太平洋第三舰队到达万丰湾与第二舰队汇合，汇合后舰队总实力为：8艘战列舰、3艘装甲巡洋舰、6艘防护巡洋舰、9艘驱逐舰、3艘海防装甲舰以及其他若干舰只。

从万丰湾北上，俄国舰队要抵达符拉迪沃斯托克有3条航道：朝鲜海峡、津轻海峡和宗谷海峡。日本大本营和联合舰队

经过多次研究后断定俄国舰队一定会选择最短的航路——通过朝鲜海峡前往符拉迪沃斯托克。东乡平八郎将舰队部署在朝鲜海峡海域一带，打算以逸待劳，在朝鲜海峡与俄国舰队决战。

而俄国方面打算走的正是朝鲜海峡东南侧的对马海峡，为了迷惑日军还特地派出少数舰只到日本列岛东部海域，希望能吸引日军的注意，可惜数量太少没能引起日军的重视。

5月27日凌晨，俄国舰队进入对马海峡。

在对马海峡准备迎战俄国舰队的日本联合舰队拥有5艘战列舰、23艘装甲巡洋舰和防护巡洋舰、21艘驱逐舰、17艘一级和40艘二级鱼雷快艇，几乎投入了日本海军的全部精华。

从实力上看，日本占优势。日本联合舰队总吨位202000吨，俄国舰队总吨位156000吨（辅助船除外）。日本联合舰队主力舰只共装备大炮127门，舷炮发射量28400磅，俄国舰队主力舰只共装备92门大炮，舷炮发射量32090磅（但命中率不及日本）。日本联合舰队在巡洋舰和鱼雷艇上与俄国舰队相比，分别拥有16：8和69：9的优势。日本联合舰队一分钟能齐射炮弹360发，俄国舰队一分钟能齐射炮弹134发，且日本炮弹的爆炸力要远远超过俄国的炮弹，一位俄国观察家说："日本1颗炮弹的充分爆炸力相当于俄国12颗炮弹的充分爆炸力。"日本舰队的航速可以达到15—18节，而俄国舰队的航速仅有9—11节（长途跋涉，船底的水草来不及清理致使航速减慢）。此外，日本海军官兵训

◎ 日舰"三笠"号上的主炮

练有素、士气高昂，俄国海军官兵普遍士气低落；日本邻近本土作战，给养方便，不受辅助船的牵累，俄国则刚好相反。

负责警戒的日舰很快发现了鱼贯进入海峡的俄国舰队，并将俄国舰队的舰数、阵型、航速、航路等情况电告东乡平八郎。东乡平八郎根据这些情况决定将舰队带到冲岛，在冲岛海域迎击俄国人。

下午1点40分，日本人发现俄国舰队进入冲岛海域。东乡平八郎下令联合舰队逼近俄国舰队。

2点08分，俄国舰队多艘军舰向逼近的日本联合舰队旗舰"三笠"号猛烈射击，对马海战正式爆发。

2点53分，俄国舰队第一分队旗舰"苏沃洛夫公爵"号遭到重创，完全失去战斗力，被迫离开阵列。

3点30分，第二分队旗舰"奥斯利亚比亚"号被日舰集中火力击沉，900名船员除330人被救出外，其余全部阵亡。

◎ 俄国太平洋第二舰队旗舰"苏沃洛夫公爵号"

辅助船中4艘沉没、2艘被扣留、2艘医院船被俘，总损失达20多万吨，阵亡4830人，被俘5917人，被外国港口扣留1862人，受伤者无数。

日本以令人吃惊的微弱代价取得对马海战的全胜。

至此，俄国波罗的海舰队和太平洋舰队均遭到毁灭性打击，总计损失11艘一级战列舰、7艘二级战列舰或海防舰、5艘装甲巡洋舰、6艘巡洋舰、4艘炮舰和20艘驱逐舰。俄国海军一夜之间就从世界海军第3位跌到第6位，被美国、德国和日本超过。

不久，第三分队旗舰"亚历山大三世"号也因遭到日舰的围攻而严重损毁，最后被迫离开了阵列。

至此，对马海战大局已定。先后失去3艘旗舰的俄国舰队败象已露，从下午4点到7点，又经过3个小时的混战后，俄国舰队的12艘主力舰只仅有7艘幸存，且其中有的已经被打得破烂不堪，没什么用了。

从晚上7点30分起，日本联合舰队以37艘鱼雷快艇和21艘驱逐舰发起了最后阶段的进攻——鱼雷夜战。

5月28日凌晨5时，战斗基本结束，日本损失了3艘鱼雷快艇，阵亡117人，伤587人。俄国舰队的8艘战列舰中有6艘沉没、2艘被俘，9艘巡洋舰中4艘沉没、3艘被扣留、1艘逃到符拉迪沃斯托克、1艘搁浅自爆，3艘海防铁甲舰中2艘被俘、1艘沉没，9艘驱逐舰中1艘被俘、4艘沉没、1艘被扣留、1艘遇难、2艘逃到符拉迪沃斯托克、1艘装甲巡洋舰被击沉，8艘

1905年8月10日，在美国总统罗斯福的调停下，日俄双方代表在新罕布什尔州的朴茨茅斯军港会晤，达成协议：俄国承认日本在朝鲜的地位，并将俄国在辽东半岛的租借权和中东大铁路南部至长春的一部分，北纬50度以南库页岛的一半割让给日本，双方都同意将满洲归还中国。另外，尽管日本强烈坚持，俄国终究没有给予日本战争赔款。这样的协议对俄国而言已经是最好的结果了。

战争既已结束，对俄国来说，重建舰队便是当务之急。就如同在战争中反应迟钝一样，沙皇俄国僵化的体制使其在重建舰队时也同样缺乏效率，重建的计划争论好几年后，才进行了一项从1913年开始为期15年的造舰计划。按照这个计划，从

1913年开始,每年要建造2艘战列舰或者战列巡洋舰,此外,还会有很多轻巡洋舰、驱逐舰和潜艇同时开工建造。如果计划实现,那么,俄国海军到1930年时就将拥有27艘战列舰、12艘战列巡洋舰、24艘轻巡洋舰、108艘驱逐舰和36艘潜艇,但是,1914年爆发的第一次世界大战打乱了这一切。

1914年6月28日,哈布斯堡王朝继承人斐迪南大公被塞尔维亚爱国青年刺杀,奥匈帝国对塞尔维亚下达了一份措辞极为强硬的最后通牒,俄国立即支持塞尔维亚。7月28日,奥匈帝国对塞尔维亚宣战。8月1日,德国对俄国宣战。8月3日,德国又对法国宣战。8月4日,德国进攻比利时,促使英国参战。第一次世界大战就此全面爆发。

俄国海军一战爆发时适合服役的舰只有:8艘战列舰、14艘巡洋舰、105艘驱逐舰、25艘鱼雷艇和25艘潜艇,正在建造的有:7艘战列舰、4艘战列巡洋舰、8艘轻巡洋舰、36艘驱逐舰和18艘潜艇。

与俄国海军交手的主要是德国海军,双方的海战主要发生在波罗的海。

经历了日俄战争的损耗,俄国波罗的海舰队此时的实力已经很薄弱了,而德国则视波罗的海为次要战场,只向波罗的海派遣了由7艘旧巡洋舰和另外一些驱逐舰、布雷艇和鱼雷快艇组成的舰队,有时候会向波罗的海增派旧战列舰。因此,双方在波罗的海的海军力量实际上都很薄弱,也就意味着根本不可能爆发较大规模的海战,至少在头一年里,双方的交战形式还是布雷战。

作为对俄国盟友的支持,英国派遣了一些潜艇到波罗的海与德国海军作战。

由于土耳其加入了同盟国一方,因此,在黑海也爆发了海战。日俄战争中,俄国黑海舰队并未遭受任何损失,而土耳其海军自上次土耳其战争后一直没能恢复实力,故战争爆发时,俄国黑海舰队对土耳其海军拥有明显的优势。但是,和在波罗的海的海战一样,俄国海军并不主动求战,当然土耳其人也一样,双方都致力于用海军给在高加索作战的陆军运送给养。

俄国宣布战争中他们在波罗的海和黑海总共击沉同盟国1艘战列舰、2艘装甲巡洋舰、7艘轻巡洋舰、1艘浅水重炮船、23艘驱逐舰和鱼雷艇、9艘潜艇、1艘土耳其布雷艇、6艘德国飞艇以及许多小艇和辅助船只。

这是沙皇俄国海军最后一次参加战争了,早在日俄战争期间,俄国国内的革命运动就已经此起彼伏了。当时,黑海舰队没有参与对远东的增援,很大一个原因就是水兵起义。一战刚刚爆发时,俄国民众出于爱国主义热枕给予了沙皇政府极大的支持,但随着俄军在前线的不断失利,民众的热情很快就消退,取而代之的是对沙皇政府的失望。此时,俄国国内已经遍布革命的种子,只要有一点火星,就可以形成燎原大火。

1917年11月7日,布尔什维克攻陷冬宫,建立苏维埃政权。俄国海军自此进入一个新的时代——红海军时代。

被遗忘的战争
记一战中的意大利战场

作者：麦田

奥斯曼的遗产

1914 年，一场世界性的大战已经变得无法避免了。为什么人类历史上会出现这么大的战争劫难呢？这是由于伟大的工业革命，为几乎所有的欧洲国家提供了生产大量致命武器和发展大舰队的机会。同时，英国想阻止德国势不可挡的工业发展、在科学界的霸权及其殖民地的扩张和发展。1870 年后，法国希望通过武力，收复被德国占领的阿尔萨斯和洛林两省。此外，奥匈帝国和俄罗斯希望通过侵略和扩张的外交政策，来转移他们的内部矛盾。所以，1914 年 6 月 28 日，波斯尼亚首都萨拉热窝事件引爆了第一次世界大战的导火索：在大塞尔维亚民族主义者的刺杀行动中，奥匈帝国大公，哈布斯堡王位的继承人弗朗茨·费迪南德和他的妻子一起被刺客普林西普刺杀。奥匈帝国单方面考虑炮轰塞尔维亚，因为大哥德国皇帝威廉二世提供了世界历史上最大的空头支票——有人敢向你宣战我就向他宣战。在随后的几天里，协约国和同盟国开始互相向对方宣战，但是，同盟国中有一个国家没有向敌对方宣战，而是坐山观虎斗，而这个国家就是现在被叫做"面条国"的意大利——本文的主角。

结盟是门艺术

第一次世界大战前，意大利是"三国同盟"的签字国，"三国同盟"是德国、意大利和奥匈帝国结成的秘密同盟。尽管德国人对意大利人参战不抱幻想，却还是在战争爆发前征询了这个盟国的态度。毕竟奥匈帝国要对塞尔维亚进行侵略战争，意大利人答复将保持中立。随着一战的进行，时间到了 1915 年。这仗稀稀拉拉打了

◎ 一等兵和士兵都隶属于皮内罗洛旅第13步兵团。士兵隆起的肩部装饰和前襟加宽盖住纽扣的设计为特色的M1909式灰绿色制服，帽冠上的徽章展现了用黑色丝线制成的团的数字。他装备的6.5毫米口径M1891式步兵用步枪和刺刀，刺刀通过金属丝绑在枪口上，在开火时还要把它拿掉。M1907式腰带装备被涂成灰绿色，腰带上的支撑带绕过脖子后面并连接在一起。装水壶的巨大背包甩在左胯部，袋式防水帆布背包上方卷着帐篷的片段同时用皮带绷紧。轻步兵右侧小公鸡的尾羽装饰和覆盖着帽子的是棕灰色野战用布料。骑着马的意大利人龙骑兵少尉，隶属萨沃伊战列骑兵团，头戴着M1910式龙骑兵头盔，头盔前方还绘有萨沃伊黑色十字，单个金属白星代表意大利少尉军官，两个巨大弹药包内装着M1891式卡宾枪的子弹

两年多，进入相持阶段。东线的奥匈部队与俄国部队打得难解难分，这对本身不富但强充大个的奥匈帝国来说，损失重大。这时，意大利人占小便宜的心态出现了：反正协约国很多兄弟，多我一个不多。你奥匈帝国占着我的特伦特和的里雅斯特这两个大城市，我90%的煤炭从英国进口，其他重要原料也严重依赖英国和法国这两大协约国头子。何不对奥匈宣战，好收复点领土，向大哥、二哥（英国、法国）要点援助，起码自己也吃不了亏！意大利的报纸也乘机煽风点火，低估了战争的代价和后果。虽然意大利的议会抱着无所谓的态度，但国王却是热衷开战的。于是，1915年4月，意大利与协约国在罗马签订了《伦敦条约》，意大利答应大哥、二哥参加对同盟国的战争。

《伦敦条约》规定，作为对协约国军事援助的报偿，意大利战后将得到蒂罗尔、的里雅斯特、伊斯特拉、达尔马提亚海岸的一部分和希腊人聚居的多德卡尼斯群岛。除此以外，此条约还允许意大利扩大在非洲的殖民地，瓜分奥斯曼帝国。

占点小便宜

意大利于1915年5月22日对奥匈帝国开战，但是没有对德宣战，这是协约国默认的事。德国人对这件事持无所谓的态度，可奥匈帝国就不这么想了，意大利本来是哥们怎么变成敌人了呢！然而，木已成舟，战争既然已经开始，奥匈帝国决定应战！

宣战后，意大利总司令路易吉·卡多纳开始动员军队。4个集团军，分为14个军团和40个旅，共有1090000人，216000只动物（可能都是狗、马，但不排除指挥官饲养的宠物），3300辆汽车（大山里基本无用），93万支步枪、620挺机枪（如此

◎ 请注意意大利的胖子哥！这名戴眼镜的士兵这么亲切，大家瞧他长得像谁？

◎ 罕见的意大利巨型列车炮，列车炮在一战中的作用不容小视，其中著名的有德国轰击法国使用的"巴黎大炮"

◎ 意大利兰西装甲车在一战期间被大量应用，其中有部分支援东线战场

◎ 意大利士兵在山地部署榴弹炮

可怜的数量）和超过2150门火炮（还有前装炮充数）。这些装备实在太破旧了，意大利缺乏生产重武器的重工业，又没有钱购买，为战争埋下了阴影。

事实证明，战争后来的残酷，远非小心眼的意大利人所能提前预知的。战争的第一年，意大利人面对着一条曲折战线——戈里齐亚通过阿夏戈（Asiago）的高原，连接卡多雷、卡尔尼亚山区和圣米歇尔的高原和山区。而意大利的士兵大多来自温暖的南部地区，如萨萨里旅、特拉帕尼旅、意大利卡坦扎罗旅等。寒冷使士兵饥渴难耐（这也是现今国家高原作战时必须重视的情况），后勤保障也因"天真"的意大利人漫不经心、悠悠散散的办事态度跟不

上去。那一年，运送补给的英国煤矿船，被德国海军潜艇战绩排名第一的冯·佩勒连续击沉了4艘，使得那年意大利的冬天格外寒冷。

反倒是意大利人希望占便宜的对象奥匈帝国不急不慌。其防御阵线在多洛米特、卡尼克、尤利安等阿尔卑斯山脉中，奥匈帝国认为："如果意大利人想攻击我们，那么肯定是山地攻坚战，必须仰攻作战，意大利人是一点便宜占不着的。"所以，奥匈帝国只部署了10万人的部队在意奥边境防御（倒是和防御瑞士边境的人数一样多），因为之前部署的部队就是这些人。意大利总司令路易吉·卡多纳知道，如果

◎ 军士，第1山地团第4营。和轻步兵一样，山地部队也被公认为一支精锐部队。双尖头的"火焰"领章代表了这支部队。这名士官的毡帽前方带有黑色丝线缝制的兵种徽章，在前线时帽子左侧的老鹰羽毛被去掉，但山地部队绒球被保留了下来，军帽上的绒球是第4营的识别色。有时，军官的帽子左侧配有倒V字的军衔徽章（如果是战列步兵军官，帽墙带子上则环绕着相应条数的条纹）。中级士官的军衔通过袖子上的V字章加以区分，其中，最上面一条窄条（如图所示）在顶端盘桓成一个水滴型。第1山地团装备了带道钉的加厚底山地靴、M1891式弹药盒（每个盒子可装48发子弹）、挖壕铁铲、备用靴子、粗麻布套子装的水壶以及军人肩扛的登山杖。军士的脚边是一门小型白炮，白炮后边是与炮管搭配使用的掷弹筒。戴玻璃风镜、穿白色雪地迷彩服装且有固定子弹腰包的是山地滑雪突击兵。头戴法国的亚德里安M1915式钢盔、身穿羊皮执勤大衣和高筒靴硕大的保温层里塞满稻草的是普通步兵

向多洛米特或卡尼克山脉突击，将会全部毁灭，那里的阿尔卑斯山脉有险峻的山口和隘路，只有经过训练的阿尔卑斯山地雪绒花部队才能攀登。如果从西北部进攻，攀登深沟高垒的阿迪杰山谷后，可能会在特兰托狭长深谷或崎岖的勃伦纳山口遇到伏击。如果从东面进攻，拿下的里雅斯特——奥匈帝国在亚得里亚海唯一的港口后，进攻会容易些，但是，伊松佐河（Isonzo）下游是沼泽地，其所有渡口，都有奥匈军队的严格把控。面对这么多的困难，路易吉·卡多纳总司令也管不了那么多了，毕竟不能干等着，其余的作战方向全是大山沟，也就只有这个方向还勉勉强强可以进攻一下。所以，他下令从伊松佐河展开进攻。卡多纳无视伊松佐河缓慢蜿蜒地流向亚得里亚海时沿途的泥淖平地和沼泽，只看到相去不远的平坦平原，也毫不在意有戈里齐亚城堡保卫的高山悬崖，这个城堡座落于伊松佐河缓慢流淌形成的平地中。此外，卡多纳还计划攻击包含特伦蒂诺在

内的地区，以便抓住更有利的防守位置，削弱特伦特南部地区的危险。对他来说，"不攻占山脉，伊松佐河是不能渡过的，而不渡过这条河，山脉是不能攻占的"，的里雅斯特这座城市的诱惑，使他不得不下令，继续进攻。

◎ M1914菲亚特列维里机枪阵地

◎ 今日的意大利伊松佐河美景，谁能看出这是90多年前一战双方血战的战场呢？

◎ 意大利的普通山地兵

◎ 意大利人对视山区

意大利人钻牛角尖

伊松佐河战役，1915 年 6 月到 1917 年 9 月，意大利在一条 100 多公里的战线上，进行了十一次血腥而徒劳的战斗。当然，协约国内部成员们是欢迎意大利军队这样进攻的。英国和法国都认为，意大利军队的进攻将迫使奥匈帝国三面作战——东线与俄罗斯沙皇尼古拉二世血战，南面与意大利作战，东南方向与塞尔维亚王国的作战。如此，奥匈帝国根本应付不了，就会有亡国的危险。如果奥匈帝国不能挺过去，德国就得支持他，从而减轻自己主战线——西线堑壕战的压力。但事实总没有预想的那么好。

6 月中旬，黑山大公国被征服后不久，意大利便开始了漫长的战斗——以伊松佐河及其周边地区的战斗为主体。奥匈帝国军队伊松佐河防区的指挥权由大公欧根·冯·哈普斯堡掌握，但事实上，他只是挂衔指挥，军队的实际指挥权在斯拉夫将军博罗耶菲茨·冯·博伊纳的手里。博伊纳常年驻扎在阿尔卑斯山，是经验丰富的山地战士。意大利总司令路易吉·卡多纳打算用两个集团军来对付奥匈帝国的这十万大军！1915 年上半年，意大利人占领了奥匈军队的一部分突出部阵地。6 月 23 日，伊松佐河战役正式打响，尽管战斗很激烈，阵地也天天发生变化，但是，意大利军队的目的是不变的——占领的里雅斯特这座城市。对意大利人来说，这座城市如果不到手，就如法国未得到阿尔萨斯和洛林一样，国人会心有不甘。所以，卡多纳不管自己部队的伤亡，持续进攻。这对有准备的奥匈军队来说，无非是施瓦兹洛色 M1907 重机枪（马克沁机枪的奥匈军队衍生版）的子弹多耗点！在与奥匈帝国军队人数的对比上，意大利保持着 5 : 1 的绝对优势，但是，阿尔卑斯山脉的天险，却使任何先进的武器也不能发挥应有的作用，特殊的地形抵消了人数上的优势。一般情况下，奥匈帝国军队的一个班加一挺机枪，就可控制一座大山。因此，在意大利士兵的眼里，奥匈帝国的防御阵地遥不可及。从 1915 年 6 月开始的血战，经历了夏秋冬三季，期间除双方补充弹药、人员、装备等时间外，一直交火不断。到 12 月初，伊松佐河防区内冰冻时，双方在 1915 年的战事才停止。

意大利人为此战役付出了巨大的代价——伤亡 173000 人，却只在敌人防线上留下了几处孤立的突入点，仅获得纵深几公里的土地。当然，奥匈帝国的伤亡人数也不少：131000 人（意大利人估计的）。那一年冬天，奥匈战线处于休战状态。

◎ 前进！目标是的里雅斯特！

◎ 意大利托伦特山区美景

◎ 意大利佩里诺轻机枪阵地

◎ 号称"白色幽灵"的意大利山地兵

◎ 意大利士兵发起冲锋

◎ 意大利士兵在阿尔卑斯山脉的雪山里移动，通过开凿山洞进行前进，这也是山地战的一个特点

老头子的反扑

1916 年，意奥战争的第二年，由于冰冻期（1915 年末到 1916 年初）的结束，奥意战线处于平静的状态将要被打破。双方在春季都开始"蠢蠢欲动"。意大利人在东北部伊松佐河战场保持继续进攻的同时，又以奥匈帝国的特伦特市作为新的攻击地点，好减轻伊松佐河方向的进攻压力。然而，康拉德——奥匈帝国总司令，66 岁的老头子（详细介绍参见本文附录）突然发力了。他制订了一个计划，打算进攻特伦特南部和意大利人的其他阵地，包括波河流域的维罗纳（莎翁笔下的罗密欧与朱丽叶原型所在城市）和维琴察，从而减轻东线部队的压力。尽管这个计划被德国最高统帅部否定了，奥匈帝国依然继续集结部队。奥匈帝国集结了第 11 军和第 3 军，约 200 个

营、1000 门火炮。对阵的意大利威廉将军，拥有 160 个营和大约 700 门火炮的支援。1916 年 5 月 15 日上午，双方在距离加挞伐 40 公里处，开始展开战斗。战斗主要集中在透内楂（Tonezza）和阿夏戈高原，尽管意大利军队激烈反抗，但还是被迫撤退。5 月 27 日，奥匈帝国攻到了阿夏戈高原附近。第二天，意大利的第 5 军团从平原地区急速赶来，因为意大利总司令下达了死命令，要阻止敌人在高原上前进一步。6 月初，意大利国王维克托·艾曼努尔要求沙皇发起进攻，于是，勃鲁西洛夫将军进攻了（著名的勃鲁西洛夫攻势），参加对意大利作战的奥匈部队被抽调去对付俄国人。俄国军队在加利西亚地区开始的新攻击，迫使奥匈总司令康拉德转移在特伦蒂诺的部队，所以进攻停止了。6 月 16 日，意大利人发动反击。7 月 24 日，意大利收回大约一半的失地。

◎ 意大利山地步兵索道滑行！山地作战中，绳索滑降是很重要的

◎ 在雪山中开炮得小心雪崩，因为这个比敌人还可怕

◎ 山地中的铁索滑道补给

这次高地攻坚战中，奥匈帝国的军队失去了大约 83000 人，意大利也有 147000 人的损失。然而，这次进攻战在战略层面表现出"老头子"康拉德毫无头脑，同时也削弱了他的威信。（本来就是老头子，谁服他呢？）高地攻坚战役前，意大利于 3 月 11 日至 19 日，发起了第五次伊松佐河进攻战役，攻击奥匈帝国防守最好的山地防线，结果又碰了一鼻子灰。

高地战斗结束后，为打击已经将主力转移到加利西亚的奥匈帝国军队，卡多纳总司令准备了新的攻击目标——戈里齐亚（Gorizia）。意大利人这回长了脸，他们通过良好的物资保障（使用铁路网络和完善的物流）把大部队集中在东部地区，以

◎ 意大利山地步兵站在悬崖峭壁上

◎ 意大利山地步兵在悬崖峭壁上

◎ 意大利士兵站在悬崖上向下射击

◎ 意大利M1914菲亚特机枪班组

确保第三军有一个明显的火炮优势，8月4日开始在第六次伊松佐河战役。6日，征服了萨博提诺（Sabotino）。7日，收复圣米歇尔（San Michiele）。

6月29日，意大利人第　次在战场上遇见了西线杀手——奥匈帝国的毒气弹，但这不影响意大利人的进攻。8月8日，部队过了河，进入戈里亚。意大利人离梦想中的城市——的里雅斯特市更近了。同时，协约国又增

加了一位小兄弟——罗马尼亚，这样又减轻了一部分压力（因为奥匈帝国军队又要面对他）。意大利又开始进攻了，这次是从东部的戈里齐亚展开进攻，9月中旬开始，11月初结束。

领土还是没有改观，基本没动，

◎ 马拉炮兵（左）身穿一件耐用的米色亚麻布的工作服外套，装备提波（Tipo，意大利语）58A式小型白炮（迫击炮），炮弹的套管插入炮筒，鳍装尾翼则露在外。他旁边的上尉是意大利堡垒炮兵，他那亚德里安式头盔的正前方是部队番号图案的蜡贴。最右边的是机枪兵，装备了M1914菲亚特-列维里机枪。

◎ 拿报纸当水泥堡垒，真有才

◎ 列车炮弹

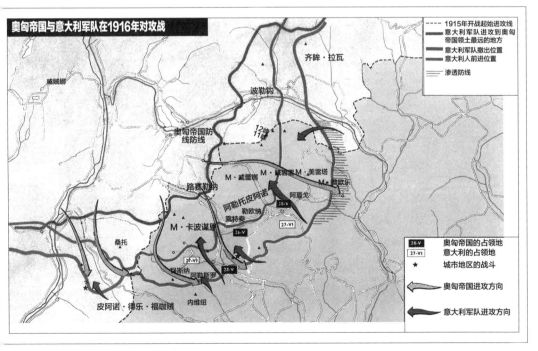

◎ 意大利与奥匈帝国军队相互进攻北部山区

1915—1917年的11次伊松佐河战役

◎ 十一次伊松佐河战役

芒台酒乐山
1615米

普莱泽　松扎
伊松佐河　M·拉沃蕾
萨娅　M·利普尼各
塔皮纳　M·内漏
克雷达　卡波雷托　M·斯雷美
塔尔琴托　M·美乐利
M·珂塔秋　M·沃的勒
意大利军队　托尔米诺　S·里哈
S·彼得纳提松尼
奥扎
奇维达莱·德·弗留利　卡纳勒
乌迪内　皮拉瓦
巴尼扎高原
曼扎诺　S·马尔蒂诺
科尔蒙斯
戈里齐亚
法拉
帕尔马诺瓦　格拉迪斯卡
萨格拉多
18基
蒙法尔科内
S·乔瓦尼
杜伊诺　斯提纳

◀ 1915年意大利的前进目标
••••• 第1次伊松佐河战役后的阵线变化
----- 第2次伊松佐河战役后的阵线变化
----- 第3、4、5次伊松佐河战役后的阵线变化
⊢⊣⊢⊣ 第6次伊松佐河战役后的阵线变化
⊢⊣⊢⊣ 第7、8、9次伊松佐河战役后的阵线变化
••••• 第10次伊松佐河战役后的阵线变化
⊢⊣⊢⊣ 第11次伊松佐河战役后的阵线变化

◎ 勇敢者突击队，最前方的士兵戴着用浅灰色织物覆盖的亚德里安式头盔、法国护目镜和用绳子绑定的李普曼式护面甲片（用来防弹片和被火炮崩裂的石头碎片），左肩的绳子连着防毒面具。勇敢者突击队的标准武器是骑兵版（短版）卡宾枪。中间的士兵头戴的黑色软帽是红软帽的黑色版本，左袖上臂位置的是勇敢者突击队的徽章和火焰喷射器操作手的资格章。最后边的意大利中尉是轻工兵及坑道工兵。意大利人为了在山区开辟一条条道路，使用了大量矿工来挖掘山体（《卡索之战》就是表现意大利山地工兵在北部作战情况的一部电影）。他们有好几种版本的护身铠甲，图中的这种生产自菲费丽娜（Farina）公司，重9.25公斤。这些盔甲能有效防卫125米以内的步枪子弹的攻击。中尉身穿灰绿色制服，拿着能切开铁丝网的切断器。

白进攻了。北线的进攻开始于 9 月和 10 月，这个战场的成果比东边好点，但也只是占领了阿尔卑斯山几个毫不重要的高地。

转眼间就到 1917 年了，意大利又在同样的位置发动了第 10、第 11 次伊松佐河战役，战果都是一样。持续的进攻，使意大利军队死亡人数竟然超过 30 万人，奥匈军队也损失不少。在自己的盟友损失太大的情况下，德国最高统帅部决定介入意大利战场，挽救自己最亲密的战友。（关于伊松佐河发生的 11 次大规模进攻，详细资料请见附录表格。）

大崩溃

沙皇俄国的倒台，使德国人从东线抽调了大量的作战部队。这回德国可要好好教育一下之前的这位小兄弟了。同盟国派出的第 14 集团军的 15 个师：8 个德国师和 7 个奥匈帝国师，在德国将军奥托·冯·贝洛的带领下，于 1917 年 10 月 24 日凌晨 02 时从卡波雷托发起了排山倒海式的进攻，史称"卡波雷托战役"，也被称为第 12 次伊松佐河战役。这次进攻代号为"忠诚的兵器"（Waffentreue）。

德国和奥匈帝国军队的集结并没有引起意大利总司令路易吉·卡多纳的重视，他对将要发生的大灾难毫无警觉。同时，意大利军队一点没有防御准备，他们自认为奥匈帝国的进攻无非是挠痒痒。当情报显示德奥联军就要进攻时，总司令路易吉·卡多纳居然只是命令前线的第二集团

军和第三集团军的部队构筑防御阵地，并没有亲力亲为去监督检查这些阵地是否真实存在。

◎ 前线堑壕战

路易吉·卡多纳总司令有意大利贵族伯爵的身份，很是瞧不起出身于矿工和农民阶层的士兵，对前线事务漠不关心，一有机会就跑到后方清闲去。皮埃蒙特伯爵，这个 65 岁的老头子（也是一个老头子），不仅对士兵非打即骂，还不给士兵提供任何可供休息的环境，从而，士气严重衰退。他的军事观点很简单，换句话说就是很愚蠢，用一句格言来概括："上级总是对的，越是错时越是对。"为了体现这句名言，路易吉·卡多纳对下属的第一句话总是："根据最高统帅部的要求，无论何时何地，铁的纪律应当统治全军。"他甚至还将早

◎ 意大利总司令路易吉·卡多纳好不容易视察一次前线阵地（摆这姿势是为方便记者拍照）

◎ 至今还保留着的意大利北部堡垒阵地

◎ 牺牲的意大利士兵

已废除 N 年的罗马军法——鞭刑，重新运用到军队中。

德国人不会给路易吉·卡多纳任何反击的机会，同盟国军队最先选择了意大利人的防御缺口进行突破——胡蒂尔战术（这个战术是奥斯卡·冯·胡蒂尔将军发明的，故命名为胡蒂尔战术）培训出来的德国人，使用手榴弹和轻机枪组成渗透战术非常厉害的突击部队，使用了在西线曾用过的芥子气，熏倒了许多没有防毒面具的意大利人（即使佩戴了防毒面具的也不能幸免，因为意大利人没有准备防芥子气的防毒面具），他们还用烟幕弹和毒气榴霰弹交替

密集轰击，把意大利人弄得只顾逃命的份。结果德国人所到之处，成了意军溃逃之处。意大利人所有通讯线路都被中断，支援火力也被打哑。同盟国部队绕过意大利防线，直插平原地带。意大利人原先不慌不忙的慢性子，现在却变成了急性子，抢着后退。

10 月 25 日，德国军队到达波维克（Bovec）后，防线的缺口越来越大。仗打到这个时候，意大利人无法堵住缺口了。26 日，德国人征服蒙地马焦雷·卡威达（Cividale）后为占领乌迪内开辟了道路。意大利第 2 军团的司令卡佩罗（Cadorna）直到 27 日才下令撤退，那时，他的 25 个师已经被围死了，所有的部队和成千上万惊慌失措的平民，参与了大逃亡。那一天，第 2 军团发生了大溃败，生性沉着的路易吉·卡多纳声下令，撤退到塔基门托（Tagliamento）河。撤退到塔基门托河后，意军继续以退为进，并在 11 月 9 日最后的掩护部队到达河的右岸后，炸毁了桥梁。抵达皮亚韦（Piave）河后，他们才停止撤退，组建成新的防线。

◎ 战后一片废墟的城镇

◎ 最左边的是号手，他的装备是M1891式步枪短版的卡宾枪，与之搭配的是腰带上两个不带皮带扣的小型黑色皮制弹药包。在山地步兵中，自行车部队是一支有着现代化武装的部队。中间那位身穿灰绿色制服、别具特色的大盖帽佩戴着羽毛（用来提高士气）的士兵就是一名自行车轻步兵，他的标准腰带支撑着带皮带扣的帆布弹药包，斜背的背包里放着手榴弹，胸前挂的包里装着英国支援的"小盒装"防毒面具。他使用的是一辆M1910式自行车。他的野战装备是轻便型的，放在自行车上的帆布包里。最右边的意大利人是准尉，他那M1916式艾德里安的头盔下，套着密缝的巴拉克拉法式套头帽，背包上固定好的挖壕镐（代替铁锹）在多岩石地区是必备工具，水壶是有着铁箍瓶口的老式木制版本

10月27日，德军到达特雷维索后，路易吉·卡多纳居然还向不抵抗的"懦夫单位"——第2集团军发布公告，令他们浴血抵抗，"不许后退一步"。但是，这个命令没有莫斯科保卫战中斯大林的"不许后退一步"有效，撤退还在继续。在第2军团大规模溃败之际，最高司令部不得不采取极端的决定：开始大规模的枪毙行动，随意选择散兵游勇，用行刑队直接枪毙。

卡波雷托大撤退，这件悲剧的事情给意大利人留下了不可磨灭的印象，士兵和平民都承受着巨大的痛苦。几个小时的战争，夺走了数千名士兵和超过100万平民

的生命。在乌迪内、特雷维索、贝卢诺、威尼斯、维琴察等省份，激烈的战斗发生在每一个角落。

阿尔卑斯山山地步兵营长贝卢诺为我们揭露了当时的情况，在著作《最后的卡波雷托》中，他这样描述了大撤退的情况："强大的对手开始了在这次战斗中的进攻，我们在弗留利（地名）面临着难以预料的困难，我们国民将以全力的热情支持我们的士兵大胆迎敌。""正面战争的失利产生了失败主义，这种情绪已经蔓延了几个月的时间，国内社会主义政党的宣传，以及具有颠覆性的俄国革命的鼓励（这可不是十月革命，而是推翻沙皇的二月革命），主动致力于好战国家之间和平倡议的宗教教导（天主教会和基督教会倡导的和平）。""被炸毁的塔基门托河桥梁前，仍然有许多英雄出现：我们的士兵牺牲了自己，只为让意大利主力军队快速通过道路或桥梁，并阻击敌人的先头部队。""我记得士兵们手里拿着可以使用的武器，进行着英勇的抵抗。这些日子里，最重要的阻击战是热那亚骑士团和枪骑兵团，在阿

◎ 意大利军队在山地中艰难前行

尔卑斯山和北沙吉利（Bersaglieri）进行的。那些士兵迫使同盟国军队停止前进36个小时。"

尽管军队和自己的国家都遭受了灾难，但意大利人自己以极大的勇气和责任感，增强了抵抗意志和战斗力量（这一点倒是和意大利球队相似，不到最后阶段，不拼命）。皮亚韦河，成为救援意大利人意志的象征。11月9日上午，路易吉·卡多纳下岗了，阿曼多·迪亚斯被聘为军队最高司令部的将军，副总参谋长由彼得·巴多格里奥将军和加埃塔诺·嘉乐诺担任。

由于意大利本土出现了敌军，全国上下同仇敌忾：工人们放弃罢工，加班加宿

◎ 一战的特点就是看不见敌人，如果看见了敌人那么说明自己将被干掉了，电影《战壕》中就对一战中敌人是看不见的进行了详细的描述

◎ 意大利士兵悄悄进村

生产前线所需的装备，国内舆论报纸也调转枪口，不再抨击现政府。在这种大环境下，阿曼多·迪亚斯将军立即展开工作，最大限度地提高了军队的效率和部队的士气。

撤退到皮亚韦河的意大利军队被重新部署到一个新的约200公里防御线，这是一条比以前任何防线都要短的战线。鉴于意大利战场情况的严重性，法国和英国决定派出一支远征部队帮助意大利军队。刚刚对德宣战的美国，也向意大利军队提供了大量物资。早在11月，法国军队就已经到达了维琴察。法国部队包括阿尔卑斯山的猎人团，第46、第47、第64和第65团等山地步兵。在随后的日子里，英国的第23和第24步兵师，也来到了意大利。11月20日和12月2日，2个法国师和4个英国师，又被送往北方的威内托大区（相当于省），但这些兵力并没有缓解前线的压力。敌人的胆子越来越大，他们疯狂地进攻。12月4日，同盟国又对意大利29

◎ 悬崖上的意大利机枪阵地

师发动了进攻，山地步兵激烈抵抗，直到
兵力耗竭后，不得不退回到贝拉蒙瓦尔防
线。1917 年 11 月至 12 月，双方形成了拉
锯战，意大利人靠极大的牺牲堵住了同盟
国军队的进攻。由于兵力先期投入不足、
山地补给困难、后勤补给线延长，德奥的
进攻已经达到了顶点，整个 12 月，一直无
法击溃意大利士兵。并且，法国人从侧翼
增援意大利人，在格拉帕（Grappa）山展
开了进攻。德军参谋大本营下达了 12 月
21 日停止进攻的命令。

　　卡波雷托的灾难告终了。同盟国军队
以 25 个师对阵意大利总司令卡多纳指挥
的 55 个师，在第一次突击中，就夺回了意
军以死伤百万、进行了 11 伊松佐血战才得
到的几平方英里领土。卡波雷托一役有时
被称为第 12 次伊松佐河战役，这场战役几
乎使意大利跪地求降。这次战役中，意大
利人死亡 1.5 万人、负伤 3 万人、被俘 35
万人（主要是第 2 集团军），丧失了武器
和装备的散兵游勇需要回收整编，此外，
还损失了 5000 多门火炮（3500 门火炮、
1730 门迫击炮）、30 万支步枪、3000 挺
机枪和大批被废弃或毁坏的军用物资。由
于穷途末路，很多意大利人还没有跑出包
围圈就被俘虏了。如今，他们向德国人喊道：
"奥匈皇帝万岁！""德皇万岁""向罗马
进军！""占领罗马！"

　　这场战役，意大利人失败的原因在于：
前线部队下达的命令必须通过最高统帅部，
如果没有得到统帅部的首肯，前线所选择
的突围路线将无法使用。用军用电话线和
不靠谱的飞鸽传书，来联系各部队并决定

◎ 拉呀，同志们

◎ 索道中转站

◎ 已被炸坏的皮亚韦大桥

◎ 撤离使用的浮桥

投入战斗的时机，本身就是一场赌博，风险太大了。当然，也有其他因素促进同盟国部队进攻成功，比如，在盆地中广泛使用毒气弹。

另外，通信不畅也是意大利军队的一个大问题，意大利第27军巴多格里奥将军，在自己的部队拥有700门中、重型火炮，但在开火的那一刻他不能发号施令，因为所有的通信被破坏。第2集团军的大崩溃，也使他的部队更混乱。尽管总司令卡多纳于9月18日发布了重新组织防御的命令，

但无济于事。下面是意方总结的卡波雷托战役。

尽管失败的主要原因是猛烈的突袭，但我们还是可以总结出其他原因：

1、主帅的性格特点决定战场情况和战役发展。意大利第2集团军的司令卡佩罗个性倔强，在德军快要将自己的部队包围时，就是不下达撤退的命令。因为他没有接到后撤的命令，自认为"上级总是对的，越是错时越是对"。

2、意大利人错误估计了德军的意图，

◎ 意大利军队撤离后留下的房屋残骸

◎ 只剩残骸的皮亚韦大桥

◎ 意大利机枪阵地

◎ 意大利奋力阻击德奥联军

其至在突破卡多纳（Cadorna）后还相信同盟国只会进攻自己的第一道防线。

3、没有及时展开对敌人的反击。

4、前线严重缺乏有经验的山地步兵和熟练的炮兵。

事实上，很多历史学家通过分析战役，得出了意大利卡波雷托战役灾难的真正原因——并不是因为意大利第2集团军的大崩溃，而是意大利所有将军们的松弛懈怠。

首先，意方总司令路易吉·卡多纳总是把矛头指向自己的部队，指责士兵缺乏斗志——所有这些指责都隐藏了他自己的指挥错误，彼得巴多格里奥将军面对着德奥军队的时候，主张小规模突击，但他却坚持防守战术。其次，第2集团军司令卡佩罗让部队大撤退是明智的，因为身后根本没有防守战线。他们放弃了所有的大炮，放弃了付出高昂的代价才夺得到的的里雅斯特的那几平方千米土地。

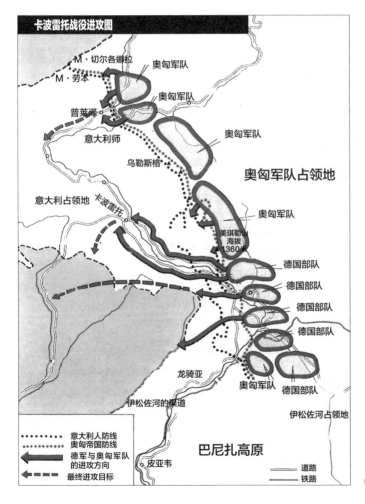

◎ 卡波雷托战役进攻图

◎ 卡波雷托战役牺牲的士兵

◎ 意大利军队占领城市

1918年的胜利

协约国及时输血，把意大利从亡国的危险里拯救了出来，但对协约国来说，有没有意大利这个国家来进行战争都已经无关紧要了。而在1918年的时候，列宁在东线发动革命，推翻了克伦斯基资产阶级政府，东线随时有停战的可能，如果东线停战，东线的德军可能会撤回西线和南线，那可够意大利人喝一壶了。

由于对德国人战斗力的恐惧，法国总司令费迪南·福煦将军急急赶往罗马，同意大利人展开会谈，达成了协约国在意大利战场的行动计划。协约国必须不惜一切代价使意大利继续进行战争，绝不能使最后一个侧翼战场出现任何差错。

英、法、意的首相和总理，以及美国总统伍德罗·威尔逊总统的特使，出席了在拉巴洛召开的高级紧急会议。这次会议组成了以法国总司令福煦为主席的最高军

◎ 意大利军队在山地中的堑壕战

◎ 意大利军队的骑兵师

◎ 堑壕作战

◎ 自行高炮

◎ 意大利贫民和士兵欢庆胜利的到来

◎ 意大利军队趾高气扬进入收复城市的情景

事委员会，以处理协约国急迫的军事和政治问题。这是 1918 年协约国能够取得胜利的前兆。

1918 年初，意大利新总理维多诺·艾曼诺蕾·奥兰多和新总司令阿曼多·迪亚斯仍继续重组军队和进行合理化的生产。此外，意大利与协约国的关系更加紧密了。与此同时，奥匈帝国皇帝查尔斯及其总司令冯·阿尔苏（康拉德已经下台）尽管已知道奥匈帝国的军队情况不乐观，但因德国需要进攻支持，以保持同盟国在西欧战场上的主动性（著名的皇帝攻势），他们不得不作出了前出意大利在特伦蒂诺皮亚韦河的防线的决定。

在蒂罗尔州北部，有两个集团军：康

◎ 指挥一个师的中将身穿与各级军官类似的浅灰绿色野战制服，头戴前顶稍高的圆筒帽，帽子上的萨沃伊老鹰图案的帽徽是银色的（指挥军以上部队的中将则是金色的）。中将的制服左侧前胸有是两颗金星（如图），如果是指挥军团的将军，两颗金星中间则加有王冠，指挥军的将军还会在王冠上加水平的金色横杠。左边的士官是军事警察士兵，其军衔相当于军士长，戴着巨大的18世纪款式的两角帽、极古老的防毒面具（这面具防不了芥子气）。他装备了一支骑兵用卡宾枪，脖子上环绕的皮制安全系绳下端连着左胯部手枪套里的手枪。右边是一位普通军队牧师

拉德·冯·鲁登道夫指挥的第 10 军和第 16 军，集结在皮亚韦河东岸。波罗维克指挥第 5 军和第 6 军，总兵力（包括预备队部队）达到了 60 个师、7500 门火炮。

这些部队将由东到西，从斯泰尔维奥

◎ 毁坏的教堂

◎ 兄弟们，冲呀

◎ 阿尔巴尼亚现存的堡垒要塞

到阿斯提科地区，意大利第 7 集团军和第 1 集团军部署在那里。在高原上，还有第 6 和第 4 集团军，同时，意大利第 3 和第 8 集团军部署在佩德罗贝至海边地区。这些防御部队一共有 59 个师，其中包括 3 个英国师、2 个法国师和美国第 83 师第 32 团。

6 月 15 日，奥地利人沿着整个前线展开了"垂死挣扎"——冲击阿夏戈高原和皮亚韦河防线。

战斗最激烈的地点是卡萨斯蕾娜（Casa Serena）和内维萨（Nervesa）地区——山地与平原的连接点、重要的结合部。意大利军队的顽强抵抗，使奥匈帝国军队补给困难、兵员损失严重。6 月 19 日，奥匈帝国停止了攻击，4 天后，被迫撤离。7 月，意大利的战场形势一片乐观。总体来说，在冬季皮亚韦河防线的战斗中，奥匈帝国部队损失了 15 万人，意大利方面只损失了 8 万人，奥匈帝国此时已大势已去，回天乏术了。

10 月 24 日，意大利发动了对奥匈帝国的最后一次进攻。这些攻击主要集中在蒙特洛和格拉巴酒，这次攻击后，奥匈帝国军队在 29 日被迫撤退到维多利维内托（Vittorio Veneto）地区。这一次，意大利人使劲推进，奥匈帝国军队节节败退，于 11 月 2 日到达北部的达岁韦雷托、特伦特以及东部的的里雅斯特。

意大利和奥匈帝国的停战协定于 1918 年 11 月 3 日在帕多瓦的朱斯蒂别墅签订。1918 年 11 月 4 日，意大利人伟大的战争正式结束了！

附录1：

意大利统帅路易吉·卡多纳总司令简介

　　路易吉·卡多纳（1850－1928），第一次世界大战时任意大利王国陆军总司令、陆军元帅，是一位有能力但不特别具有想象力的将军。他因意大利军队在卡波雷托的灾难而受到指责。1850年9月4日生于意大利帕兰扎，是老拉法埃莱·卡多纳将军之子，1866年，参加意大利王国军队，1870年，在其父领导的参谋部任职。1892年晋升为上校，1896年到总参谋部，1910年晋升为少将，1910年在热那亚任第七军团司令，次年晋升中将。1914年7月10日在前任病死的时候任意军总参谋长、陆军总司令，面对状态极差的意大利陆军，他努力工作以增强军队的战斗力并为意大利预计的参战做准备，1915年5月指挥意军参加第一次世界大战。他实行的策略是在特伦蒂诺地区向北实施防御，沿伊松佐河向东北方向突破奥军的防御。1916年5月15—6月17日，他成功阻止了奥军的特伦蒂诺攻势，在8月6—17日的第六次伊松佐河之战中，攻取了戈里齐亚，但在随后的诸次伊松佐河攻势中除了造成双方的巨大伤亡外所得甚少。1917年10月24日—11月12日，德奥联军发动卡波雷托战役，一举击溃意军，迫使意大利军队后撤104公里，退至皮亚韦河一线，损失35万人，此次惨败导致他被解除职务，随后的调查将大部分责任归到他身上，迫使他于1918年12月2日退役。1921年，他出版了一本名为《意大利战场之作战》的书，为自己的行为辩解。1923年，晋升陆军元帅。1928年12月23日，卒于博迪盖拉。他的儿子小拉法艾赖·卡多纳二战后成为意大利总参谋长。

附录2：

奥匈帝国统帅康拉德元帅简介

　　弗兰茨·康拉德·冯（1851年11月11日—1925年8月25日），奥匈帝国陆军的元帅，第一次世界大战爆发时任奥匈帝国军队总参谋长，比他控制的奥匈军要伟大一些，他是一个精明的战略家。他的想法是可靠的，但他手中的剑是脆弱的。他的父亲是一名退休骑兵上校，来自摩拉维亚南部。他的祖父在1816年因为娶了一个贵族小姐，从而在姓氏里加上表示上流社会的"冯"。他的母亲是著名的维也纳艺术家库伯勒的女儿。他青年时代就因为聪明才智而在军中青云直上。1906年就在王储斐迪南大公的推荐下任总参谋长。作为一个社会达尔文分子，他认为日耳曼文明与斯拉夫文明之战不可避免，狂热推行军队现代化运动。他还是一个坚定不移的民族主义分子，不满意匈牙利贵族在帝国中的特殊地位，认为这会消弱帝国的根基，不过他最大的愿望，就是主张对塞尔维亚国王发动预防性战争。从他 1906 年当总参谋长到第一次世界大战爆发，他提出了不下 25 个作战方案。对于东方可能发生大战争，他设计了两种可能：如果俄国保持中立，他就把主要兵力投向塞尔维亚，如果俄国卷入战争，奥地利就把军队集中到那个战线上去。王储弗朗茨·费迪南大公在萨拉热窝被暗杀后，他终于找到了开战的借口。事实证明，他的两线作战计划是不成功的。他过于主观而无视现实的地形和气候，并经常被低估的敌人的力量的。例如，自己的多民族军队战斗凝聚力不够，而塞尔维亚军队明显比预计的要强，致使他在没有击破敌人的情况下被迫转兵北上展开对俄军的加利西亚战役。结果两个战场都没有取胜。灾难性的第一年的战争，削弱了奥匈帝国的军事能力。

康拉德设计的 1915 年德奥联合东方攻势被认为是成功的，但是，从这时起奥匈帝国总参谋部就越来越从属于德国总参谋部了。

1916 年，康拉德在意大利发起的攻击初期也是成功的（特伦蒂诺战役），但俄军勃鲁希洛夫攻势使这一切都化为乌有，东线奥军两个月就损失了 60 万，奥匈部队这一年的总损失超过了 150 万人，奥匈军队已经不能在没有德国帮助的情况下单独发起攻击了。

1917 年 2 月，随着老皇帝弗兰茨·约瑟夫一世的去世，刚愎自用的康拉德被继任的卡尔皇帝解除了职务，但被派到特伦蒂诺前线担任野战司令官。这时，俄国也因二月俄国革命退出战争，奥匈最伟大的战士康拉德终于交了好运，他把部队集中起来，在卡波雷托一气冲破了意大利军队的防线，赢得了他最大的一次胜利。

战争结束后，他退休，著有回忆录《我的开端 1878—1882》（1925 年）和《我的服役，1906—1918》（五卷，1925 年）。他在回忆录中宣称，他只是一个军事专家，只有发言权，没有关键的决策权。崇拜他的人认为他是一个军事天才，奥匈军队不足以展现他的才华。

附录3：
十一次伊松佐河战役参战国编制情况

	日期	意大利人的战役目标	意大利人的战役结果	意大利损失人数	奥匈帝国损失人数
第一次伊松佐河战役	1915年6月23日—7月7日	欧拉米亚波德戈拉区的库克大山	毫无结果	15000人	10000人
第二次伊松佐河战役	1915年7月29日—8月3日	戈里齐亚，欧斯拉瓦波德戈拉区的库克大山	毫无结果	42000人	50000人
第三次伊松佐河战役	1915年10月21日—11月4日	戈里齐亚，欧斯拉瓦波德戈拉区的库克大山和圣米歇尔大山	毫无结果	67000人	42000人
第四次伊松佐河战役	1915年11月10日—11月28日	戈里齐亚，欧斯拉瓦波德戈拉区的库克大山和圣米歇尔大山	微不足道	49000人	25000人
第五次伊松佐河战役	1916年3月11日—3月15日	戈里齐亚，欧斯拉瓦波德戈拉区的库克大山和圣米歇尔大山	毫无结果	2000人	2000人
第六次伊松佐河战役	1916年8月4日—8月16日	戈里齐亚，欧斯拉瓦波德戈拉区的库克大山和圣米歇尔大山，蒙提格里茨亚区	占领一部分伊松佐河口岸	51000人	37500人
第七次伊松佐河战役	1916年9月14日—9月17日	接近卡斯塔涅维亚的科斯特	毫无结果	21000人	20000人
第八次伊松佐河战役	1916年10月10日—10月11日	接近卡斯塔涅维亚的科斯特	毫无结果	24000人	25000人
第九次伊松佐河战役	1916年11月1日—11月3日	新的欧佩吉塞拉卡斯塔卫扎防线	进展缓慢	34000人	22500人
第十次伊松佐河战役	1917年5月12日—5月26日	蒙蒂局，圣，圣盖博，圣马可，的里雅斯特，黑勒玛达	创造继续进攻的巴斯扎和基破瓦山谷的条件	112000人	76000人
第十一次伊松佐河战役	1917年8月17日—8月29日	征服巴斯扎的一部分，但不是在圣盖博和洛美托勒密的地区	托勒密的桥头阵地和巴斯扎和基破瓦山谷的	143500人	85000人

晚清将帅志

作者：常山日月

晚清是一段多灾多难的历史，遭遇了"千年未逢之大变局"的满清王朝已经无法避免地走向沦亡。大厦将倾之际，依然为这个残破国家艰难挣扎的那些人、那些事，现在看来，更别有一番滋味。

肃顺

僧格林沁

冯子材

左宗棠

穆彰阿：道光最信任的首辅

道光皇帝旻宁熬到三十八岁才登上皇位，上台后执政三十年，其执政风格可概括为"老成持重、讳言变革"八个字。在这位爷的统治下，大清朝的政治风气越加萎靡，人才日益寥落。这一切，自然和道光皇帝的用人方法和执政风格有着莫大关系。

道光皇帝登基后，第一件事是任命前朝老臣曹振镛为军机大臣兼武英殿大学士。清承明制，朝中不设宰相，内阁大学士有宰相之名而无宰相之实，军机大臣行宰相之实而无宰相之名。因此，曹振镛是道光朝名副其实的宰相。

然而，曹中堂是个精于谄谀逢迎，性情模棱两可的老家伙。曹振镛的门生曾向老师请教做官诀窍，曹振镛的回答是："无他，但多磕头，少说话耳。"凭此奇谋妙计，曹振镛硬是平安无事当了十五年首辅，"小心谨慎，一守文法，最被倚任"。

道光十五年，八十一岁的曹振镛病死在领导岗位上。悲痛的道光皇帝御赐曹中堂谥号为"文正"。

曹振镛的后继，就是史称与道光皇帝最"有水乳之合"的穆彰阿。

穆彰阿是满洲镶蓝旗人，出身于官僚世家。嘉庆十年（1805），穆彰阿高中进士，自此在仕途中青云直上。道光七年（1827），穆彰阿进入军机处实习，不久，授军机大臣，十年后升任首席军机大臣。这时的穆彰阿才五十五岁。

据《奴才小史》记载，顺德人罗惇衍、泾阳人张芾、昆明人何桂清三个人都是不到二十岁就中了进士，前途一片光明。张芾、何桂清很会做人，两人见到穆彰阿权势炙手可热，便前往穆府拉关系递帖子，为自己铺路。唯独年少气盛的罗惇衍绝足不登穆府。不久考评结束，三人都分配到了岗位，即所谓放差。罗惇衍去拜谢当朝另一位中堂潘世恩，潘世恩得知罗惇衍没有去拜见穆彰阿后大惊失色："你没见穆中堂就先来见我，这下大好前程可完了。"潘世恩是有名的状元宰相，时为军机大臣兼东阁大学士，身居汉族大臣之首，资历远在穆彰阿之上。连他都这么说，可见老穆之专权骄横已到了什么地步。果不其然，第二天突然传旨曰："罗惇衍年纪太轻，未可胜任，着毋庸前往，另派某去。"其实当时张芾十八岁，何桂清十七岁，二人均小于十九岁的罗惇衍。堂堂大清朝近三百年的科举时代，朝廷已经放差而收回成命者仅此一例，"广东蛮子"罗惇衍不幸中了头彩。

当然有与其相反的例子。

道光十八年，有个后世大名鼎鼎的人物中了进士，这个人的名字，叫曾国藩。本年会试的主考总裁，即是穆彰阿。张榜当晚，曾国藩依例登门拜谢。穆彰阿首次与曾国藩相见，对这个来自湖南的考生印象极佳，觉得其步履稳重，举止端庄，谈吐大方，有朝廷大臣的样子。他有心多了解一些这位新人对内政外交的见解，便找些话题与之交谈起来。虽然曾国藩开始因为不了解这位满族大臣用意何在，有些诚惶诚恐，但他很快领悟到对方并无刁难挑剔之意，便无所顾忌地开怀畅谈，所谈内容恰合穆彰阿心意。曾国藩说，殿试朝考期间，一批科举新贵心高气傲，妄论朝政，非议颇多，他们貌似爱国，实则对国家不负责任，难免不会成为清谈误国之辈。穆彰阿听曾国藩所说，越发感到自己没有看错人，欣慰之余，语重心长地叮嘱这个即将进入翰林院的新人：翰林院乃藏龙卧虎之地，朝廷宰辅之臣大半由此而出，足下进入之后，宜继续争先奋进，立志成为国家栋梁之材。曾国藩一再拜谢穆彰阿知遇之恩。

有了穆彰阿做靠山，再加上自己刻苦修业深造，曾国藩在翰林院果然一帆风顺、步步高升。不料道光二十三年，曾国藩突然碰上了翰林院大考翰詹。所谓大考翰詹，就是朝廷组织翰林院的翰林、詹事府的詹事们进行考试，通常六年举行一次。大考翰詹对翰林们来说非同小可，俗称"翰林出痘"。"出痘"就是出天花，在那个时代纯属听天由命之症，许多人过不了"出痘"这一关，结果一命呜呼。翰林、詹事们将参加大考喻作"出痘"，十分准确形象。这一关过得好，往往官运亨通，青云直上，即便将来当不上总督、巡抚、大学士，也能弄个尚书、侍郎什么的干干，成为一二品大员；这一关过得孬，前程可就悬了，

大凡会沦为"黑翰林"、"穷翰林"，原地踏步，升官无门，一辈子穷困潦倒，郁郁不得志。

本次大考距离上次仅隔四年，突然提前两年令曾国藩猝不及防。更惨的是，他三月初六才获悉本月初十要举行大考。如此重要的考试，准备时间只有四天。考完后曾国藩就发觉有一大错，但后悔已经来不及了。他痛责自己："粗心至此，何以忝厕词垣哉！"自己都认为考得很糟糕。所幸这次大考翰詹的总考官还是穆中堂。交卷之后，穆彰阿便暗示曾国藩，自己想要其应试的诗赋。曾国藩马上回住处将诗赋写好亲自送往穆府。成绩揭晓后，曾国藩考得了二等第一名的好成绩。

此前，曾国藩的品位一直滞留在七品，此后，则几乎年年升官，五年后就到了二品。这一次拜访穆府，成为曾国藩在官场上迅速升迁的契机。

清朝遗老徐珂曾经在《清稗类抄》中生动描述过穆彰阿对曾国藩的提携：穆彰阿在禀报新任翰林侍讲时，针对道光皇帝极重天伦的特点，特别禀报曾国藩家祖父母、父母、弟妹、妻子、儿女一应俱全，堪称有福之家。道光皇帝听后非常高兴，下旨叫曾国藩次日进殿觐见。

第二天，曾国藩进殿后，被带到一处往常未去过的房间等候宣召。可一直等到临下朝时，才有太监来通知，皇上有事，今日不见了，明日再来。曾国藩回到家中，觉得其中有异，连忙去座师穆府求教。穆彰阿沉思片刻，明白了皇上的用意，问曾国藩道："是否留意了房中摆设，特别是

墙上的字画？"尚未精通为官之道的曾国藩摇摇头说道："只等皇上召见，哪还注意那些。"穆彰阿失望道："机缘可惜。"立刻吩咐自己的仆人："你速去拿四百两银子交给某公公为谢礼，求他将宫中某处壁间悬挂字画上的文字抄录下来带回。"当天夜里，穆彰阿令曾国藩将所录文字熟记于心。曾国藩虽未懂其中奥妙，却老老实实照办了。次日，道光皇帝召见曾国藩时，问及那间房里的字画上所书的大清祖宗历朝圣训，曾国藩顿时恍然大悟。他既佩服穆彰阿的料事如神，更为其对自己的关照感动万分，心想：要不是穆彰阿，自己对皇上的问话无言以对，说不准会怎么样呢！如今自然是口若悬河，对答如流。道光帝不由得大喜，特下诏谕穆彰阿曰："汝言曾某遇事留心，诚然。"从此，曾国藩便"骎骎然向用矣"。

曾国藩从一个尚算清正的小京官爬到侍郎高位，此后更成为大清朝"中兴"的顶梁柱，发掘他的穆彰阿功不可没。后人称穆彰阿"在位二十年，亦爱才，亦不大贪，惟性巧佞，以欺罔蒙蔽为务"，这句评语还是很中肯的。

道光二十年，著名的民族英雄林则徐眼见英国政府组织的鸦片走私对中国危害越来越严重，上书力陈烟禁，特别要杜绝鸦片的来源和制订禁烟方略。"法当从严，若犹泄泄视之，是使数十年后，中原几无可以御敌之兵，且无可以充饷之银"，这道忠心耿耿的奏章终于打动了一生以来信奉多一事不如少一事的道光皇帝，举棋不定的皇上终于认识到严禁鸦片走私对大清朝统治基础稳定的紧急性和必要性，被迫接受林则徐的严禁主张，决定禁烟。

但是，鸦片走私贸易和大清朝各级官吏之间的利益有千丝万缕的联系，尤其是首辅穆彰阿，一直以来，他包庇鸦片走私和主管官吏的层层受贿，向来阻挠禁烟。道光帝授予林则徐禁烟钦差大臣的大权后，老穆对断了自己大部分财源又分了帝宠的林则徐深为痛恨、嫉妒。他虽不敢公然反对禁烟，暗地里却伺机进行打击破坏。

英国侵略者挑起鸦片战争后，穆彰阿持消极态度，反对向英军进行自卫反抗。由于英军在林则徐、邓廷桢坐镇的两广福建一带占不到便宜，便兴军北上。千年来，从未有之新变局的天朝上国将官在战争中屡战屡败。每当内阁收到一次败仗警报，穆彰阿就相顾曰："如何！"意思是，我本来就说不要开打嘛，现在不出本公所料吧，以诸葛之亮的气质自居。

待英军兵临南京城下，直接威胁大清朝的经济生命线漕运的时候，穆彰阿窥测到道光帝"意移厌兵"，便将"开兵衅"的罪名加给林则徐，主张向英国侵略者求和，促使道光帝"罢林则徐，以琦善代之"。林则徐、邓廷桢被远戍伊犁，在台湾坚持抗英斗争的姚莹、达洪阿被革职押解进京，也与他从中陷害有关。战后，穆彰阿不仅劝说道光帝接受英国侵略者所提出的全部无耻要求，更进一步主持了战后一系列不平等条约的签订。当时的爱国士人曾赋诗道："海外方求战，朝端竟议和，将军伊里布，宰相穆彰阿。"

内阁中素有重名的大学士王鼎，自始至终坚决反对穆彰阿的卖国行为，抗议无效后，愤慨的老先生身怀劾奏穆彰阿误国的遗疏在家里上吊自尽，冀以打动道光皇帝。可惜事发后拿到王鼎遗疏的军机章京陈孚恩是穆党的人，穆彰阿命令陈孚恩将原稿毁灭另伪造成不痛不痒的遗疏上奏，自己向道光皇帝报告王鼎是因为暴病而死，同时派门生张芾（即前文那位泾阳进士）带千金买通王鼎之子王沆，威胁他不得泄露实情。诸事搞定后，穆彰阿冷不丁在军机处当众问陈孚恩道："王阁老病逝一事，却听说最近京中流传着其它说法，陈君一手经理此事，不知道对此有何看法？"陈孚恩不明白穆中堂的意思，一时间张口结舌，只得默不作声。在座诸王公大臣面面相觑之余也一起装聋作哑。陈孚恩回家后以为穆彰阿将要灭口，害怕得要自杀，不料等待他的却是升官布告，大喜之下急忙去穆府拜谢。穆彰阿对跪在地上的陈孚恩大笑道："昨天我正是为你分谤罢了，你如果说没什么，那些闲言碎语不也就消停了嘛。"当时，京师的读书人都知道王鼎死因，因害怕大祸临头，竟然相互警告不要议论这件事。丝毫不知王阁老之死真相的道光皇帝感动于穆中堂的善解人意，仍然对其信任有加。

可惜，好景不长。等到一意爱护穆彰阿的道光皇帝在奇耻大辱中翘了辫子后，主张和议的老穆顿时成为全中国人的众矢之的。刚刚继位的咸丰皇帝，也厌恶他多年把持朝政，于己不利，为了收取人心，趁机宣布将穆彰阿革职，永不叙用。

然而，穆彰阿党羽众多，势力盘根错节，难以全部清除，他昔年的弟子曾国藩等人更是频频探望这位老师，提携照顾老师的后人。

真是：你大清朝虽然中落，却奈我老穆家何？

肃顺: 国人皆曰可杀的改革家

咸丰十一年七月，皇帝驾崩，临死前将大清江山托付给肃顺等八人，请他们好好照顾幼帝同治。孰知还不到三个月，慈禧便联合恭亲王发动了祺祥政变，收拾掉先皇钦命的顾命八大臣，开始了长达四十余年的垂帘听政。作为这对叔嫂头号政敌的肃顺，在官方的史书上，自然是专横跋扈的权奸，就算在百年后的电影《垂帘听政》里，他也有着白脸奸臣的形象，民间的野史笔记，更是编排出了各种段子来寒碜他。

往事不堪回首

《奴才小史》就以相当八卦的手法描述了肃大人不光彩的出身：大清郑亲王乌尔恭阿于道光年间某日在亲王府附近见到一位美女，大为艳羡下找来自己的心腹包衣（家奴）姓赵者商议，赵某探得虚实后报告主子：这一家子是回族人，父亲是开草料铺的，这个女儿不巧已经订婚了，如主子要得到这个女子，须得如此如此，这般这般。

乌尔恭阿大呼妙计，随即假装将赵某革职赶出王府。赵某就在附近买了房子，做了回族美女的邻居，当赵某得知美女的父亲欠外债无力偿还后，很慷慨地帮助他们偿还了债务，感激的回族父女把赵某当成了恩人。孰料这个赵大恩人竟指使一些流氓混混当街调戏这个美女，又派人散布闲言碎语说此女放荡，其未婚夫信以为真下要求退婚，美女之父知道女儿清白并不答应。时为九门提督，负责主管京城治安的乌尔恭阿一不做二不休，滥用国家公权力，当即在监狱中串通了个大盗，授意此人诬陷美女之父就是销赃的窝主。稀里糊涂的美女之父被传讯时自然喊冤，谁知赵某已经事先把赃物埋藏在美女家里，被衙役搜出，证据确凿下，美女之父和大盗一起被处斩。

父亲本是家里的顶梁柱，他死后美女家中日子过得十分艰难，而未婚夫也和这个大盗亲家退了婚，唯有邻居赵恩人仍时时给予美女娘俩接济。眼看时机成熟，赵某提议做媒把美女嫁给郑亲王做小妾，母

女俩自觉家破人亡还能嫁入如此大户人家，自是求之不得。一年后，这位回族美女就为乌尔恭阿生了一个六少爷，即肃顺是也。

《近代名人小传》则把肃顺描绘成一个典型的八旗子弟：肃顺少年时不学无术，整天只知道斗鸡遛鸟，骗吃混喝，他的亲戚朋友都鄙视他为人无赖，少有和他来往的，唯有同学墨裕可怜肃顺。恰逢寒冬某日，肃顺盘着辫子反披羊皮大褂，在街头上牵着条狗和墨裕相遇。墨裕皱着眉头对老同学说："你自己看看这个样子像什么啊。"肃顺答道："无赖啊。"墨裕道："无赖很光荣吗？"答曰："我无事可以依赖，这就叫无赖。"墨裕道："那我保奏你去做官，为君找个依赖如何？"肃顺以为墨裕拿自己寻开心，掉头就走，自此，不再和墨裕来往。

其实肃顺生于嘉庆二十一年（1816），身为郑亲王乌尔恭阿第六子，含着金钥匙出生的他又怎么可能会穷困潦倒连官都做不上呢，可见以上故事纯属无稽之谈。然而，反向理解的话，我们大概可以得知肃顺的形象在晚清人心中是极其不堪的。咸丰皇帝居然会选这么个不堪的人来托孤，是不是头壳坏了？

其实很有才

非也非也。实际上，肃顺思想开明，博闻强记，是晚清宗室大臣中少有的改革派，虽是贵族出身，却是凭借自身过硬的政治能力一步步从基层做起，才最终成为咸丰皇帝宠任的大臣。

肃顺在担任户部尚书时使用铁腕整顿户部（相当于今日财政部）的贪污腐败，不留情不受托，杀了一批大贪，关了一批小贪；他敢于打破清代两百年来不信任汉人的陈规，鼓励咸丰放手任用汉人将领。曾国藩等众多湘淮军将领就是经他在咸丰皇帝面前力保才得以掌握东南军政大权，进而镇压了太平天国这一古代中国农民运动的最高峰；他具有现代政治家的风度，唯才是举，不论左派（"清流"）右派（"洋务派"），只要是具有"独立之精神，自由之思想"的知识分子，都被纳入他的智囊团，肃顺对他们关怀备至。其幕府中人才济济，杰出人物"肃门五君子"中的高心夔、王闿运、龙汝霖、李榕和黄锡焘个个都是晚清数得着的大才子、大学问家。他关心洋务，强烈要求咸丰皇帝将在两次鸦片战争中欺上瞒下、丧权辱国的耆英斩首。第二次鸦片战争期间，肃顺与俄使伊格那提也夫谈判，严词拒绝沙俄对中国乌苏里江以东地区的侵略要求，把未经批准互换的《瑷珲条约》文本掷于桌上，宣布这是"一纸空文，毫无意义"。祺祥政变后，以恭亲王奕欣为首的洋务派政策实际上大部分是肃顺洋务思想的延续。在那个时代，具有如此眼光和能力的肃顺，实在令人佩服。

咱们旗人混蛋多

肃顺之所以在朝廷和民间落了里外不是人的下场，关键在于他性太刚，太刚就易折，更易得罪人。肃顺在秉政时，对待各部官吏态度极其恶劣，简直像对待家奴一样。然而，他粗暴的对象仅限于满族旗人，对待汉员他的态度则转了一百八十度的圈。

清代八旗子弟作为一个特殊的社会群体，从八旗创立以来，在中国历史的大舞台上活跃了三百多年。所有在旗之人都是定期领饷吃皇粮的。八旗全体成员均由国家供养，除了养在编的官兵，还要养他们的家属，包括那些因兵额有限而成为闲散人员的八旗男丁。可见八旗子弟无论兵民，就算不农、不工、不商、不牧，也照样有吃有喝，所谓铁杆庄稼，旱涝保收是也。

有人说：在那个时代，当兵不是义务，而是权利。八旗的规矩是"五口为户，户出一丁为兵"。按十几万的兵额来推算，京旗的总人口应在60万以上。这么多张嘴，长年累月地吃下去，再富有的国家也会被吃穷。

肃顺就经常跟人说："咱们旗人浑蛋多，懂得什么！汉人是得罪不得的，他那支笔厉害得很！"这种轻满重汉的"满奸"行为甚至发展到肃大人受贿，也只受旗人的，不受汉人的不说，还经常自掏腰包资助汉人中有才者。鉴于当时的八旗子弟已经完全堕落为一个吸取民脂民膏的废物集团，肃顺建议皇上削减国家对旗人的福利，打破旗人的铁饭碗一事，是他被广大八旗子弟切齿痛恨的导火线。

视太后如无物

得罪光自己的同族人还不算，肃顺又把两宫皇太后得罪了。

这事得从咸丰十年皇帝带领臣下去承

德"扫墓"说起。九月二十二日，英法联军兵临北京城下，咸丰皇帝匆匆布置恭亲王奕䜣和洋人周旋，自己快马加鞭逃往"避难山庄"。不过皇家规矩多，逃难太难听，得换个说法，就说是去扫墓。

此次扫墓，路上花了8天时间。对亲身经历的慈安、慈禧两宫皇后来说，这简直是一场噩梦。皇家排场大，逃难也不例外，帝后以外，宗室、宫女、太监、大臣加上卫队，足足几千号人。由于没想到英法联军这么快打到北京，更没想过万名联军竟能突破十几万八旗精锐的防线，因此，这次扫墓的准备工作做得很不到位，途中所需的食物储备尤为不足。当然，再苦不能苦皇帝，肯定得让咸丰吃饱，不但吃饱还要吃好。照常理，其次得让两位娘娘也吃饱吃好，可是，身为此次扫墓活动后勤部长的肃顺毫无怜香惜玉之心，他只向皇帝一人的肚子负责。于是，出现了慈安、慈禧"不得食，唯以豆乳充饭"的局面，这个局面整整持续了192个小时。更可气的是，肃顺借着给万岁爷汇报战况的机会，与咸丰同进御膳，自己酒足饭饱，却对饿得奄奄一息的两位娘娘视若无睹。娘娘们哪受得了这个罪，立马向他下达改善伙食（"传取应用物件"）的懿旨，肃顺"抗违不遵"，硬是不给娘娘们改善生活。

拒不上菜的恶行严重损害了两位太后的身心健康，直令她们永生铭记，尤其是没什么心机的慈安，一瞅到肃大人的影子就怒形于色。眼见一向温和的正宫慈安都动了真怒，早已和肃顺在权力争夺上明争暗斗的慈禧马上和大姐组成了反肃党联合

阵线，随后，慈禧加紧联系上已被咸丰猜忌而被踢出权力中心，孤零零留在京师的奕䜣，一场政变在咸丰皇帝病重未死前就开始策划。

轻敌者的惨败

据满清皇族后裔溥雪斋自述，当时其祖父，亲近肃顺的老五淳亲王已经暗示有人要杀他。可是，肃顺竟说："请杀、请杀！"天大的事当成笑话听。

肃顺之所以如此轻敌，是因为在他看来，八大臣手中已经掌握了大权，最厉害的一点就是咸丰曾经说过经八大臣议定的事可以不经两宫太后批准。孰不知，那时的大清从朝廷到民间，所有人的焦点和希望是灵活、聪明、圆滑的"鬼子六"奕䜣，而不是他这个把人都得罪光了的"肃老六"肃顺。

思想已被麻痹的肃顺昏招迭出，他大概认为湘军的曾国藩、淮军的李鸿章等人是自己提拔的，自己在兵权方面又拥有优势。可是，他竟忘记了"远水解不了近火"的古训，结果被后党误导，以邀宠和解为目的卸任了上虞备用处和粘杆处这两个最重要的宫中差使，这两差使是管理内廷贴身侍卫的重要角色，其地位丝毫不逊于领侍卫内大臣！这样，肃顺等人在慈禧发动政变时，手中更无抵抗力量。

在回京途中，应变能力强的肃顺又被后党命令和另外七个顾命大臣分开走，中了分而制之的圈套。结果，特意被留在后列奉命护送咸丰灵柩的肃顺在密云与先到

北京的肃党同时被捕。其他"肃党"，心虚的两宫太后没有大范围"捕治"，草草处理了十余人而已。比如，陈孚恩发配伊犁充军，穆荫发往军台效力，景寿、匡源等人被革职。两宫太后有旨，对其他与"肃党"有染人员，"宽大为念，不咎既往"，朝臣也"毋须再以查办奸党等事纷纷陈请，致启讦告诬陷之风"。

肃党的头子肃顺、载垣、端华（肃顺四哥）就没这么幸运了，两宫皇太后向天下发布了先帝顾命三大臣的暧昧罪名："擅政阻皇太后垂帘，三人同罪，而肃顺擅坐御位，进内廷出入自由，擅用行宫御用器物，传收应用物件，抗违不遵，并自请分见两宫皇太后，词气抑扬，意在构衅，其悖逆狂谬，较载垣、端华罪尤重。"怡亲王载垣、郑亲王端华都被迫自杀（在那个年代，不杀你，让你自杀，是一种优待、一种恩典，叫做"加恩赐令自尽"）。中国人不喜欢死的时候身首异处，所以不砍头，而要你自杀是一种恩典。但从速死的效果上看，砍头的痛苦却比较轻。

至于肃顺，慈禧和奕䜣都痛恨他。万事开头难，反正已经破坏了"太后不得临朝听政"的祖宗家法，再破坏一次都无妨，在北京菜市口刑场上，他们又一次违背大清宗室不得砍头处决的祖制，将肃顺斩首示众以泄愤。

改革家的下场

咸丰十一年九月，前顾命大臣之首肃顺被绑在牛车上押赴刑场，因为大家都为咸丰皇帝穿孝，肃顺也穿着一身白衣，脚穿布鞋，气氛凄凉。途中愤怒而狂喜的旗民一边高呼"肃老六，你也有今天"，一边捡起板砖泥巴扔向囚车，不一会儿，肃顺就"面目模糊不可辨"。但肃顺好汉到底，死前一直大骂，直到临刑都不肯下跪，刽子手用铁锤打断他的腿后，才把这位国人皆曰可杀的改革家的头砍下来。

可巧的是，肃顺临死前大骂西太后必亡大清天下的恶毒诅咒，成为晚清最后四十年屈辱光景的预言。

★《肃顺：国人皆曰可杀的改革家》主要参考资料：《清史稿》、《清稗类钞》、《清代名人轶事》、《清代野记》、《奴才小史》、《啸亭杂录》、《广阳杂记》、《蕉轩随录》、《郎潜纪闻》、《燕京岁时记》。

僧格林沁：外战外行的莽将

咸丰三年（1853）五月，太平天国派天官副丞相林凤祥和地官正丞相李开芳率领两万余人北伐，一路上势如破竹，数十万八旗大军望风披靡。这支北伐军同年十月就从出发地扬州打到了天津近郊。北京大乱，城内居民特别是大户人家纷纷出逃，短时间内有三万多户十几万人携家带口逃出城去，就连咸丰皇帝本人也做好了外逃热河的准备（体面的说法是，皇帝准备去狩猎了）。

准备归准备，眼见作为清廷统治基础的八旗子弟变成了一群外强中干的废物，咸丰皇帝痛苦万分。正在手足无措的当口，这位爷突然想起了自己的表哥——时任镶白旗满洲都统的科尔沁札萨克多罗郡王僧格林沁，听说表哥手下的察哈尔蒙古骑兵因为远居塞外，当年剽悍敢斗的武风尚未泯灭。虽说僧格林沁之前从未指挥过大兵团作战，可眼下已经火烧眉毛，何不死马当活马医，侥幸一试呢。咸丰帝干脆把心一横，下旨以科尔沁郡王僧格林沁为参赞大臣，总督四将军及察哈尔兵马，倾全力以保北京。

在后人看来，咸丰皇帝的眼光是很差劲的：他所信任的满洲将领诸如胜保、和春等人都是草包庸才，频误人事；临终托孤八大臣，结果反被自己的皇后和弟弟一锅烩了；他宠爱的慈禧，更是导致大清亡国的祸首。然而，本次他启用僧格林沁，

却是做对了！僧王的来头可不小。他于嘉庆十六年（1811）出生在蒙古科尔沁，姓博尔济吉特氏。科尔沁在蒙古诸部中归顺清朝较早，兼之出产美女，因此上世代与满清皇室联姻，清初人人都称赞的孝庄太后大玉儿，就是科尔沁的王族美女。据《蒙古世系》记载：僧格林沁是元太祖成吉思汗二弟哈布图哈萨尔二十六代孙，还是黄金家族的正宗传人。无奈金枝玉叶，也经不住雨打风吹去。僧格林沁的生父毕启虽是个名头响亮的台吉（小王子），却家徒四壁。不过，他的儿子僧格林沁长得健壮精神，给全家带来了天大的福气。

道光五年（1825），第八世科尔沁扎克多罗郡王索特纳木多布斋病亡，因其无

子，道光皇帝下旨科尔沁部推选亲族子弟为继承人，仪表非凡的僧格林沁被道光皇帝看中，从一个破落贵族摇身一变成了郡王。由于索王的妻子庄敬公主是道光皇帝的亲姐姐，所以僧王又亲上加亲，成了道光帝的外甥。僧格林沁保持了塞外蒙古人直爽憨厚，朴实勇猛的个性，道光皇帝对这个干外甥十分喜爱。僧格林沁自入京后，长期担任皇帝侍卫，与道光、咸丰两帝接触相当密切，又因为善骑射，有膂力，二帝深为信任僧王，"出入禁闱，最被恩眷"。嘉庆皇帝去世时，索王被授为顾命大臣，道光皇帝去世时，僧王也被授为顾命大臣，时称"父子两托孤"，是当时的宗室认为非常光荣的事情。

僧格林沁奉命出战林凤翔、李开芳时，北伐军已经因为前后临敌、兵力不足，退守于静海、独流以坚守待援。僧格林沁虽贵为王爷，又是第一次出战，但出身贫寒的他晓得民间疾苦，愿意接近士兵，对部下赏罚分明，士兵相当用命。在天津各县团练武装的配合下，僧格林沁亲率乐为己用的两万察哈尔骑兵大举围攻静海、独流，且督战时往往身先士卒，奋不顾身。这一点往好处说，是起带头作用，往坏处说就是有勇无谋。这种指挥艺术伴随了僧格林沁戎马生涯的一生。

北伐军作为太平军的精锐，战斗力极强，能攻善守，尤其擅长构筑栅垒地道，凭借工事顽强抵抗。僧格林沁猛攻数次后损兵折将，随后不得以采用"马队紧迫不舍，步队掘壕围困"的战术。四万多太平军聚集在弹丸之地，给养十分困难；北方

滴水成冰的严冬气候，让江南人为主力的太平军也很难适应。不耐严寒加上不惯面食，强弩之末的北伐军形势逐渐窘迫。坚守百天后，北伐军终因被困日久、援军不至，于咸丰四年（1854）二月五日突围南走，因天降大雪，道路泥泞，冻伤病号较多而行动迟缓。北伐军在子牙河一带被僧军的精锐骑兵追上击败，丧失一万多人。这是北伐军的第一次大败，狂喜下的清廷授予僧格林沁"湍多巴图鲁"名号。得到嘉奖的僧格林沁再接再厉，在阜城一战打死了北伐军第三号人物吉文元，被困于阜城的林凤翔、李开芳冒死南下。由于消息不通，林凤翔率部坚守山东连镇，李开芳率六百骑兵突围南驰，想到达临清与曾立昌率领的太平军援军接上头。待到进入高唐州后，李开芳才得知北伐援军已经失败。无奈之下，他只得率军据高唐死守。从此以后，林、李二人军分势单，只得各自为政，能拖一天就是一天。

僧格林沁趁机都督清军进攻连镇，却被林凤翔挫败，只得重拾以围代战的老法子，采用水淹诱降的计策和太平军论持久战，同时虚报战果以应付咸丰帝的斥责。林部太平军在极其艰苦的环境下坚守一年后粮弹告罄，陷入绝境。僧格林沁在咸丰五年（1855）三月七日攻克连镇，为了泄愤，他将俘虏全部杀害。北伐主将林凤翔被送到北京凌迟处死。僧格林沁由科尔沁郡王晋升为博多勒噶台亲王。

随后，僧格林沁接替清将胜保率军包围高唐，令南路清军故作疏防之势，诱太平军突围。坚守此地的李开芳情知林凤翔

失败，一路闯关斩将到冯关屯，被僧格林沁率领的清兵围得水泄不通。僧格林沁故技重施，在两个月后的五月三十一日俘虏了李开芳。北伐军至此全军覆没，太平天国自金田起义以来遭到了最严重的失利和挫折。清方总指挥僧格林沁却声名大噪，咸丰皇帝见八旗将领还有这么一位人才，自然龙心大悦，重赏僧格林沁，准他的亲王爵位可以世袭罔替。

一时间，僧王仿佛成了大清朝的第一名将。

可惜内战内行，外战外行。僧格林沁可以对付太平军的刀枪弓箭，却不一定能对付洋鬼子的洋枪洋炮。

电影《火烧圆明园》有一段讲僧格林沁大胜英法联军，这确是史实。而德里松伯爵《翻译官手记》里的记载："在八里桥激战时，桥口站着一个身材极为高大的鞑靼人，他看起来像是总司令（指僧格林沁）的旗手。他手执一面写有黑字的大黄旗，并时不时把这面旗帜指向所有的方向。此乃僧王之旗，所有官长的眼睛都注视着它，因为它正向全体中国军队下达着命令……此刻，尽管全军精锐保卫的那座桥业已堆满尸体，这个鞑靼人也已孑然一身，但他却仍挺立在那里，可能正在传达僧王的最后命令。子弹、炮弹从他的周围飞啸而过，呼呼作响，他依然镇静不动直到一枚霰弹把他击倒在地。随后，大旗也向一旁倒去，随着旗杆而去的，还有一只紧紧抓住旗杆的痉挛的手……"这也是史实。可巧的是，这两场战役都是僧王指挥的，虎头蛇尾，僧王他老人家是怎么搞的？

先说那场大胜，此战僧格林沁耍了一回小聪明：咸丰九年（1859）六月九日，英法联军先遣队在大沽登岸时，见僧军正修筑工事，问："你们是何许人也？"告曰："民兵团练也。"联军再问："咱们要开练吗？"答曰："民团只用来防火防盗，不欲与贵军战。"又问："听说僧王被贵国皇帝派来布防，人呢？"答曰："不晓得。"这套由僧格林沁预先安排的问答，骗过了对方。随后，趁英法联军登陆，阵脚不稳，僧格林沁即令放炮，取得了击沉敌艇3艘、重创3艘、毙伤敌448人的战果，在教科书里被誉为"中国近代反侵略战争中为数不多的重大胜利"。咸丰一朝文武也深受鼓舞，以为洗雪国耻的日子即将到来，下定决心不再遵守丧权辱国的《南京条约》。通州会谈换条约时，因为英法代表不肯去北京向中国皇帝叩拜，上上下下底气十足的清廷宣布谈判破裂。威名远扬的清方代表僧王扣留了对方三十九人的使节团，痛骂一顿蒙古三字经后解送刑部大狱，要让不懂规矩的洋人尝尝大清天牢的滋味。当时，僧王骂一句，侍卫亲兵就重重敲一次英方代表巴夏礼的脑袋以示强调。另一个代表洛基，干脆被清兵抓着头发和胡须在僧王的马肚子下和中国大地零距离接触。在押运途中，这些洋鬼子身上的金纽扣、金笔怀表之类的危险品也被清兵们管制没收。事后，僧王的搭档载垣就扣留洋人使节一事上奏折说："该夷巴夏礼善能用兵，各夷均听其指使，现已就擒，该夷兵心必乱，乘此剿办，谅可必操胜算。"

英法联军彻底被激怒，于是，在同一

◎ 八里桥之战

个地方，同一个僧格林沁碰上同一支洋军，却被杀得丢盔弃甲，几乎全军覆没，《火烧圆明园》八里桥之战那个令人痛心的画面就是当时战况的再生。主帅僧王见大势已去，马上走了。英法联军随即攻进北京，圆明园被烧，大清朝又被迫签了个比《南京条约》更不平等的《北京条约》。这期间，大沽大捷的英雄僧格林沁带着大军躲在北京西南地区休整，听任侵略军在京城肆虐。承德"避难山庄"的咸丰皇帝，为了给天下人一个交代，只好诏令革除表哥的王爵和各项职务差使，而保留钦差大臣的职位戴罪立功，这就为僧王复出埋下了伏笔。

《北京条约》签订后的第十天，咸丰帝即开复了僧格林沁科尔沁郡王爵。因为洋鬼子虽然抢了东西定了条约，但他们毕竟离得远，这就叫"疥癣之疾"；太平军和捻军等武装在中国内地活跃，那才是心腹大患。清廷一向忌讳汉人统兵，眼见八旗子弟实在太不争气，咸丰皇帝只好矮子里拔高，再度把败军之将僧王提拔起来，命其统兵南下，杀杀汉军的气焰。

僧格林沁自然明白表弟的意思，但他新败之余，思"功"甚急，性情也变得愈加暴虐狂躁，喜怒无常。据说，此时的僧王听取手下回报战况也要到处走动，一刻也坐不住。赞赏时不是割一大块肉塞进对方嘴里，就是端一大碗酒强迫别人喝光，发怒时则当众用马鞭抽打或冲到对方面前抽耳光拧辫子。这些做法搞得有教养有自尊的人难以接受，干脆从僧王幕府不辞而别，倒是那些粗鲁的武人打心眼里佩服僧王，比如某太平军叛徒，投降后不久就在僧王麾下做到总兵的陈国瑞，就是僧王的超级粉丝。此人打仗时异常勇猛，炮弹击碎他手中的酒杯，不但不避，反而抓起椅子端坐在营房外高喊："向我开炮！"世人都知道僧王军内勇将不少，而且升官很快，不过这些提督、副都统、总兵等大将战死于阵前者数以十计，出名的能谋策士倒是闻所未闻。

咸丰皇帝病死后，同治继位，慈禧太后垂帘听政。虽说一朝天子一朝臣，但此时在太平天国的战场上，清军不得不依赖汉族的地方武装湘军、淮军。慈禧在害怕汉人兵权过重这一点上和咸丰皇帝看法一致，有意扶植僧格林沁与曾图藩等人抗衡。湘军、淮军每逢有败仗，慈禧对其统兵大员无不严旨申斥，唯独对僧王的队伍过往不咎。慈禧还下旨："僧格林沁受三朝知遇之恩，宣力中外，功绩卓越，开复其博多勒噶台亲王爵。"僧格林沁受宠后格外卖力，率部奔战于山东、河南各地，力图报答西太后知遇之恩。

当时，两淮一带频年水灾，收成不好，清廷官吏不顾人民死活疯狂加税。为了应付二次鸦片战争在淮北征召青壮年农民当兵，签了《北京条约》后又将他们遣散，连安家费都不给，当地农民衣食无着，实在活不下去了。淮北民风强悍，民间素来有聚众打粮吃大户的规矩，叫做"捻子"，即聚而不散的意思。居则为民，聚则为捻，农忙则散处村落与平常无异，每逢灾年无食就自备器械骡马，在有威望的人带领下四出打粮。捻子们就这样在清廷的逼迫下

被迫起事求活，成为捻军。

咸丰五年秋，各路捻子在安徽亳州雉河集会盟，力量最大的捻子首领张乐行被推为大汉盟主。联合后的捻军建立五旗军制，用黄白红蓝黑五色旗区分军队。总黄旗主由张乐行自兼、总白旗主龚得树、总红旗主侯士维、总蓝旗主韩老万、总黑旗主苏天福。总旗下有大旗、小旗。每一旗主都有一个以宗族、亲戚、乡里关系结合起来的领导集团。然而，捻军虽有军事经验，但素来散漫，毫无组织纪律，因为受不了约束而不愿意和太平天国竭诚合作。各旗间互不统属，集团林立，不易离开本土，具有分散性和落后性，注定只能成为松散的宗族联盟，气势虽盛，但纯系乌合之众。这样的队伍碰到打仗勇猛的僧王，就没有好果子吃了。同治三年（1863），僧格林沁率领清军攻陷捻军老营雉河集。捻军盟主，太平天国沃王张乐行父子被叛徒出卖，僧格林沁将他们全部凌迟处死，捻军其他重要将领或死或降，活动暂时陷入低潮。清廷再次嘉赏僧格林沁，可惜没什么新花样了，还是准其亲王爵位可以世袭罔替。

以为捻军就此平定的僧格林沁，企图用白色恐怖逼迫当地人民就范。他放纵军队劫掠屠杀，捻军老家血流成河。僧王的凶残行径激怒了捻军子弟。张乐行的侄子张宗禹多谋善断，重新整合黄旗捻军余部，又与素来和张家不睦，作战勇敢的任化邦牛洛红等老捻军蓝旗将领尽弃前嫌，组成了新捻军。这只新捻军精诚团结，同仇敌忾，发誓向清军报仇。僧格林沁为他鲁莽行为付出了代价，待到同治四年太平天国失败，

南方的湘军统帅曾国藩已经开始分批分期裁撤湘军了，北方的僧格林沁和他的马队却还被新捻军牵着鼻子走。

眼见曾国藩已攻占天京，声名正炽。僧格林沁亦欲有所表现，他趁势击败了天京失陷后军心涣散的西北太平军，扶王陈得才自杀，遵王赖文光率太平天国余部与新捻军合流。僧格林沁仗着所部剽悍，加紧围剿新捻军，哪里吃紧奔战哪里。然而，新捻军战术灵活，忽东忽西，僧格林沁胜而不能毕其功，败而对手复振。清廷见于此，只得命曾国藩及其湘军助战。而僧格林沁素来轻视汉军，不悦其来，一生谨小慎微的曾国藩也知道僧王难以合作，遂以"大帅三人驻四百里内，恐群盗轻朝廷"为由拒绝出战，仅以湘、淮军一部归僧王指挥。骄纵的僧王对这些部队搁置不用，自领本部蒙古骑兵在黄淮大地穷追捻军。

曾国藩其实打心眼里鄙视有勇无谋的僧王，在江宁隔岸观火的他得知僧格林沁督部追击数月，行程三千余里，部众劳累不堪，自己亦精疲力尽，常以酒解乏，跃马再追，甚至已数十日不离马鞍，手疲不

能举马缰，以布带束腕系肩驭马。他私下对幕僚们说："僧王只图近利，不谋远势，这么追下去的话，就会如《孙子兵法》上说——必蹶上将军！"事情的发展不出曾国藩所料。同治五年，新捻军在山东菏泽以北的高楼寨一带精心设伏，准备决战，求战心切的僧格林沁硬生生闯入了包围圈。一战下来，僧王全军马队六千、步队二万四千几乎被消灭干净，连僧王的首级都被小捻童张皮绠砍下。这个十来岁的少年提着僧王的头，戴着僧王的三眼花翎，兴高采烈地远去。僧格林沁这个一生内战内行，外战外行的莽将，竟然很没面子地死在一个孩子手里。击毙僧王的张皮绠，正是惨死在僧王手里的张乐行的后代。

"僧王所部骑兵最号八旗劲旅"，威震中外的八旗猛将僧王全军覆没，再无依靠的清廷只得眼看湘系曾国藩、淮系李鸿章的汉军，全面取代八旗绿营而成为清朝的主要军力。这一政策变化，为辛亥年武昌首义爆发后南方各省的独立奠定了基础。从这个意义上来说，僧格林沁的死，也敲响了清廷败亡的丧钟。

★《僧格林沁：外战外行的莽将》主要参考资料：《清史稿》、《清稗类钞》、《清代名人轶事》、《清代野记》、《奴才小史》、《啸亭杂录》、《广阳杂记》、《蕉轩随录》、《郎潜纪闻》、《燕京岁时记》。

张国梁：郁闷的二五仔

武侠巨著《鹿鼎记》的读者，应该都会知道清朝康熙年间存在着"天地会"这一反政府组织。"天地会"确非小说家言，史学界一般认为，"天地会"是郑成功在收复台湾前以旧部为班底创建的。大明国姓爷开创这个反清复明的组织，本意是在大陆做地下工作，自己在台湾训练军队，有朝一日北伐，双方合作推翻满清政府对汉人的残酷统治。无奈，出师未捷身先死，长使英雄泪满襟。郑成功克台后旋即谢世，其子孙无乃翁雄才大略，郑氏家中内斗频繁，而清廷在中原的统治却日渐稳固。康熙二十二年，原郑军大将施琅率清军克台，主家郑明灭亡，而留在大陆的部属"天地会"却一直幸存下来，并在清朝统治基础较薄弱的江南地区蓬勃发展，与清廷一直斗争了将近三百年。

道咸年间，大清帝国日落西山，病入膏肓。而大清在国内的死对头"天地会"，也早已丧失了当初创建时的高尚理想，沦为打家劫舍混日子的黑社会。在两广地区，由于移民潮导致的土地问题在全国显得格外突出，不光地少人多，铜钱也在贬值，阶级矛盾极其尖锐。在生活的重压下，挣扎的两广平民，被迫喊出"在家做饥民，不如出外做流民"的呼声，然后，他们又从流民变成天地会成员。入不敷出的清廷在两广大肆撤防裁军，许多只会当兵的老兵油子无法谋生，只好混入天地会，有了

这些职业军人加入，天地会的军事素养大大增强。就在这个当口，一首颇有煽动力的反诗彻底引爆了两广这个火药桶，两广天地会暴动如火如荼，起义四处开花结果。（这首反诗曰："上等的人欠我钱，中等的人得觉眠，下等的人跟我去，好过租牛耕瘦田！"）就在清廷为镇压而疲于奔命之际，反诗的作者——天地会龙头大哥张嘉祥，却投降了清廷。

道光三年（1823），张嘉祥出生在广东肇庆，自幼"材武任侠"，也就是好打架爱闹事的个性。所谓人不可貌相，这位流氓团伙头头却长得清秀俊美，"恂恂如儒者，不类武夫"。

张嘉祥十五岁时随同家人去广西贵县做生意，先在一家肉铺操刀打下手，不久又帮助叔父经营鸦片烟馆。自此结识了不少江湖上的黑道侠客，顺势加入了当地天地会，与诸多龙头老大称兄道弟。用电影《古惑仔》的话来说，就是张嘉祥出来混讲义气，行事够狠又有心计，所以朋友最多。某日，天地会众被当地土豪团练勒索侮辱，同乡李某还被绑架扣为人质，该土豪人多势众，还有官方背景。就在他人都敢怒不敢言的时候，少年张嘉祥率领一班小兄弟怒杀土豪，救回了李某，末了一把火将土豪家烧个精光。随后遭到官府通缉的张嘉祥索性亡命江湖，在南海拉起了一支队伍，被清廷呼为"艇匪"，过起了梁山好汉般的逍

遥日子。

清廷的水师早已腐败透顶，根本是领着朝廷的俸禄，收着商旅的税费而不作为甚至伪装海盗打劫，名声极坏。而张嘉祥并不为难普通商旅，收费后还为他们导游护航，打劫时则只向奸商贪官的船队下手，基本不杀非战斗人员，事后还会留下十分之一的财货，"俾得为商之资本，官民之旅费"。如此一来，不贪财、不滥杀的张嘉祥民间口碑竟然在清廷水师之上，江湖人称"济弱锄强张嘉祥"。

两广粮产贫瘠，于是，和宋江一样爱惜羽毛、注重声誉的张嘉祥，以"同为乡里不忍打粮"为由，统率部众南下向越南"借粮"。越南人驱使战象迎战，张军被象群震慑，纷纷逃窜，溃不成军。张嘉祥却并不气馁，他暗思世上万物相生相克，民间传说老鼠能克大象，不妨一试。与越南人第二次战斗时，张军放出数百只老鼠，大象果然惊惧不敢动弹，张嘉祥趁机大败越南人，劫得大批粮草物资，部众扩充至万余人。越南的没落君主无计可施，只得向张嘉祥伸出了橄榄枝，任由张嘉祥在自己的地头上行事。从此，张军主力常驻越南，清朝地方官也拿他束手无策。好在天高皇帝远，这帮污吏也乐得把张嘉祥这个大匪头的事隐瞒不报。

可惜清朝官吏"一番好意"，张嘉祥并不领情。他是个有野心想干大事的人，积蓄了足够的资本后，便不再满足做"山贼这份很有前途的职业"，干脆竖起了反清的旗帜，在横州烧香拜会，正式成立天地会新"山堂"——怡义堂，自任堂主龙头，宣布起兵反清。张嘉祥是天生的大将之才，虽然未曾读过兵法史书，但练兵攻防，与古人暗合。其对冷兵器开发也颇有心得，与清军作战，别出心裁——令部下抛弃刀矛，改用削尖的长竹竿迎战。竹竿遇敌刀砍枪斫则越削越锐，刺入人体造成的创口极大，加上便于携带，这一号称"竹针"的新武器很快被天地会和后来的太平军效法，成为克制清军的法宝。张嘉祥的怡义堂对抗清军屡屡以少胜多，其大名遂远播于珠江南北，成为两广天地会众乃至民间的偶像级大侠。

道光末年，二十八岁的张嘉祥见时机成熟，在中越边境地区纠集天地会兄弟发动起义，连破州县，是天地会义军中最有才干的人物。然而，就这样一位英雄竟也敌不过高官厚禄的诱惑，贪图荣华富贵下被广东巡抚劳崇光招安。张嘉祥急于洗刷自己的贼名，为了在清廷面前表现自己，他成了镇压两广天地会党起义的急先锋，廉州天地会义军龙头颜品瑶就在战场上被张嘉祥亲手所杀，可谓"战功卓著"。对这个用同门兄弟的鲜血染红了头上顶子的刽子手，清廷表面上大加赞赏，钦命张嘉祥改名国梁，字殿臣，即为国家栋梁虎臣之意。眨眼间，"艇匪"叛贼张嘉祥变成了军门忠臣张国梁，当真令人哭笑不得。

咸丰元年（1851），举世震惊的太平天国起义在广西桂平金田村爆发。因为太平天国建国称号，不同于会党流贼，地方官再不敢隐瞒，只得如实上报。震恐下的清廷下令周边各省分兵围剿，并加派林则徐为钦差大臣以统领诸军，所幸老先生及时地病故于上任路上，捍卫了自己"民族英雄"的称号。随后，接任的钦差大臣赛尚阿是咸丰朝首辅，资望贵重。然而，这位一人之下万人之上的赛大人却无德无能，没法镇住手下的骄兵悍将：各会剿大臣扯皮拌嘴推卸责任，手下部队有样学样，遇见强敌就溜号，争功时就内讧火拼，甚至收受贿赂接济太平军粮草物资。太平天国声势益加浩大，两广天地会义军纷纷投靠太平军，可惜太平军强迫天地会众改信拜上帝教的过激做法又令他们四散逃离。这时，身在围剿清军中的张国梁利用其在天地会中的名头，招降了大量天地会的旧友与天国为敌，如著名堂主"大头羊"张钊、"大鲤鱼"田芳等人，其中一位天地会众更成为近代大大有名的民族英雄，即镇南关抗击法军的冯子材。

太平军将士大都是与当地土著有过仇杀械斗的客家人，在实战中积累了丰富的军事经验，兼之拥有宗教狂热信仰的精神支持，打起仗来势如疯虎。与之对峙的清朝政府军不论绿营还是八旗都已经糜烂不堪，长官克扣军饷，士兵逃避操练，即使是久经沙场的老将、围剿武将之首广西提督向荣也对指挥这样的"劲旅"无可奈何。唯有张国梁依旧用江湖规矩治理自己的天地旧部，他善于团结部众，每战身先士卒，与士兵同甘共苦，经常自己出钱重赏全军，虽号令严明却深得军心。加上他当海盗时见过大世面，拥有实际作战经验，其部队训练精良，善用火器，向荣对这支部队非常看重，一意拉拢。只恨张国梁的部队战斗力虽与太平军不相上下，在清朝大军中

却不过是杯水车薪。不久，太平军轻松地从金田村突围，在数十万清军的围追堵截下，太平天国的脚步终于冲出广西，走向全国。

这下子纸包不住火，咸丰皇帝大怒。一班成事不足败事有余的清军将领为推卸责任，加上嫉妒张国梁的战功，纷纷向中央打小报告，声称张国梁本就是天地会土匪出身，就是他通敌导致太平军流窜。而在这场围剿中还算有点成绩的向荣比较清醒，他赏识张国梁，一力担保并将其所部置于自己的麾下。感激不已的张国梁以对待兄长的礼节侍奉向荣，自然也沾上了老哥哥的官场恶习。此后，在追击太平军的数年"苦战"中，张国梁不与太平军精锐的突前部队交战，只是偷袭太平军的殿后部队，时时抄掠数千老弱病残，因此，立功无数，声誉鹊起。由广西而湖南，由湖南而湖北，由湖北而江西乃至安徽、江苏，张国梁跟着向荣一路尾随太平军，一路收复被太平军攻克后丢弃的城市；一路捷报频传，一路看着太平军攻略州县；一路升官进爵，一路看着太平军从星星之火变成燎原之势。张军门或许是除向荣外，大清朝官员中对太平天国崛起历史最权威的知情人。

咸丰三年（1853），太平军攻克江南重镇南京，宣布定都于此，其后派大军猛将西征北伐，正式与大清朝分庭抗礼。跟在太平军屁股后头一路游山玩水的向荣和张国梁也在南京朝阳门（现中山门）外的孝陵卫建营筑垒，即江南大营，对太平军展开了旷日持久的战略围困。

既然与太平军正面为敌了，张国梁也使出了真本事，其所部捷勇为绿营头号王牌，是太平军屡啃不下的硬骨头。在攻打太平军天京要地钟山营垒时，张国梁带头冲锋，被炮火击伤手指。大清朝自然不会放过这个发挥统治权术的好机会：咸丰皇帝亲自下诏询问伤势，派人送御药给他治疗。感激涕零的张国梁不知是计，更是玩命与太平天国为敌。在担任向荣副手的日子里，由于老大哥的放手任用，张国梁表现相当凶悍，连克天国重镇太平、江浦、浦口，在大江南北数十万八旗绿营中威名赫赫，清军中流传的"杀贼江上江水红，向公黑虎张公龙；钟山大战疾风雨，张公生龙向公虎"的歌谣都传到了紫禁城里。

《清史稿》也这样记载道："时大江南北诸军，贼所尤畏者，惟国梁一人。贼势忽南忽北，多方肆我，皆牵制国梁之计，果为所败。"但清廷积弊已久，清军内部矛盾重重，不是张国梁一个人的奋战就能挽回整体颓势的。

咸丰六年，在东王杨秀清的策划下，"翼王"石达开、"燕王"秦日纲、陈玉成、李秀成几位天国名将协同作战，采用声东击西的计策诱敌出洞，晕头转向的清军漏洞百出，只靠一个张国梁来回接应的恶果终于爆发出来：太平军已破江南大营！太平天国在军事上达到全盛阶段，而清廷的江南大营主将，钦差大臣向荣在张国梁的保护下拼死突围逃到丹阳，羞愤交加下上吊自杀。

向荣自杀，张国梁的快乐日子也到了头。接替向荣的钦差大臣和春奉命重建江南大营。和春是旗人，之前和张国梁一起做向荣的副手，但其为人贪婪无能、不堪治军的名声朝廷内外皆知。为什么让这种废物担当如此重任呢？原来对汉人没有偏见的权臣肃顺本已向咸丰皇帝建议由张国梁接手江南大营，咸丰皇帝却狐疑不决。要知道清廷向来忌讳汉人统兵，咸丰皇帝对曾国藩这样的白面书生带领湘勇汉军尚且十分猜疑，何况张国梁这样有才干武略、先前早已闯出偌大名头的危险人物？领导的心思不难猜，朝中自有聪明人阿意上奏，指责张国梁的出身不好："究系反贼投诚，其心叵测。"咸丰皇帝更是坡下驴，拍板决定把江南大营交给自己放心的八旗亲信。

张国梁与和春平级时已经在明争暗斗，互有龃龉。此次，煮熟的鸭子飞了，风闻内幕的张国梁当然气愤不已。和春也不客气，抓住机会就给老张小鞋穿。此时，太平天国方面发生了自相残杀的天京事变，原本蒸蒸日上的太平军开始走下坡路，与处于上升时期的太平军交战还丝毫不落下风的张国梁却事事受到和春掣肘，根本不能发挥出自己的军事才能去建功立业。情知清廷对自己终是猜疑的张国梁心中怏怏不满，而自己手上沾满兄弟盟友的鲜血，想回头也是不可能的，真是前临悬崖，后无退路。

在沉重的精神压力下，张国梁砍下手指寄回家中，信中说这根手指是在咸丰皇帝的御药关怀下痊愈的，自己绝不能使它落到敌人手里，借以显示自己与太平天国势不两立，希望朝廷能明白自己的忠心。

可气的是，清廷装聋作哑，张国梁即使用如此决绝的手段卖好，和春主将的位子还是坐得四平八稳。虚的不行就来实的，张国梁以实际行动表达决心，率军连续攻陷天国重镇句容、高资、秣陵关，更以劣势兵力收复了已被太平军据守五年之久的漕运咽喉镇江，取得了连太平天国"英王"陈玉成、"忠王"李秀成等名将都对其心服的战绩，清廷却对此视而不见。张国梁大概不会明白，为何自己始终无法取得清廷的信任。如果由他统领全军，天京事变后元气大伤的太平天国恐怕早已被平定。

战场瞬息万变，战机转瞬即逝，趁清军内部压榨之际，太平天国重新崛起。咸丰十年，李秀成、陈玉成与李世贤精诚合作，采用佯攻杭州围魏救赵之计，两破位于扬州的江南大营。之前不听张国梁劝谏，先是私自截留粮饷使得军心涣散，后又中计分兵最终导致清军全线崩溃的主将和春，丢弃大营逃跑。

听闻江南大营失陷，身在镇江的张国梁长叹："八年心力，毁于一旦！"随后，他领军驰至丹阳，纵马与太平军血战。身中多创自知不免后，心灰意冷的张国梁连人带马跳入长江自杀，连尸骨都无觅处。多亏了敌人"忠王"李秀成在丹阳南门护城河里找到张国梁的尸体，以礼安葬于尹公桥塔下，一代名将才入土为安。李秀成在天国失败被俘后回忆此事，"言贼中咸重国梁"，还说道："两国交兵，各扶其主，生与其为敌，死不与其为仇，此是恤英雄之心。"

张国梁被李秀成围攻时曾留有遗言："年十八为盗魁，二十八而折节从军，为国虎臣，三十八而致命遂志。"言下之意，对他当年叛卖盟友兄弟的抉择毫不后悔。从反抗暴政的英雄，摇身变成忠实的鹰犬；从最仗义的盟友，变成最凶恶的屠夫。张国梁前后判若两人的原因，按照当时一些笔记的说法是："张国梁与清军作战后，对俘获的清将无不以礼相待，然后尽数释放，自称不得已而为盗，非是敢作乱造反。经这些被俘清将的引见，张国梁最后得到劳崇光的招抚而投降。即是说张国梁本身并无反清的念头，只是因为犯法遭通缉而'逼上梁山'，心中时刻想着报效朝廷。"这样看来，张国梁是在效法宋江。先前对抗清军，扩大势力，不过是为了获取和清廷讨价还价的筹码而已。至于被其反诗号召起来造反的天地会兄弟和底层民众，都成了被利用的棋子。从清廷的角度来说，张国梁可能是沦落草莽的忠义之士，而在两广百姓眼中，张军门绝对是个不折不扣的大骗子，不忠不义的二五仔（天地会切口暗语，意指叛徒）。据时人记载，张国梁降清后曾因母亲寿辰，身怀巨资亲自上门聘肇庆文士彭某作祝寿词，彭却将张国梁拒之门外，骂其为不忠不义的反复小人，张国梁无话可说，羞惭而退。

张国梁有勇有谋，不单才略可列入历史名将之列，更有机会作为一个农民革命家的身份而载入史册。可惜他降清后的行为，是其一生中无法消抹的污点。投靠清廷屠杀兄弟盟友，不仅让他在人格上遭到时人、后人的斥责，清廷的猜忌，也压制了其才能的发挥，并最终导致他英年早逝。

至于那位使清军战败的罪魁祸首和春，其结局风光得很。陷在太平天国精兵包围圈中的和大人，竟突然发挥出潜能，杀出重围一路逃至常州。和春知道自己再活下去也大罪难逃，索性以烧酒吞生鸦片，自杀身亡。后来，在李秀成的兵锋所指下，失去了张国梁的江南清军再无战力，太平天国就势辟地千里，连《清史稿》都承认："南军自向荣始任，凡历七年，至是熸焉，苏、浙遂糜烂。"孰料清廷讳败为胜，下诏将畏罪自杀的八旗"名将"和春说成是"血战捐躯"，谥号"忠壮"，追赠二等男爵，和张国梁一起附祀江宁祠堂。

倘使张国梁九泉之下有灵，得知仇敌太平天国对他的死以礼相待，清廷主子反而安排自己与和春大人做邻居，哥俩住在一块享受冷猪肉，这个"二五仔"想必郁闷极了。

冯子材：天地会出身的抗法英雄

乾隆当政时期，经历着康乾盛世的大清朝已经开始中衰，社会动乱，危机四伏，末年还爆发了声势浩大的白莲教起义。摭至道咸年间，情况更糟，丧权辱国的鸦片战争之败撕下了清廷天朝上国的遮羞布。举世震惊的太平天国运动，更是击碎了清廷盛世的光环。虽然这场中国农民革命运动终被残酷镇压，清廷上下无不为自诩的"同治中兴"而欢呼雀跃，但面对之后各帝国主义列强对中国的侵略，清廷还是暴露了纸老虎的本质。

消灭了太平天国北伐军，被清廷倚为长城的满蒙八旗总帅僧格林沁在八里桥全军覆没，导致圆明园被英法联军烧毁。对

付太平军时威风八面，攻占天京功劳第一的湘军九帅曾国荃谈到对付洋军的妙计却是"先到先败，后到后败，同到同败，不

★《张国梁：郁闷的二五仔》主要参考资料：《清史稿》、《清稗类钞》、《清代名人轶事》、《清代野记》、《奴才小史》、《啸亭杂录》、《广阳杂记》、《蕉轩随录》、《郎潜纪闻》、《燕京岁时记》。

到不败"这十六字真言，令人大跌眼镜；接替曾国藩平定了新捻军的淮军"老总"李鸿章面对列强，则哀叹"中国遭遇了三千年未有之大变局"。

诸多清军名将在外战中屡战屡败之际，还是有人一洗清军颓靡之风，打出了著名的镇南关大捷，被公认为清末民族英雄。这位冯子材将军，在制造出令列强都刮目相看的战绩之前，却一直因其出身黑社会而被湘淮集团看做杂牌军，个中情由，着实耐人寻味。

冯子材，字南干，嘉庆二十三年（1818）出生于广东钦州（今广西钦县）。冯家数世清贫，到冯子材这一代生活更加艰辛。他4岁丧母，10岁丧父，与祖母、兄长相依为命，饥寒交迫，连学都上不起。15岁时祖母又病逝，舅父黎氏提出收养冯子材，条件是改姓为黎，被倔强的冯子材拒绝。至此，小小年纪的冯子材不得不随大人贩私盐、做木工、放木排、捕鱼摸虾、护送牛帮，篱笆房被洪水冲垮后，只能借住进庙里，过着朝不保夕的日子，受尽了旁人的白眼和凌辱。

为了活命兼强身健体，冯子材投奔城中的武馆师傅庞某，意欲拜师学艺。庞见冯虽身材矮小，但目光炯炯，肌体结实，实为习武良材，便破例免费接收了他。冯子材少言寡语，做事勤快，深得庞欢心，加之他专心学艺，武功精进，遂被庞收为大弟子，视同家人。

清朝时期，但凡武馆镖行，都和秘密结社天地会有着千丝万缕的关系。天地会又作"三合会"、"三点会"，是最正统、最有号召力的反清老字号，所谓"红莲白藕青莲叶，三教本源是一家"，无论是青帮、洪门，还是四川袍哥、陕西汉留等反清会党，无不出自天地会系统，孙中山先生就曾经入会担任洪棍一职。天地会也是近代中国黑社会的鼻祖，香港名导杜琪峰在电影《以和为贵》中虚构的黑帮"和联胜"，当今华人黑社会中人数最多的香港社团"和胜和"，其原型便传承自天地会。冯子材就在此刻加入了天地会。他武艺精熟，敢打敢拼，但因没有心计，当不上龙头堂主，只得混迹于诸多马仔小弟中。

鸦片战争后，大清朝内部矛盾加剧，以一首反诗（"上等的人欠我钱，中等的人得觉眠，下等的人跟我去，好过租牛耕瘦田"）为契机，南方天地会众纷纷拈香拜会，暴动反清，两广地区竟有大胜堂、得胜堂等三十几支天地会义军活动，兵员数十万之多。然而，天地会组织低效松散，发动起义也是随起随灭，只能给清廷捣乱。动摇清廷根本的任务，要交由对天地会而言，只是后起之秀，但是信仰坚定、组织严密的拜上帝教去完成。

咸丰元年（1851），拜上帝教在广西桂平金田村建号太平天国，誓师起义，之后迭克清军，声势浩大。两广天地会义军在张钊、田芳、罗大纲等龙头堂主的带领下尽数与太平军会师，已是博白县天地会小头目的冯子材也跟随堂主凌十八（一作刘八）投奔太平军。无奈出兵时期过晚，太平军早已从金田突围。凌十八的义军正撞在各路清军枪口上，一番围堵混战下，凌军溃败，所部除壮健武士被收编外，余人被清军主将向荣解散。身形瘦小的冯子材在遣散之列，眼见就要回乡务农默默无闻了，却遇到了生命中第一个大贵人张国梁。

张国梁即是原天地会怡义堂堂主，江湖人称"济弱锄强"的张嘉祥。他就是那首反诗的作者，在忽悠了诸多天地会众造反后，张嘉祥却投降了清廷，调转枪口成为镇压两广会党起义的急先锋。在围剿太平天国的清军中，不论八旗还是绿营都已腐烂不堪，唯有张国梁依旧用江湖规矩治理自己的天地会旧部"捷勇"，战斗力极强，深得向荣的器重。

张国梁听说过天地会小兄弟冯子材作战勇猛的名头，因此亲自挽留，一意接纳。面对这位前辈大哥的如簧之舌，只是后辈小弟的冯子材岂有不归之理？就这样，冯子材上了张国梁的"贼船"，由洪门叛贼变成了军门忠臣，冯子材一生功名全因张国梁而来。虽然张年纪比冯要小得多，加以背叛盟友而在两广名声极臭，冯子材却一直把张国梁视为自己终生的恩人兼导师，冯年老后与人说起当年和张的往事，往往痛哭流涕。

在张国梁的关照下，冯子材有了用武之地。他自此跟随张国梁，尾随追击太平军，一路积功攀升至总兵。至江南大营建成，张国梁成为向荣副手，他最仰仗的手下就是冯子材。张国梁对抗太平军，取太平、收镇江、克丹阳诸役，冯子材无不奋勇当先，曾在一日内领军踏破太平军营垒七十余座，八旗绿营军中人人佩服，张国梁亲自抚摩其背鼓励说："子勇，余愧弗如！"太平军两破江南大营，张国梁因清廷掣肘战死后，

余部三千人由冯子材统领，调归曾国藩指挥。曾国藩身为湘军总帅，并不重用绿营出身的冯子材，冯却取得了坚守镇江六年，连续挫败太平军上百次进攻的战绩。

冯子材为大将，每天只穿布衣草鞋，随队操练，营中饮食用度，与士卒相等。部下生病，安置在最好的营房，每日探视。分发粮饷时，为防军官克扣，每每亲自发放，当时将帅，无一人能如冯子材，后来袁世凯小站练兵亲发兵饷便是学的冯子材。只不过，袁宫保把兵练成了袁家私军，冯宫保练的兵却始终听大清的话，二者心迹不可同日而语。

咸同年间，战事频繁，中央财政不足，军队粮饷经常拖欠，曾国藩便发明了厘金制度，在地方私设卡榷，收过路费以供给部队，后来变成了车匪路霸行为，严重阻碍了江南经济的流通发展。湖南大才子王闿运在《湘军志》中毫不留情地指出，号称书生带勇的湘军"故将五百人，则岁入三千，统万人，岁入六万金，犹廉将也"。江南各部清军将领纷纷效法湘军，中饱私囊，清廷苦于太平天国的威胁，对此不闻不问。冯子材却认为设卡收税，不但扰民，还属越权，有人提点他，冯大喝道："这不是我等武人应该管的事。"放纵部下劫掠平民的湘军、淮军还时常因分饷不均而哗变，冯子材自然比他们窘迫更甚：其部队动不动粮饷断绝。然而，冯子材爱兵如子，部下从未因此闹过兵变。

冯部在江南民间的口碑也极好。和龙头大哥张国梁相比，出身天地会底层的冯子材，却真正拥有济弱锄强的大侠风范。

与同样出身贫寒的湘军名将鲍超、本是太平军叛徒的僧王爱将陈国瑞等杀良冒功动辄斩首数万的煞星截然相反，冯部在主帅的感染下不枉杀、不劫掠，其侠义心肠实在难得。

冯子材也并非完人，他进攻勇猛，防守严谨，打阵地战是一把好手，可惜战略调控能力稍差，战术也较单调。莫说用兵神鬼莫测，人称三十检点回马枪的陈玉成，即便碰上李秀成，冯子材也讨不到半点便宜，几次被这二人打得全军覆没。比起对抗英、忠二王乃至翼王都不落下风的张国梁来，差距显而易见。清廷却十分信任冯子材，放开手脚让冯大干，听任其扩军至两万，与张国梁在世时被束手束脚的光景判若两人。

民国武人如北洋孟恩远、奉系张作霖、土木系陈诚都好做一笔虎字，此滥觞正是出自清朝的张国梁，追根溯源的话，一笔虎写法始自明太祖朱元璋！张国梁降清后卖力屠杀盟友兄弟，却始终受到清廷猜忌，与此不无干系。另一出身捻军，后来官至江南提督的李世忠（降清前名昭寿）单在起名上山寨张国梁，也喜作一笔虎字，后因桀骜不驯被清廷夺走军权处死。作为张国梁的正宗传人，冯子材常效法老上司写一笔虎字，却从不被怀疑。清廷这是卖的什么药？答案很简单，相比有野心、有才干、胆大心细的黑社会大哥张国梁，黑社会小弟冯子材只是老实人一个。

冯子材山寨张国梁上瘾，除了练习书法外，也酷好写诗。其最得意的诗作，乃是"大雨下在大田边，小雨下在菜花园"，

还转送诸多名流以求下联和诗，受者无不偷笑，一时传为笑柄。《清史稿》对冯子材的评语是"生平不解作欺人语"，并非闲笔，据《清稗类钞》记载："光绪四年（1878），应越南国王邀请，冯子材带兵击擒在越南作乱的清军叛将李杨材，扬威异域。"清廷除了赏赐金银外，还加赐了一本《平定粤匪方略》。粤匪即是太平军，这本册子说的就是冯子材当年身隶天地会义军，在太平天国阵营中拒战清军的事迹，毫无一丝隐讳。有点心眼的人就能看出，这不过是垂帘听政的慈禧太后指桑骂槐趁机敲打罢了，自己只要在奏折中谢罪、谢恩、表忠心，双方即可皆大欢喜。可冯子材硬是没看透太后的小九九，他读后十分憋屈，亲笔上表抗辩："臣少年迫于饥寒，误入贼中，桀犬吠尧，良非本心。自投诚后，二十年间，东南兵事无役不从，所冀少赎前愆，附骥于忠义之林。今恭读方略，于臣前事详载靡遗，史官职在徵信，自应据事直书，但微臣伏读之下，辄觉愧汗，无以为人。可否仰恳天恩，念臣积劳，泯其往事？"此老的解决办法竟是希望朝廷下令史官，以后凡写到我冯子材当年造反事迹时，都在"材"字上添一笔，改为"林"字。满朝文武得知冯子材的荒唐要求后尽皆哭笑不得，如果他人这样胡来，肯定要遭严参重罚，慈禧却以冯子材是武夫不懂规矩为由，下旨对他申斥一番了事，优待可见一斑。

说到底，冯子材忠厚质朴毫无心机的性格，正是清廷对他的放心之处。同样出身黑社会，同样没有什么后台，其和张国梁待遇天差地远的原因也在此。

清廷的权术层出不穷。同治三年（1864），太平天国失败后，清廷的心腹大患变成了北方击杀僧格林沁所部八旗精锐的新捻军，以及南方两广云贵的天地会义军。清廷下令由淮军围剿其安徽老乡新捻军，消灭南方义军的任务，不偏不倚落在了早在同治元年就已担任广西提督，此刻尚穿黄马褂的天地会老前辈冯子材肩上。

冯子材压根看不透清廷的用心，就此踏上了镇压盟友兄弟的道路。但他在镇压天地会义军时是以抚为主，比起老上司张国梁的剿杀为主，冯子材多了浓浓的人情味。其后18年间，在冯子材不辞辛劳的奔波下，李如娘、吴亚忠、黄崇英等十余部天地会义军相继被平定。期间，冯子材三次出关平定退入越南的义军和哗变清军，所部纪律严明，在地方任上也是勤政爱民，中越人民争相呼为"冯青天"。值得一提的是，吴亚忠部将、后来大大有名的天地会黑旗军龙头刘永福，就是被其钦州老乡兼前辈冯子材说服招安的。

其时两广总督刘坤一作为湘军大佬，素来瞧不起绿营，加上冯子材的天地会出身，两人时有龃龉，只是两广"火灾"不断，需要冯子材四处救火，双方并未撕破脸皮。光绪五年，李鸿章的淮军全面掌握中国防务，淮军大将张树生接任两广总督。光绪七年，与淮军关系很好的徐延旭出任广西巡抚，镇守广西几乎达二十年的冯子材也到了被过桥抽板的时候。早在同治年间，冯子材便参劾时任太平知府的徐延旭为官贪渎。因上司偏袒，徐延旭不但没有受到惩处，反而官运享通。现在，公报私仇的

日子到了。由于冯子材为官清正，并无把柄可抓，徐延旭一面指使好友左副都御史张佩纶（后来成为李鸿章女婿，张爱玲就是其孙女）上表中伤冯子材"老病骄满"，一面将其侄冯兆金撤职斥退，借以示威。戎马一生，视军营为己家的冯子材不堪羞辱，愤然辞职归乡，其广西提督一职由淮军黄桂兰接任。

光绪九年，法国侵略者悍然向中越边境的清军发起进攻，中法战争正式爆发。以淮军为主的清边防军全线溃退，徐延旭称病避战，黄桂兰畏罪自杀。清廷手忙脚乱之余，才想起熟悉边情的冯子材。张树生亲笔写信遣使延请，而在家和儿孙放牛种田为乐的冯子材深惧淮军的倾轧，极力推辞。但他毕竟以大局为重，旋即醒悟赶赴广州，却听闻张树生去职，新任两广总督乃是探花郎张之洞，不由心灰意冷。原来，徐延旭是鹿传霖的儿女亲家，鹿传霖则是张之洞的姐夫，徐张二人算是亲戚，在冯子材看来，怎一个衰字了得！眼见冯子材彻底步上张国梁的后尘，在后世落个刽子手的骂名之际，孰料天无绝人之路！张之洞实是冯子材生命中第二个大贵人。

张香帅后来贵为南洋新军领袖，此时却无兵无勇，是个没有军队基础的文官，因此并无湘淮系统那些成见。在张之洞的鼓励许可下，冯子材克服诸多困难，很快编成了18营团练，号称"萃军"（冯子材，号萃亭）。清军最高指挥官李鸿章认为冯子材年老血衰，不是法军对手，碍于太后宠信张之洞不加阻止，并不为萃军提供粮饷军火；其心腹大将广西巡抚潘鼎新也瞧

不起这只杂牌军，曾当面挖苦"守关无须萃军"。张之洞对冯子材其实亦无多少信心，然而他这番举动，不但扭转了整个中法战局，更成就了冯子材的英名，无心插柳柳成荫了。

光绪十一年，法军逼近镇南关，潘鼎新不战而逃，法军烧毁镇南关城墙后树立了一块"中国门户不复存在"的羞辱牌子暂时撤退，中方战局再度恶化。年过七旬的冯子材临危受命，率萃军迎击法军。为表此行决心，冯子材把两个儿子带在身边，以示合家赴难。临行时，他嘱咐家人，一旦广西守不住，就全族迁回江南（冯不曾娶妾，发妻是镇江人），誓死不做亡国奴，全军闻之无不感动。

环伺诸列强，在普法战争惨败后内乱不止的法国战力其实相当弱。清军战败主要因为内部矛盾重重，不但湘、淮、绿营内斗不已，连同系统的人也不和。譬如，同属湘军的王德榜、苏元春，便坐视对方战败，互不救援。冯子材到任后开诚布公，召集各路将领开会，劝大家消除派系成见，同心协力，以国事为重。冯子材有信心撮合这班"正规军"出身的骄兵悍将，是因为不久前发生的一件事：萃军在路过集镇时，某米线铺老板揪住一位萃军士兵不放，大声说当兵的吃饭不给钱，引起镇民围观。冯子材见状便上去讯问，那士兵极力辩称自己没吃，冯子材便跟老板说："我们萃军军纪有'四斩令'——'拦路抢劫者斩，强奸妇女者斩，偷牛偷猪者斩，拐卖人口者斩'，士兵是不能上街自行买饭吃的，遑论强抢偷拿。"但老板一口咬定这个士兵吃东西不给钱，还讽刺萃军不过徒有虚名。士兵又急又气，拔出佩刀说："你不要诬蔑冯大人，我没有吃你的米线，不信就剖开肚子给大家看！"说完，那个士兵真的剖腹自尽。冯子材含泪派人检查，该兵腹中果然没有米线。真相大白后，萃军及冯子材威名大振，不单民间对萃军心折，王德榜、苏元春等人也都服了冯子材。淮军大将王孝祺在会上带头提议："今无论湘、粤、淮军，宜并受冯公节度。"刘坤一、李鸿章等人眼中的"杂牌军"冯子材就此被众将公推担任前敌主帅，领兵出关。

战果近人皆知：空前的镇南关大捷！法国茹费理内阁为此倒台，实为清廷对阵列强唯一的完胜战役。可惜，结局大家也都清楚，在李鸿章的坚持下，法国不胜而胜，中国不败而败。冯子材上表苦谏，措辞达到了议和者可斩的地步，清廷却不加理会。接到停战回国的指示后，冯子材泣下沾襟，连越南人民都在送别时流下了失望的眼泪。萃军回到龙州后，中国军民迎拜者几达三十里。

镇南关大捷后，"黑社会杂牌军"冯子材扬眉吐气。他并不就此功成身退，一直在国防战线上发挥余热。直到80岁退役，冯子材依旧步履矫健，朱颜鹤发，身体不亚少年。中日甲午战争、八国联军侵华，身在南方老家的冯子材都上书清廷要求勤王参战，未获批准。光绪二十九年（1903），应两广总督岑春煊会办广西军务的邀请，他不顾自己86岁高龄，兼程赴任。9月18日，积劳成疾的冯子材在途中去世，死时家无余财，仅余一部《军牍集要》传世。

冯子材的前半生，从参加天地会反清起义转而镇压义军，为清廷的反动统治出力，不甚光彩。但他晚年在中法战争中建立的伟大功勋，永垂史册，足以为前半生正名！然而，从大历史观来看，细查这位老人的遭遇，鸦片战争后清军面对列强屡战屡败的原因，无疑昭然若揭。晚清那段屈辱的历史，也就不难理解了。

左宗棠：一句粗口成就了功名

嘉庆十七年（1812），左宗棠出生于湖南省湘阴县一个普通士人家庭。嘉庆年间，经历了所谓康乾盛世的清朝已经开始中衰，社会动乱，危机四伏。在一干昏昏沉沉的士大夫中，以陶澍、贺长龄、魏源为首的湖湘学者敏锐地发现了乱象，他们以功业自许，以实务为先，写诗作文主张介入生活，大力提倡经世致用的思想，反对清谈空论，形成了理学支流中著名的经世派。稍后的湘军集团的骨干人物，大都出自经世派。左宗棠受到这些同乡前辈的影响，自幼沉迷于经世学问，一直潜心研究顾祖禹的《读史方舆纪要》、顾炎武的《天下郡国利弊书》等军事地理著作，结果沉迷于舆地、兵法等"诡道"中不能自拔，对于"正道"的八股文功夫自然松懈，二十岁了连秀才都没有中得一个。

道光十二年（1832），为了三年一度

左宗棠

大清栋梁，一代理学大师曾国藩对家人子弟留下遗言，总结自己一生经验，竟是："不信书，信运气。"其实，这六个字放在他的老乡兼老友左宗棠身上更合适。

左宗棠，字季高，号"湘上农人"，死后谥文襄，世称左文襄公。

★《冯子材：天地会出身的抗法英雄》主要参考资料：《清史稿》、《清稗类钞》、《清代名人轶事》、《清代野记》、《奴才小史》、《啸亭杂录》、《广阳杂记》、《蕉轩随录》、《郎潜纪闻》、《燕京岁时记》。

的湖南乡试，左宗棠特意花钱捐了个监生以便有资格参考。谁知主考官不喜欢他的文字，一下就把他刷了。无巧不成书，这次考试是为了道光皇帝五十大寿而特开的"恩科"，为了显示皇恩浩荡，道光皇帝特意下旨：为了多给考生一个机会，主考官要重新披阅落选的"遗卷"，以免人才遗漏。湖南巡抚吴荣光便从五千份已被淘汰的考卷中重选了六份合意的，这六个扩招生里就有左宗棠。他当时还没中秀才，却幸运捡到了举人的功名。

三年之后左宗棠北上京师参加会试，本已金榜题名，可到最后时刻，主考官们却发现湖南录取的举人多了一人，为了考虑各省平衡，就刷去了湖南一个名额，这个人便是印堂黑得发亮的左宗棠。他自然不甘心，三年后又考了一次，仍然不中，经历了两次失败，左宗棠心灰意冷，绝了进士及第的念头，开始了在湖南渌江书院的教书生涯。举人的功名成为左宗棠一生在科举上的最好成绩，非进士出身就成为他耿耿于怀的心病。

左宗棠虽然在科举上不得意，在湖南籍的文士中却大名鼎鼎。当时人称的"湖南三亮"，分别是："老亮"罗泽南、"小亮"刘蓉和"今亮"左宗棠。左宗棠中举之前，已与贺长龄、贺熙龄结交，贺氏兄弟将藏书全部借给左宗棠，并与其讨论读书心得，对左宗棠大加赞许。左宗棠还以一个布衣的身份与经世派首领、时任两江总督的陶澍结成了儿女亲家。陶澍颇有识人之明，他的女婿就是晚清奇才胡林翼。胡林翼时为翰林，也认为左宗棠器宇宏远，志毅坚定，

于是，不遗余力向权贵重臣作书推荐，称"横览九州，更无才出其右者"。左宗棠大名因此冲出湖南，闻名于京师的公卿贵族间。可惜，他没有进士功名，直至四十余岁，还是个平头百姓，只能失望地对亲友说："非梦卜夐求，殆无幸矣！"意即若非商王武丁做梦而重用奴隶傅说，周文王占卜而得钓叟姜太公那种奇遇，这辈子都别想做官了。虽然言下快快，以傅说、姜太公自比，却也表明了左宗棠的远大志向。

金子总有发亮的一天。咸丰元年（1851），举世震惊的太平天国起义在广西桂平金田村爆发，已在鸦片战争中焦头烂额的清政府终于开始不拘一格提拔人才，已经在福建老家赋闲的老臣林则徐以钦差大臣的身份起复，兼程赶往广西奉命弹压。早在数年前，林则徐从云贵总督任上因病辞官回乡，路过湖南时曾特请左宗棠到船上相会，通宵达旦畅谈古今后，林则徐认为左宗棠是"不凡之才"，视为自己事业的继承人，将自己多年治兵理政心得乃至新疆地区的图册都托付于左宗棠。林左新老两代国家栋梁这番舟中彻谈，被后人传为佳话，至今湘江边仍立有左宗棠、林则徐舟中夜话铜像。

林则徐在赴桂途中去世，太平军突破清军的围剿冲出广西进入湖南。原林则徐幕僚、新任湖南巡抚张亮基从云南入湘，派人往请左宗棠出山相助。张亮基是个有才干的人，林则徐以为其同胡林翼不相上下。左宗棠倒是不反感张亮基，只是他为人自负，一生崇拜诸葛亮，对"三顾茅庐"的故事烂熟于胸，自然把姿态摆得十足，

连番推辞。此时，正谋划组建湘军的诸位湖南大佬心中雪亮，堪称湘军祖师的江忠源亲赴左宗棠居住的白水洞相劝，胡林翼、郭嵩焘、曾国藩等人纷纷写信催促，摆够了架子的左宗棠方才出山赶往长沙，一到任即被张亮基委以军务重任。

太平天国因西王萧朝贵战死，全军发誓报仇，近十万人的队伍把长沙城包围得水泄不通，更是使出了穴地攻城的杀手锏。太平军出身矿工的土营士兵昼夜不休，在城下开挖隧道十数条，长沙城墙危在旦夕，城破指日可待。清军诸多将领束手无策，而左宗棠早年潜心研究的风水堪舆、阴阳地理等古怪学问，此时派上了大用场：他建议火速召集城中的盲人，再命令士兵在城内按五行方位挖掘洞穴，之后埋置瓦缸，令盲人伏于缸中倾听，借助盲人超常的听力判定太平军穴地方向，然后将其隧道挖通，倾入秽物、废水、炸药，破坏地道，淹死太平军工兵。太平天国起兵以来攻城屡试不爽的绝招就这样被左宗棠巧妙破解。太平军无力攻克长沙，遂在围城三月后撤退，左宗棠初出茅庐就就了大功。

左宗棠为张亮基幕僚，只是个"以备咨询"的参谋闲职，仍然是白丁身份。张亮基署湖广总督赶赴湖北，后又调任山东巡抚。洪秀全的花县老乡骆秉章官复原职，重任湖南巡抚。骆秉章之前代守长沙时破绽百出，若非萧朝贵被流弹炸死导致太平军前锋群龙无首，在骆主持下的长沙几乎失陷，被名将江忠源怒骂为不知兵。左宗棠也看不起骆，回家种田去了。骆秉章屡请不至，干脆捏造罪名抓了左宗棠的女婿，即陶澍的儿子，逼其岳父出来打官司。左宗棠无可奈何，只得半推半就地从了骆秉章，做了编制外的师爷。

骆秉章虽然才干平平，但知人善任，具容人雅量，史称其"休休有容，取人为善"。他自知远不及左宗棠，索性让其放手大干，自己拱手听成而已。据时人徐宗干记载："左文襄公以举人居骆文忠公（骆秉章谥号文忠）幕府，事无大小，专决不顾。文忠日与诸姬宴饮为乐，文襄当面嘲之曰：'公犹傀儡，无物以牵之，何能动耶。'文忠干笑而已。尝夜半创一奏章，叩文忠内室大呼。文忠起读叫绝，更令酒对饮而去。监司以下白事，辄报请左三先生（左宗棠行三）可否。"薛福成也有类似记载："骆公每公暇过幕府，左公与幕宾三人慷慨论事，证据古今，谈辩风生，骆公不置可否，静听而已。世传骆公一日闻辕门举炮，顾问何事？左右对曰：'左师爷发军报折也。'骆公颔之，徐曰：'取折稿来一阅。'"左宗棠曾老实不客气地当众对骆秉章说道："公可亦可，公否亦否。"诸如此类种种行为不胜枚举，以至于时人把骆秉章在湖南的功绩都算在左宗棠头上。后人编左宗棠的文集，竟把骆秉章在湖南时的奏折全部收录进去。因为骆秉章巡抚湖南期间，所有的奏折都是左宗棠写的。

左宗棠恃才傲物，一般上司都容不下他，遇到对其言听计从的骆秉章，却是成全了他。宛如诸葛亮遇刘备，王猛遇苻坚一般，金牌师爷左宗棠拳脚大张，一展平生之志。咸丰九年（1859），在规模空前的宝庆会战中大败太平天国翼王石达开，令这位曾逼得曾国藩跳水自杀的名将一蹶不振，彻底沦为流寇走向灭亡的清军主帅，便是老书生左宗棠！当时左宗棠那句 "但借勇五千，书生何惧长毛十万"，可谓脍炙人口。

祸兮福所倚，福兮祸所伏。本就心高气傲的左宗棠自此更是目中无人、不可一世，结果其火爆脾气终于捅了马蜂窝。

湖北人樊燮担任湖南永州镇总兵，因为大肆贪污军饷被匿名信告发。左宗棠看信后大怒，立马差人下乡调查，得知情况属实之后，便怂恿巡抚骆秉章参劾樊燮，骆秉章自然是照办。因为证据确凿，樊燮得知后不敢怠慢，马上赶到省会长沙接受 "双规"兼打点门路，骆秉章却不见他，告诉他直接去左师爷那里认错。樊燮马不停蹄到了左公馆，见了左宗棠，作了个长揖还没开口说话，但听得一连串湖南口音的怒喝："湖南武官见我，无论大小都要请安，你怎么敢不请安！"

话说人家樊燮也是有背景的，他是骆秉章的顶头上司、时任湖广总督官文的心腹！官文是满洲正白旗人，当时朝中权力最大的重臣肃顺就是官文的座师。官文作为根红苗正的八旗子弟接替张亮基，担任清廷在长江上游战区的最高长官，就是咸丰皇帝特派来两湖监视湘军系统这些汉官的。因其不通军事又贪财如命，湘军系统向来不买官文的帐。此番左骆二人修理樊燮，就存了敲打官文的意思，倒也未必想把事情搞大玩绝。哪料樊燮丘八出身，自以为给够了面子，眼见左宗棠气焰嚣张，牛脾气上来也不含糊："朝廷体制，未定

武官见师爷请安之例。我好歹也是朝廷的二品总兵，居然要给你这种不属正式编制的人下跪？这算哪门子道理！"

樊总兵这话不但在理，结结实实打在左师爷的软肋上，更是揭了左师爷的伤疤。左宗棠无法反驳，怒不可遏下更是忘了原来只想杀杀樊燮的锐气而已，当即用字正腔圆的国语骂道："王八蛋，滚出去！"

双方关系彻底破裂。

樊燮吃了这么个大亏，怎肯善罢甘休，滚出去后就愤愤地去武昌找后台官大人。官文此人，用曾国藩的话来说，就是个 "城府甚深，面子极推让，然占其地步处必力争"的主。官文知道八旗绿营无用，在军事上围剿太平天国必须仰仗湘军，因此对湘军集团的几番挑衅表面上都忍气吞声，背地里却拆台挖角，小动作不断。这次左宗棠做得确实过火，打狗还要看主人呢。根据《大清律》，左宗棠这种越俎代庖的行为，实属僭越乱纪，此大杀湘军集团威风的良机岂可错过？当下添油加醋，参劾左宗棠这个 "著名劣幕"的奏折直接飞向了紫禁城。咸丰皇帝不是不知道左宗棠的才干，但此君注意的是权柄不可下移，更不可移于汉人之手。览奏后龙颜大怒："堂堂军国大计，倘若操纵在这种白丁手里，长此以往那还了得！"立即派遣钦差查办，并亲笔批示：如果参奏属实，可将左某 "就地正法"！几乎判了左宗棠的死刑。

为了一句粗口，左宗棠性命堪忧，好在他也不是孤身作战。骆秉章很讲义气，写奏章分担责任又为左宗棠辩诬。时任湖北巡抚的胡林翼知道此事后，一边安抚上

峰官文，一边找时在肃顺幕府中当红的湖南大才子王闿运疏通，王闿运向肃顺说情之余又去联络时任翰林院编修的郭嵩焘。郭嵩焘思前想后，一咬牙怀揣了三千两的银票去找时任大理寺少卿、出身江苏吴县宰相世家的同事潘祖荫。有钱能使鬼推磨，潘祖荫上奏折力保左宗棠，其中有一句流传至今的名言："国家不可一日无湖南，湖南不可一日无左宗棠！"

正是人多力量大，经过诸多朋友的一番运作，本已走投无路的左宗棠转危为安，最终更是因祸得福，因为他遇到了生命中的大贵人肃顺。肃顺本是个思想开明的人，口头禅就是："咱们旗人混蛋多，懂得什么？汉人是得罪不得的，他们那支笔厉害得很！"肃顺情知国家此刻迫切需要湘军集团的人才，藉由潘祖荫上书的良机，他劝说咸丰收回成命，还写信训斥了官文，下令"左宗棠著以四品京堂候补，随同曾国藩襄办军务"。已近天命之年的左宗棠终于扬眉吐气，苦尽甘来成为大清朝的正式官员。平反之后的他投笔从戎，带领罗泽南、王鑫二人去世后遗留的"老湘营"，招募了一部分新兵，号称"楚军"，东征太平天国控制下的浙江，开始了后半生波澜壮阔的军事生涯。这位从未中过进士的师爷，从政府编外人员升任位极人臣的督抚，仅用了三年时间，升迁之速，举世无双。日后，左宗棠更是带领楚军进军大西北，平定回乱，收复新疆，粉碎了沙俄分裂中

国的阴谋，成为当时清廷不可或缺的顶梁柱，后世中国赫赫有名的民族英雄。

至于那位樊燮，则被革职遣回湖北原籍。他虽然贪污不法，倒也是个硬汉子。回乡之后，他建了一座书楼，宴请乡邻并举杯发誓："左宗棠不过是一个举子，竟敢这么欺负人！夺我的官还骂我的娘，举人就了不起吗？从今天起，我请名师来教育儿子，要考不中进士，点不上翰林，就不配做我樊家的子孙！"樊燮从此在祖宗神龛下侧加放一块牌位，上写"王八蛋滚出去"六个大字。每月逢初一、十五，他就带着两个儿子对着牌位跪拜，并发誓说："我儿子不中举人以上的功名，家中永不去此牌！"同时，不让两个儿子出门，也不让他们穿男人的衣服，只给他俩穿女装，规定中了秀才，才允许脱去女式外套，中了举人，才能换掉女式内衣。在这样的魔鬼填鸭生涯的摧残下，长子樊增絅撑不住英年早逝，次子樊增祥却熬出了头，七年后中举人，十年后中进士，后来更做到两江总督的高位，总算把那个晦气牌位给砸了。这位小樊写得一手好诗，是清末民初晚唐体的大家。只不过，由于年幼时的经历，言谈举止甚有女性倾向，性取向更是暧昧难言，人送外号"樊美人"。

一句粗口，成就了一位英雄左大帅，造就了一位诗仙樊美人，还为后人保留了西域上百万平方公里的江山。不信书，信运气。诚哉斯言！

★《一句粗口成就了功名》主要参考资料：《清史稿》、《清稗类钞》、《清代名人轶事》、《清代野记》、《奴才小史》、《啸亭杂录》、《广阳杂记》、《蕉轩随录》、《郎潜纪闻》、《燕京岁时记》。

大唐西域之高昌绝唱

作者：阿弩

— 天可汗的海冬青

公元639年，大唐贞观十三年十二月，通向长安的骊山道路上出现了一支小小的队伍。他们高掣的狼纛，辫发左衽的装束让见过万国来朝大世面的长安人一眼就认出，这是来自漠北的突厥人。队伍领头的是一位身材极其魁梧的突厥军官。此人身长足有七尺，比常人高出整整一个肩膀，高鼻深目，容貌雄健，却也不失清秀俊朗，挺身马上，颇有玉树临风之感。一根用七彩丝线编织缠绕而成的粗亮长辫，醒目地垂在身后，黑色丝绸的披风上绣着一只狰狞的野狼，那野狼绣得活灵活现，尤其是那双绿幽幽的眼睛，随着身体的抖动恶狠狠地瞪着四周。此人正是年十一便以智勇闻名突厥，征战漠北，扬威西域的突厥处罗可汗之次子阿史那社尔。四年前，他率部内附，授左骁卫大将军，处其部于灵州。后来，当今皇帝李世民将妹妹衡阳长公主嫁给他，封他为驸马都尉，典卫屯兵，恩宠无以复加。此时的他，正奉诏进京，参加腊日（即腊月的第一天，唐时放假三天）庆典。

虽然已经不是第一次来帝都，但是当伟大的长安骤然出现在眼前时，阿史那社尔依旧被深深地震撼了——出现在山下的长安城在皑皑白雪中强烈冲击着他的视野：金碧辉煌的飞檐翘顶，鳞次栉比的精巧建筑，密如蛛网却又纵横笔直的街道，还有巍峨高耸的城郭和连绵不见尽头的高墙，好大啊！好多人啊！初到灵州的时候，就曾惊讶大唐城市的宏伟和广大，但和这长安一比，灵州不过是一边塞小城！

"腾格里啊，这难道就是梦幻般的天国么？"随行的族人中有人小声地惊叹。阿史那社尔笑了笑，想起自己初进长安，也是和他们一样瞪大了眼睛，张大了嘴巴，完全被震撼了。

随着队伍一步步靠近大唐都城，队伍里惊叹之声愈发频繁。

其实不光是他们，那些戴耳环，披肩布的五天竺人，着小绣袍、小口袴，皮帽上绣着花纹镶上丝网的中亚胡人，来自新罗、日本的留学生、以及真腊人（今柬埔寨）、波斯人（伊朗）、大食人（阿拉伯）、拂菻人（东罗马），都会被这座伟大的城市所倾倒。即便是现代人涉足其间，也会叹为观止。

唐帝国首都长安是当时首屈一指的国

际大都市。在 8 世纪下半叶巴格达兴起之前，是亚洲经济、文化交流中心。长安城东西宽约 9.7 公里，南北宽 8.6 公里。城墙高约 6 米，厚 9—20 米不等，共有 13 个门基达 52.5 米的城门。长安北部中央是皇城和宫城，面积约 5.2 平方公里。城内有南北大街 11 条，东西大街 14 条，以宽达 150 米的朱雀门大街为中轴线，居住着 30 多万户，160 余万人，加上宫内宫人宦官、宿卫士兵、侯选官吏、流寓的外国留学生，共有 180 万人左右。居民中不仅有汉人，还有唐王朝境内各族人民和亚洲其他国家人士，如中亚昭武九姓、吐火罗故地的胡人、波斯人和突厥人等。长安城内共有南北向大街 11 条，东西向大街 14 条。其中轴线是南出明德门，北穿朱雀门直到承天门的朱雀门大街，其宽达 150 米，将长安分成东西对称的两部分。以东的五十四坊和东市、兴庆宫、曲江池属京兆万年县，以西的五十五坊属京兆长安县。贯穿城门之间的三道南北和三道东西走向的大街时称"六街"，是最主要的街道。每条街都成直线，长而宽广，一般宽 80 米左右，每条大街两侧都有宽三米，深两米多的水沟。在纵横交错的二十五条大街之间，整齐排列着如棋盘的坊市，每个坊都有围墙和坊门，坊内还有十字交叉的小巷，将全坊划为数目不等的区，各坊之间的距离当在 40 米左右。整个面积是现代西安城的 10 倍！

接近城垣了，放眼望去，熙熙攘攘的人群就在队伍旁边走过，个个衣着华丽，五彩缤纷，不管男人还是女人，年轻人还是老者，都是红光满面，喜气洋洋，手里

拿的，肩上挑的，都是大包小包的商品，似乎人人都是腰缠万贯的富翁。临近城墙街道两边是数不清的商铺、酒肆和客栈，还有其它不认识的房屋。每间房屋都是那么亮堂，精致、宽敞，形形色色的装饰物争先恐后地打扮着各自房屋的门前厅后。啊，难道唐人都是这么富足快乐么？就是这些让诸多胡人乐不思蜀么？

"好高的城楼啊！这么高的门洞啊！"阿史那社尔身边的一个附离（突厥族中的侍卫之士谓之附离，意即狼，是突厥可汗身边的精锐扈从队伍）仰望着青石峥嵘的穹顶，差点掉落了皮帽，队伍从长安的开元门缓缓进入了长安城。"一个门就有三个大门洞，人就那么多不够用么？"开元门，乃著名丝绸之路在长安的起点，从这里走不远，就是九胡汇集的西市。这里拥有来自五湖四海的奇特商品，吸引了大量顾客，因而热闹程度远超东市，常被人称之为"金市"。时近腊日，这里更是张灯结彩，客流如织，异常繁荣。

"这算什么，南边的明德门还有五个门洞呢！长安的城门，只有春明门是一个门洞，其它的都是三个！"带队的鸿胪寺小吏意气风发地解说道，"北部中央的皇城和宫城，那些城门还要宏伟高大！呵呵，等各位有空，带尔等到朱雀门大街逛逛，那才是令人眼花缭乱的好地方呢！光大道就有四百丈宽，那可是全长安最热闹的地方，尤其是小娘子们，可是在那里舍不得走呢！"

附离们压低声音发出"哦，哦"的惊叹声，跨下的战马喷着热气，在宽阔笔直的

大街上慢慢行走，马蹄踏在砖瓦碎块铺就的平坦道路上，得得脆响。阿史那社尔不时勒住缰绳，和对面驶来的车辆和抬轿交错。一排排整齐划一的坊市鱼贯而过，每个坊都有围墙和数量不一的坊门，每处坊门上方有黑底金字的门牌，写着"修德坊"、"辅兴坊"等字样。"你看，你看，咱们左手边就是皇城和宫城，就从那个顺义门进去的地方，看见了吗？"小吏遥遥一指，"够气派吧？"

"啊，那就是大唐天可汗住的地方？"有附离问，"有多大啊？"

"皇城吗，有十二个坊市那么大，占了整个长安的一成多吧，它和旁边的掖庭宫、太极宫、东宫称'东内'。掖庭宫是给宫女们住的，东宫是太子住的，而太极宫才是皇帝起居、听政和朝见群臣的地方。乖乖不得了，里面有太极殿、神龙殿、万春殿、立政殿……少说也有十几座宫殿，都是皇帝和他家人的！"小吏滔滔不绝，仿佛话痨发作，"我只进去过一次，里面庭院深深，富丽豪华，太监、宫娥、禁军、侍卫穿梭如过江之鲫，我不一会就晕了头，迷了路。帝王家宅确实不是我等能够想象的，这还是皇帝爷的一个家。"

"怎么，皇帝有很多家吗？"住惯皮帐的突厥附离们交头接耳，阿史那社尔犹豫了一下，没有出言制止他们的大惊小怪。

"这有什么奇怪的，咱们大唐疆土远达天边，皇帝的家自然也是最大的。别说几家，就是建个几百家几千家又有什么稀奇？天下都是皇帝爷的，能有什么不是皇帝爷的？"小吏说得口沫横飞。

虽说有上元节的庆典，天可汗邀请自己也在情理之中，但是天可汗也不会就因为过节便将自己从遥远的灵州召回来。肯定有什么大事要与我说，阿史那社尔想，不然也不会叫我即日就进宫。

香梅芬芳，春寒料峭，太极宫两仪殿内暖意融融。两仪殿乃太极宫第二大殿，此处属于"内廷"，或称内朝，是大唐皇帝与宗人集议及退接大夫之处。两仪殿因在禁内，只有少数大臣可以入内和皇帝商谈国事，故举止较为随便，自然也非一般人能够进得。这里也经常是太宗欢宴大臣与贡使之处，太宗多次在此殿宴请五品以上官员。

此时在殿内，唐太宗李世民和阿史那社尔对坐下棋——不是围棋，而是盛行中原内外的双陆棋。双陆棋又称握槊、长行或者波罗塞戏，原本即起源胡戏，汉魏即开始流行，隋唐时期达到鼎盛。唐太宗选择和阿史那社尔"打双陆"而非下文绉绉的中原围棋，显然也是考虑到社尔的突厥背景。

"爱卿今日所献珍珠，比合浦珍珠还大，绝非凡品，想必得来不易罢？"太宗边说边抛出三个骰子，骰子滴溜溜转停，舍点数最高者，余下两个的点数可供两个马（棋子）前行点数所示格数。太宗乐滋滋地挺棋前，将两颗马构成一道"梁"，顺利地将一颗社尔的孤子打回起点。"打！看汝如何应对！"

专注下棋的阿史那社尔盯着棋盘，随手也扔了骰子，看了点数，迟疑地碰碰这个，又碰碰那个，一时不知道如何走棋，嘴里随意答道："陛下好眼力！陛下如果喜欢，社尔自是欢喜，但是多的却也没有了！"

太宗先是一愣，随即不禁莞尔，阿史那社尔还真是实在人。

突然意识到自己失言，阿史那社尔大窘，红脸欠身道："社尔言拙……"

太宗哈哈大笑道："爱卿不必多礼，既非凡品，自是稀有，朕不过随口一问，卿随口回答，但有何妨！且为朕说说此珠典故？"

阿史那社尔清清喉咙，暗地里提醒自己这里不是突厥牙帐，自己面前的可是人人敬畏的大唐天可汗。"据说这珍珠极为难得，据得此珠的契丹人告诉臣，此珠产于靠近高丽的东海苦寒之洋中，每年八月十五，月白风清之时正值北珠大熟。珠皆藏于珠蚌内，而北方此时已是严寒难当，海水覆以尺冰，不仅坚硬如铁，人无法破冰取珠，就算破冰，但因水寒，入水即僵，也无法得逞……"

"哦，那便如何得珠啊？爱卿快讲！"太宗似乎来了兴致。

看得皇上欢喜，阿史那社尔松了口气，斟词酌句地说道："当地产一种天鹅，以蚌为食，吃了蚌后自然将珠藏于嗉内，但是这种天鹅体形庞大，双翅展开有约六尺，强健有力，不仅高飞急速，性情也颇凶猛，能以翅断人双腿，常人难以获取！"

"这么说连神箭手都难以射到，那可怎生好？不过俗话讲：一物降一物，既然有珠在此，那必定有降伏之法。"

"陛下圣明，猜得大半！"尽管入唐已逾四年，加上日日与衡阳公主对话，阿史那社尔汉家礼仪及汉话已精进不少，然今日与太宗皇帝一谈，阿史那社尔已经将他肚子里积下的几两墨水发挥到了极致，"那北方有一种猛禽，名叫海东青，是一种专门能击杀天鹅的鹰鹘，只要能捕得此鹰，加以驯养，就能捕捉到天鹅，从其嗉中取得宝珠！"

"妙！也绝！"太宗抚掌欢笑，突然似乎想到什么，眉头微微一蹙，神情若有所思，"蚌生珠，鹅食蚌，人驯鹰，鹰杀鹅，旋得珠，一环扣一环，却也都非一日之功！好！"预感到天可汗将要切入正题，阿史那社尔正襟危坐，凝神细听，可是太宗却又换了口气，拿了捣衣杵状的棋子啪啪啪地敲打棋盘，笑道："哦？社尔好棋艺，居然给朕的这个孤子生生逼出'冤'来。"

阿史那社尔不好意思地挠挠头，一时不知道说什么好，故意输或者有意赢，都不是他能掌控的。打双陆三分靠棋艺算计，七分靠掷骰运气。而所谓冤，即是行棋到最后，双方的棋子大部分已经进入到对方的内格当中，两两成梁。如果一方还有棋子留在已方内格，那就可能因为前方有对方的"梁"而被打回起点，不仅白白丧失一次行棋的机会，还会在下一次行棋时再次被对方步步推进的"梁"打回起点。

"罢了罢了，今日被冤定了，"太宗接连被冤四次，孩子气地大呼小叫，"当是这巴川进贡的双陆子受潮不成？"

"让微臣替陛下掷上一掷如何？"阿史那社尔很是过意不去。

"呵呵，那便看看爱卿手气如何？"太宗递过骰子，眯眼抄手，看社尔掷骰。

阿史那社尔提神敛气，将骰子拢在掌中，哈一口气，"嘿"地一声掷出，却正正是大点"六"。

太宗大喜，鼓掌笑道："这便是了！"提了马，越过社尔数道"梁"，摆脱了被动局面。"还是爱卿手气好，助朕一臂之力！"

阿史那社尔躬身道："区区杂戏，何足挂齿！所谓君君臣臣，臣愿为陛下肝脑涂地，效死搏命，岂仅棋盘小事！"

太宗拍拍社尔肩膀，很宽慰地笑笑。要是别的什么人说这些肉麻的奉承话，唐太宗一定会嗤之以鼻，但是，他知道，阿史那社尔的话出自肺腑。

"你看这困局，那孤子苦苦挣扎，却总是不得出，真真一个憋屈，"太宗盯看棋盘片刻，"非掷一大点，迈上一大步，跳过数道梁方有生机。"

阿史那社尔眨巴眨巴眼，一时没明白太宗深意。

"近日朝堂在议论高昌之事，卿所言宝珠之事，令朕颇有感悟，"唐太宗站起身来，踱了两步，"唰"地一抬手，手指直戳西方，"朕乃欲得珠之人，尔等乃海东青，西突厥乃大鹅，宝珠乃通碛西之道，而含珠之蚌则是……"

"高昌，"李世民微笑坐了下来，敲了敲棋盘，"想必社尔已知朕心。"

阿史那社尔呼吸急促起来，看来天可汗今日找他，并非为下棋消遣。对于昔日牙帐辖下的高昌国，当今朝堂之上，有几人能比他更熟悉？早听说皇帝有西进之意，但魏徵、褚遂良等重臣却一致反对，难道这就是皇帝的困局？那他要怎么掷一大点，

迈上一大步，跳过数道梁呢？

"臣已听得前些日陛下发书切责高昌王麴文泰，不知——"阿史那社尔竭力保持平静，难道天可汗决意出兵伐西？会让我率兵吗？突厥民族剽悍的血液开始剧烈沸腾起来。我要做那海冬青！

"麴文泰阴结西突厥叶护咄陆，意欲击我伊吾，朕下诏好言规劝，征其大臣冠军阿史那矩入朝商议，嘿，"唐太宗端起茶杯，慢慢啜饮一口，"麴文泰居然不遣，只派个长史麴雍来敷衍了事。嘿，要不是虑其父麴伯雅心向中国，自武德二年便率先入朝，朕也不会宽宏若斯。区区高昌，虽地处偏远，然我大唐欲远诛之却也易如反掌！"

阿史那社尔知道这不是自己大舅子信口吹嘘，如今已是贞观十四年，大唐国力兵锋之盛，威震天下，昔日堪与之争雄的环伺对手，无一不折戟沉沙。

"只要陛下一声令下，社尔愿为大唐前驱，剿灭逆贼！"阿史那社尔虎虎站起，双拳紧握，震得案几茶碗得得着响。

"呵呵，社尔忠心，朕自省得，"李世民微笑着摆手示意阿史那社尔坐下，"尔乃大唐长公主驸马，今日召汝，乃是家人叙话，言及汝碛西故地而已，自可随意些。十四妹近日可好？"

"托陛下鸿福，衡阳公主安好，"提到自己妻子，阿史那社尔内心涌出一股甜蜜，突厥诸多王公贵族中，惟他得娶唐朝血统纯正的宗室女，乃高祖十四女，当今天可汗的亲妹妹衡阳公主。不久前，这位皇家公主为他生下一个儿子，取名道真，

令社尔乃至整个部族都欣喜若狂，皇帝也亲赐很多财物以表庆贺。"陛下所赐过于丰厚，臣……"

"嗨，都是自家人了还说这般客气话，那是朕这做舅舅的，送给侄儿道真的，"唐太宗笑道，"洗儿钱而已，社尔休得再谦，朕知汝自内附以来，钱财皆授灵州部属，言'部落丰余，于我足矣'。若是入我大唐，却因体恤部属而拿不出些洗儿钱，且不说十四妹责怪，就是朕本人，却也如何拿得下颜面！"

都是自家人。阿史那社尔被这句话深深地感动了，天可汗从来就没有把他看作"外人"，不光对他，对同为蕃将契苾何力、执失思力乃至贞观年间先后内附的三十万突厥族人，皇帝从来都是将之与汉家一视同仁，甚至还更加恩宠。前些日，朝中还有人冷言冷语说朝堂五百胡官，几于汉臣同数，天可汗却持孔圣"有教无类"之义，斥贵中华，贱夷狄之举，明言独爱之如一，着实让诸胡感激涕零，几乎要"割耳捻面"以表忠心。"割耳捻面"是包括突厥人在内的草原民族表达感情最炙烈的风俗：割掉耳朵，刺破面容，血流满面。如果说将自己及其部族安排在灵州算是给了一个栖身之所的话，那再将妹妹嫁给自己则是真的给了他阿史那社尔一个家。从那时起，阿史那社尔就真正将大唐视作自己的安身立命的家，将自己视为唐人。作为一个唐人，保家卫国，效命天子乃天经地义。

"罢了，你且将高昌故事，细细与朕到来罢，朝中诸大夫，看的是裴矩所著《西域图记》，听的是伊州官吏上奏之言，说

来说去就是那几样，哪里比得爱卿曾田猎其间，驰骋阡陌。他们或平或纵之说，大多纸上谈兵，犹如这双陆冤子一般，就在原地打转，非要有一个大点出现方可……"唐太宗哈哈笑道，一推棋盘，突然像想起什么，有些歉然地说道："啊，匆匆召尔前来，想必卿尚未用膳罢？不如与朕一同用膳吧，来人！朕今日便在此处与卿同食！"

不待阿史那社尔诺诺客套，太宗已叫人上膳。不一会儿，一列内侍箪食浆壶鱼贯而来。阿史那社尔知道裴矩虽为前隋旧臣，但是此人深谙天可汗方勤远略，将通西域伟志，自前朝便经略西域多年，恪勤职守，深得西域人文地理之精髓，通晓西方诸国态势。是天可汗西域诸事的重要谋臣，深得器重，但是他的话天可汗都觉不足，那自己的话，却要怎样说才使得？其实社尔不知，知太宗有意拔高昌，开西域，朝中不少要臣争相劝谏："时公卿近臣，皆以行经沙碛，万里用兵，恐难得志，又界居绝域，纵得之，不可以守，竟以为谏。"（《旧唐书·高昌传》）。著名唱反调高手魏徵也言之凿凿地表示"若罪文泰，斯亦可以"，反对因"商胡被其遏绝贡献，加之不礼大国"便"遂使王诛载加"。他们都没深刻体会到唐太宗开西域，定中原的核心理念，因此，太宗不以为然，就此便有"掷一大点，越过群梁"之说。太宗决心已下，今日召阿史那社尔前来，不过是最后咨询高昌详情，完善方略而已。

入京之前，阿史那社尔曾询衡阳公主何以言对大舅，公主笑言："无它，知无不言，言无不尽则已！"阿史那社尔心里点了点

头，听公主的没错。

"哔罗，想是合卿口味！"太宗提箸笑道，"朕令人从西市购来，非宫中御厨所做，来，却让朕与卿大快朵颐！"

甜香醇厚，色彩斑斓，阿史那社尔眼前一亮，他知道"哔罗"乃是以牛羊肉和果蔬合煮的上佳饭食，其做法来自波斯，尤其是那樱桃哔罗，颜色鲜艳无比，口感甜美，今日见的自是此美味了。

"波斯菜当配波斯酒，可是那三勒浆却是明日庆宴所用，我等便将就用些京城的朗宫清罢，虽比不得草原的马奶酒性烈如火，却也是唇齿留芳的好酒。"三勒浆乃波斯名酒，由珂黎树结的珂黎子酿造而成，具有"消食疏气"的功效。与之齐名

的只有产自河中的龙膏酒，龙膏酒"黑如纯漆，饮之令人神爽"，也是河中小国的贡酒。两者上品与长安虾蟆陵的朗宫清、阿婆清等并称名酒。

"陛下厚爱，社尔感激难以言表。"天可汗之心细，常人莫及！连饮食起居，都替他人想到了。

"方才朕已说了，吾等乃自家人，怎的还做妇人状！这可不是草原雄鹰的气魄！"太宗扬手示意斟酒，"来，与朕先连干三杯！"

"臣甘为天可汗鹰犬！"阿史那社尔端起酒杯，按照草原礼仪恭敬地洒酒祭祀，然后大口喝下，以空杯示太宗，碧色的瞳孔里赤诚如钢。

二　秦王破阵乐

腊日庆典要开始了，太极宫上上下下一片忙碌。

庆典在太极宫的北门玄武门楼举行。玄武门历来以其重要的政治、军事地位称雄当时，其地居龙首原余坡，地势较高，俯视宫城，如在掌握。多少事关大唐帝国改朝换代的宫廷斗争，就发生在这里。而在安宁平日，也是群宴百官蕃臣之所。史载：贞观十四年（640），太宗曾于玄武门宴群臣及河源王诺曷钵，"奏倡优百戏之乐"；唐中宗景龙三年（709）二月巳丑，中宗登玄武门楼观宫女分朋拔河为戏，并"遣宫女为市肆，鬻卖众物，令宰臣及公卿为商贾，

与之交易，因为忿争，言辞猥亵。上与后观之，以为笑乐"。

天还未亮，成队的禁军便在执金吾的指挥下在太极宫玄武门内陈列仪仗，展布旗帜。此次盛会，遍宴内外朝臣，四夷藩属，朝廷上下极为重视。因而，南衙十二卫和羽林军精锐尽出，分掌天子内外仪仗。南衙左右卫以黄质鍪甲铠，为左右厢之仪仗，其黄旗仗立于两阶之次，朝堂置左右引驾三卫六十人，皆灼然壮阔之士；左右骁卫阵列正殿之前，以黄旗队及胡禄队坐于东西廊下，其队仗立于左右卫之下；左右武卫被白质鍪甲铠，踔称长唱，警持跻队应

跸为左右厢仪仗，正殿前诸队立于左右骁卫之下；左右威卫被黑质鳌甲铠，弓箭刀盾旗等，亦为黑质，为左右厢仪仗，列于正殿前诸队次立于左右武卫之下；左右领军卫，被青甲铠，持青色弓箭刀盾，为威卫外最外层之两厢仪仗，正殿诸队，亦在威卫之次；离天子最近的是左右金吾卫，金吾大将军引六十六名引驾骑士为天子升朝之前驱后殿，骏马猛士，虎虎生威。担任内仗的羽林军，人数虽教南衙十二卫少，但其声势丝毫不让南衙。按披风、枪缨和帽羽绿、绯、红、碧诸色不同，以设宴的大殿为中心，东面挚青龙旗、南面挚朱雀旗、西面挚白虎旗、北面挚玄武（龟蛇）旗，四个方向又照不同景象各自分列，尤其是正北玄武，由七队士兵组成斗宿、牛宿、女宿、虚宿、危宿、室宿、壁宿等北方七宿，呈龟蛇相缠之象，形成一朵巨大而鲜艳的钢铁之花。雪亮的刀枪，鲜明的衣甲和旗帜，魁梧耸立的士卒，不仅衬托出大唐皇室的威严，也让人不禁悚然于大唐军容之甚！无数宫女、太监在宫中匆匆穿行，他们要扫清积雪，搭设舞台，安置座位，摆好果品菜肴，皇帝所在的地方还要放上火盆等取暖之物，当真忙得不亦乐乎。但尽管人来人往，偌大的太极宫，却没有人发出一丝声响。

见到如此情景，连一向难以安分守己的四夷胡客都凛然生畏，一个个规规矩矩地按座次入座静待。阿史那社尔贵为驸马都尉，座位自然靠前，可以清楚地看到大半个宴会场景。昨天，天可汗谈兴甚浓，后来不顾夜已至深，还将房玄龄、魏徵、

褚遂良、李靖、侯君集等一千重臣急急招来，听他细述高昌之虚实。各位大臣听到关键处，还一一出言问询，估计获益良多。虽然不太清楚天可汗到底有何打算，但是，阿史那社尔明显感觉到，大唐帝国将对西陲展开一场重大的军事行动，而他，需要在里面争得一席之地！阿史那社尔握紧拳头，仰望天空，腾格里，你要是眷顾你的子孙，就让他回到曾经让他饱受屈辱的地方，让他用刀剑洗刷所蒙受的耻辱吧！

实际上，在阿史那社尔离开宫掖之后，李世民和他的幕僚们对高昌局势进行了彻夜长谈。是否出兵开西域，成为诸大臣争议的焦点。而对西域整体形势的判断以及大唐帝国的西部战略定位，主要决策者还是唐太宗李世民。在他眼里，高昌，不仅是开西域的第一步，也是恢复汉家王朝在西域统治的起点。

李世民的考虑，既有浓厚的中原帝王情结，也有颇具眼光的深谋远虑。实际上，自李世民继承大统，就开始审时度势，谋略西域。

高昌，对李世民来说，对中原王朝来说，都不陌生。其名来源有二，照《魏书·高昌传》的说法："或云昔汉武遣兵西讨，师旅顿弊其中，尤困者因住焉。地势高敞，人庶昌盛因云'高昌'。或云其地有汉时高昌垒，故以为国号。"这说明，早在汉代，高昌即与汉土联系紧密。至前隋时期，中原王朝的就对高昌予以高度关注，隋炀帝曾于大业五年（609）六月御驾亲临张掖，当时的高昌王麹伯雅很诚心地带领西域二十七国国王佩玉披锦，焚香奏乐，于道左歌舞

相迎，其场面极其盛大。龙心大悦的隋炀帝不仅封其为左光禄大夫、车师太守、弁国公，还将戚属宇文氏女封为华容公主出嫁麹伯雅。隋炀帝如此高看麹伯雅，除了有奖励他心向中土之诚外，更重要的是，"伊吾、高昌、鄯善并西域之门户也，总凑敦煌，是其咽喉之地"。高昌东与河西走廊相连，是西域通向内地的三大门户之一。其战略重要性，远在伊吾、鄯善之上。丝绸之路南、中、北三道中，最为畅达的为中道，且中道必经高昌。由此可缘天山南麓，塔克拉玛干沙漠的北缘径趋疏勒，越过葱岭到达中亚两河流域地区，再向西，可抵波斯至西海。同时，高昌南北交通也很发达，可以辐射到天山南北各地区。在西突厥内乱之前，便捷的中道是东西交通的主要通道，史载："西域朝贡者皆由高昌。"中原王朝在此需要利益的代言人和前伸的耳目，麹伯雅治下的高昌很好地担当了这个角色。

自唐代隋后，由于久经战乱的新帝国需要修生养息，唐高祖和唐太宗对西域都采取了观望的态度。对于包括高昌在内西域诸国的频频朝贡，要求提供保护的急切呼声，唐朝明智地持保留态度。李世民很清楚，"中国始平，疮痍未复"，需要有足够的时间和精力来恢复国家的元气。摆在他面前最重要的是，社会安定和扫清帝国周遭的障碍，这远比扬威西域，控制丝绸之路主导权更重要得多。因此，当魏徵提出消极对待西域诸国请唐开西域的请求，即所谓"盖不以蛮夷劳弊中国也"的观点时，他欣然接受，及时召回了要高昌派出联络西域诸国的使者，驳回了康国要求举国内

属的请求。切实贯彻"中国已安，四夷皆服"的方针，励精图治，遂天下大治，所谓"外户不闭，道不拾遗"，国力也迅猛增强。但是，唐太宗并没有忽视帝国西陲，一直在积蓄力量，伺机而动。唐太宗之所以得称旷世雄主，关键在于悟得"造势乘机，为千古成功之要诀；失势失时，则为千古败亡之契机"，此亦孙子"先为不可胜，以待敌之可胜"之原理。由此，当高昌王麹文泰初现反意，薛延陀部表示愿意发兵征讨时，唐太宗觉得时机不到，没有发遣唐俭、执失思力大军，而是再次修书麹文泰，言明利害，并召其入朝。麹文泰称病不去，在唐廷看来，这是大失蕃臣之礼的行为，麹文泰不仅彻底丧失了唐朝对他的信任，也令朝中持缓开西域者无言以对。与此同时，唐王朝西进的步伐异常稳健，可谓步步为营，环环相扣：贞观四年，唐收伊吾，设西伊州，事隔不过一年多，改名伊州。伊吾者，西域三门户之一，乃丝绸之路北道咽喉，其离敦煌最近，自然成为中原王朝西进最先关注之地。隋朝时，"客商往来，多取伊吾路"，前隋名臣裴矩在此经略多年。唐太宗在此设州而非羁縻州，表明了唐王朝将该地彻底纳入内地诸州的决心，更重要的是，为经后大举西进构建一处强有力的前进基地。事实证明，这是非常具有战略眼光的举动。也在贞观六年，唐太宗册封西突厥泥孰可汗，支持其在西突厥汗国中的正统地位，标志着唐帝国一改过去对西域问题消极被动的做法，开始染指其间，并做积极的战略试探。而此时的西域，已经陷入一片战乱之中。

611 年，室点密部突厥强盛，击败阿波部处罗可汗，取代铁勒夺得西域东部的统治权。待到射匮可汗时期，完全征服了整个西域。他的继任者——一代突厥雄主统叶护可汗不断开疆扩土，将西突厥汗国推向极盛。《旧唐书》载："统叶护可汗，勇而有谋，善攻战。遂北并铁勒，西拒波斯，南接罽宾，悉归之。控弦数十万，霸有西域，据旧乌孙之地。又移庭于石国北之千泉。其西域诸国王悉授颉利发，并遣吐屯一人监统之，督其征赋。西戎之盛，未之有也。"西突厥加强了高昌、龟兹、焉耆等国的控制——要这些依附丝绸之路的小国为其纳税贡赋，同时也为其提供军事保护。在此情况下，丝绸之路国际贸易体系进入一个相对稳定的时期，极大地促进了贸易和经济的发展。可惜好景不长，自 627 年（贞观元年）开始，一度强盛的西突厥汗国爆发了内乱，先是葛逻禄揭竿而起，接着统叶护可汗命丧伯父莫贺咄之手。莫贺咄自立门户，靠不光彩手段得来的权力自然得不到突厥各部的一致拥护。弩失毕部落率先不服，迎统叶护可汗的儿子为肆叶护可汗。随后莫贺咄的败亡并没有结束混乱的局面，汗国内部争权夺利的矛盾反而全面激化，肆叶护可汗与其叔父泥孰之间"兄弟争国"，相互征伐，西突厥在西域的统治全面动摇。

正是在这种形势下，从东突厥分裂出来的阿史那社尔粉墨登场。试图在西方一展雄图的阿史那社尔自号都布可汗，乘乱占领了西突厥汗国的半壁江山，一时间声势浩大，得众十余万。年轻气盛的社尔让

接连的胜利冲昏了头脑，不顾部属劝阻，为复仇远征薛延陀部，不幸战败。不得已走保高昌，众才万人，势力大减，又与西突厥不平，由是率众内属。连年战乱，使高昌等小国为求自保纷纷脱离西突厥独立。对严重依靠丝绸之路贸易以固其国本的他们来说，如此动乱的局势使他们迫切地寻求一个强权的保护以恢复贸易之路的安定，于是，他们纷纷将眼光投向了东方。高昌国就是其中最积极的一个。

唐帝国支持的泥孰派突厥令唐太宗大失所望，李世民原本希望通过其左右西突厥汗国的政治走向，从而间接控制西域。但是，在泥孰和肆叶护可汗的争斗中，前者一直未取得优势，泥孰去世后，唐朝继续册封其弟同娥设为沙钵罗咥利失可汗。638 年（贞观十二年），欲谷设被立为乙毗咄陆可汗，与咥利失大战，未分胜负。于是，以伊列河（今伊犁河）为界，双方分地而治。639 年（贞观十三年），咥利失之臣俟利发吐屯勾结欲谷设作乱，咥利失逃往拔汗那（今中亚费尔干纳盆地），不久死在那里。弩失毕部立其弟之子薄布特勤为乙毗沙钵罗叶护可汗。唐太宗对泥孰派给予了一如既往的支持，命左领军将军张大师往沙钵罗叶护可汗处授玺书，册立他为可汗，并赐给鼓纛。但是，对立的乙毗咄陆可汗还是逐渐占了上风，不断向东挺进，占领了原属泥孰派的焉耆，杀死了沙钵罗叶护可汗，直接威胁到了唐帝国的西部边界。唐太宗以夷制夷的战略彻底告吹。

在如此形势之下，唐太宗李世民敏锐

地意识到，必须放弃寻找代理人的想法，直接出兵进军西域，恢复自汉以来中原王朝在其地的统治权已非常必要。不仅是高昌，他将目光已经投向了比高昌更西的广阔地域，很显然，要确保大唐帝国在西域的战略利益，全面巩固中原地区长期的和平与安全都需要帝国将汉家之根扎得更深，将汉家兵锋推得更远。在天可汗看来，大唐帝国军队插下战旗的地方，即大唐疆土！

"朕必须比汉武帝走得更远！"李世民一定这么想，事实上，他一直在为此谋划布局。高昌虽然地处咽喉，非北方门户伊吾或南方门户鄯善可以替代，但是如果有事，焉耆是一不错的备选。焉耆位于高昌西南部，北上可直接进入天山北部，向东渡过沙碛便直通河西走廊。不过隋末唐初，这条碛道（主要是南行罗布泊沙漠之东）一直闭塞，客商不得已改道高昌。任何一个帝王都不可能将鸡蛋放在一个篮子里，因此，当焉耆王龙突骑支（龙是焉耆王姓，突骑支是名）请复开大碛道时，唐太宗立刻表示同意。由此，唐帝国先取伊吾再用焉耆，对高昌形成南北夹击之势。如此一来，高昌国在丝绸之路贸易中的垄断地位将受到极大威胁。处于一己私利，心怀怨恨的高昌不仅倒向乙毗咄陆可汗西突厥势力，还不顾唐朝警告与西突厥联合攻陷焉耆。这彻底激怒了唐帝国，一个不听话的高昌，俨然成了天可汗西进战略的绊脚石，因此，它必然成为唐帝国必须拔除的首选目标。

正如唐太宗在和阿史那社尔交谈里所说，连接东西的交通是宝珠，这颗宝珠又含在高昌这个蚌里，西突厥是食蚌的，具有极强攻击性的大鹅，而他则是驯养海冬青的，欲杀鹅取珠的人。他需要向西迈一大步，仰仗的是大唐雄厚的国力和他手下的海冬青——诸如李靖、李勣、苏定方、李道宗等一大批能征善战的猛将，一支经历过灭东突厥，败薛延陀，击吐谷浑，身经百战千锤百炼而成的虎贲之旅。阿史那社尔不过是他众多海冬青中的一只，放飞他们的，就是他天可汗！

大唐出兵伐西的时机已经成熟了！

微风中，有冰雪清凉的气息，一阵若有若无的缶钟之声，似乎是从半空里洒落下来的。

两队身着豹皮坎肩的大汉整齐地迈步走到那两百面犀皮大鼓前，尽管天气严寒，但这两百名大汉都赤裸着半身，露出一身筋骨凸现肌肉。树立在鼓架上的犀皮大鼓，每面就有半人多高，鼓面绘满藻锦花纹，皆为精制的上品。要想擂动这样的庞然大物，没有足够的力量和技巧是绝对办不到的，怪不得那些擂鼓的壮汉不怕冷，恐怕呆会还要大汗淋漓呢！

大殿顶出现了黄罗伞盖和天子仪仗，众人顿时安静下来，一名大嗓门的太监扯直了嗓子大喊："大唐皇帝驾到！"

"咚！"

"咚咚咚！"

鼓声炸响。

两百面大鼓齐声雷动，四百把沉重的鼓槌敲击出同一个节奏，鼓声由缓而急，震动宫阙。文武百官应声下拜，执金吾皂旗一挥，禁军士兵合着鼓声以枪墩地，齐呼"万岁"，引得百官也同声欢呼，震耳欲聋的"万岁"声使积雪为之脆裂，栖鸟为之惶飞，旭日为之失色。

任何人都不能不被这样摄人心魄的热烈场面所感染，所震撼！

阿史那社尔诚心诚意地跪拜在地，和众官一起山呼"万岁"。这就是大唐啊，**巍巍大唐**！

待唐太宗坐定，鼓声嘎然而止，百官也平身重新落座。

大司仪手捧诏书，朗声念了一通，无非是敬天祈福，皇恩浩荡之类。待他念完，鼓声又起，乐工们也随鼓击槌而歌，大鼓声声，如怒涛排堙，山崩地裂，气势磅礴。也只有大唐雄师的战鼓，才敲得出如此惊天动地的气势。没有战鼓齐鸣，何来气冲斗牛！

"呵呵，要是军中有此大鼓，冲锋陷阵势必畅快淋漓！"阿史那社尔叹道，"金鼓神韵，此天下第一也！"

雷鸣般的鼓声如金戈铁马，惊动山川，数百男声齐声高唱："受律辞元首，相将讨叛臣。咸歌《破阵乐》，共赏太平人。"在大殿周围布阵之一千禁军随乐振旗呼喝，加入到歌唱者中。"四海皇风被，千年德水清；戎衣更不著，今日告功成。主圣开昌历，臣忠奉大献；君看偃革后，便是太平秋！"

《秦王破阵乐》登场了！

歌声中，一百二十名身穿锦绣、金甲裹身的战士鱼贯而出，个个挺盾持戟，仗

剑持矛，迅速列为一个庞大的战阵。战阵的左面呈圆形，右面呈方形；前面模仿战车，后面摆着队伍，队形展开像天鹅伸出两翼，呈随时出击的态势。此队形，前出四表，后缀八幡，左右折旋，趋步金鼓，各有其节，乃所谓八阵图四头八尾之制，传说是太宗悟诸葛孔明八卦阵所得。舞队阵型变幻，且歌且舞，既合兵法又不失雄健豪迈。鼓点中，战士们个个器宇轩昂，英姿飒爽，舞枪弄棒的招式刚猛潇洒，尽显沙场健儿本色。他们模仿战场厮杀状奋进大喝，进退有序，使原本惨烈的疆场，阳刚的战阵，更添荡气回肠，气吞山河之气概。

《秦王破阵乐》原是隋末唐初的一种军歌，杂有龟兹乐之音调，后被太宗皇帝所青睐，责令魏徵、虞世南、褚亮、李百药等一干饱学之士填制歌词，由当时精通音乐的大臣起居郎吕才排练编成，又经太常寺精心编排，方成这气势恢弘，刚柔并济的大型乐舞，是皇室盛宴无可争辩的国之瑰宝。

在壮怀激烈的《秦王破阵乐》声中，阿史那社尔再次被深深震撼，作为突厥人，他历来以骁勇善战，快意沙场自负。但是，他没想到天可汗帐下，中原安乐之地，尚武剽悍之风犹烈塞外漠北。宫廷笙歌尚且金戈铁马，士大夫亦以效命边关为荣，何况民间乎！难怪大唐铁骑纵横天下，所向披靡！

热血沸腾的阿史那社尔握紧了拳头，目光炙烈地望向他的天可汗。臣甘为天可汗之鹰犬！

三 高昌雄主麴文泰

天寒地冻，大地苍黄。

吐鲁番盆地边缘的冬天，一如既往寒冷，冷得干巴巴，粗砺砺的。

正当午的太阳浑圆通赤然让人暖意全无。阵阵寒风吹过，凛冽如刀。从高昌往宁戎谷仙窟寺（今新疆柏孜克里克千佛洞）的道路不算远，但是车辙碾在冻得硬梆梆的土地上，异常颠簸，因此行进的速度并不快。身裹重裘的麴文泰稍微将车帘拉开一道缝，刺骨的寒风便呼啸而进，迷离了他的双眼。

"合上吧，"同车的襄邑夫人皱起了眉头，"风大，现在外面有什么好看的？"

麴文泰没有回答，自己又向外张望了一会，突然说："爱妃，你还记得么，这里曾是你我送别玄奘高僧之处。"

"啊，是啊，"襄邑夫人也张目细看片刻，感叹地说，"居然已经过去十年了。"

贞观三年（高昌届时年号延寿五年），大唐高僧玄奘西行取经路过高昌。望眼欲穿的麴文泰立刻派人至伊吾等候，引玄奘西来。待到白苏城已近日暮，然苦苦等候的麴文泰已经迫不及待，他特地备下快马，请高僧换马星夜前往王城，还专门为玄奘夜半开门。他率领侍从秉烛列队，亲自将玄奘接自王宫重阁宝帐之内。又唤一直和自己诵经敬待的王妃前来礼拜，非常虔诚隆重。

"大王礼遇玄奘，诚心挽留，却也是留法师不住，"襄邑夫人叹道，"不知法师在天竺，一切安好？"

"法师也真执着，宁可水浆不涉于口三日，奄奄一息也要继续西行，言法既未得，不可中停。吾亦知其不畏艰险，万里迢迢，只为求经，而非供养，然……"

襄邑夫人轻轻握住丈夫的手，温言道："王之苦心，臣妾焉有不知？"

麴文泰叹口气，安坐下来。

车行辚辚，寒风猎猎，麴文泰一时有些恍惚。转眼过去近十年了，真是物也非，人也非啊。如今的高昌已经不是那时的高昌，而他麴文泰本人，也不再是那个崇信佛法的麴文泰了。

玄奘来到高昌月余，在全国掀起一场几乎狂热的崇佛浪潮。麴文泰礼遇之厚，无以复加。每次讲经，麴文泰都亲自执香炉来迎接玄奘入帐，并在万众信徒面前，跪在地上当凳子，让玄奘踩着他的背，坐到法座上去。玄奘讲《仁王般若波罗密经》、《金光明经》，数万僧俗如醉如痴。高昌的精神文明建设及精神凝聚力由此达到空前的水平，这不管对外有群雄环伺，内有苛赋民怨的高昌王室，还是对在重重压迫下艰苦求存的高昌人来说，实在是太重要了！不过在麴文泰看来，这只不过是他厚待玄奘的目的之一。

玄奘执意西行，麴文泰再三挽留，先是请年逾八十的国统王法师出面相劝，此后又亲自上阵，软硬兼施，发誓供养玄奘一生。可玄奘终不为所动。无奈之下，只得放其西行。为表赤诚，麴文泰与玄奘结为兄弟，并为他准备了丰厚的行装，除了优选了 4 个侍奉玄奘的小沙弥，还提供法服 30 套、防寒用的面衣（脸罩）、手衣（手套）、靴袜等数 10 件、黄金 100 两、银钱 3 万，绫和绢等丝织物 500 匹，作为玄奘往返 20 年的费用；赠马 30 匹，仆役 25 人；又写了 24 封书信，每封信附有大绫 1 匹，请高昌以西龟兹等 24 国让玄奘顺利通过；最后，又带上绫绡 500 匹、果味两车，献给当时西域的霸主西突厥叶护可汗，并致书请可汗护送玄奘到印度求经。对小小的高昌说，这的确算得上是空前绝后的丰厚行装了。玄奘走的那天，高昌城的僧侣、大臣以及百姓倾城相送。"王抱法师恸哭，道俗皆悲，伤离之声振动郊邑。"最后，麴文泰乘马相送至数十里才恋恋不舍地与玄奘告别。麴文泰的盛情，令玄奘异常感动，在继续西行途中曾修书给自己的义兄，衷心感谢他的帮助，称"决交河之水比泽非多，举葱岭之山方恩岂重"。

其实，苦留玄奘除了一统民心，振奋全国外，麴文泰还有更深层次的想法。当时，原本充当高昌保护国的西突厥战乱，分崩离析。严重依靠丝绸之路贸易支持国家财政的高昌、焉耆等绿洲小国急欲恢复正常的社会秩序，他们将希望寄托在新兴的唐帝国身上。但是那时的唐廷对西域事务态度比较冷淡，使麴文泰极为失望，也备感迷茫。西突厥靠不住，唐朝又靠不上，各方势力盘错交织，变化无常。麴文泰身为国君，自然是焦灼异常。玄奘的到来，使他看到了一丝希望。他希望这位睿智大德

的大法师能够为他指点迷津，甚至以其巨大的宗教影响力联络唐廷。《大慈恩寺三藏法师传》【唐慧立本，彦悰笺，成于武周垂拱四年（688）】载，麴文泰苦苦挽留玄奘时说："弟子亦不敢障碍，真以国无导师，故屈留法师以引迷愚耳。"这的确是他的肺腑之言，也是他厚待玄奘的真实原因。可惜玄奘没有留下，待从天竺返回，已是贞观十九年，不仅麴文泰身死，连高昌国也不存在了。从玄奘回国后得到唐太宗的高度重视以及玄奘一路感叹麴文泰的厚遇来看，麴文泰是有远见的，玄奘极有可能帮他一把。可惜，时运不济。此是后话了。

笔者相信，高昌王麴文泰的的确确是一位颇有眼光的雄主，不过是小国雄主。这也注定了这位"雄主"的命运多舛。高昌国自建国来，便"国处边荒，境连猛秋"，没有超强的生存能力，坚忍不拔的性格，审时度势的智慧，根本无法在西域立足。而高昌麴氏自第一代为王者金城（今兰州）人麴嘉开始，于公元 500 年掌权建国，经历了阚、张、马三姓政权的兴亡，周旋于高车、柔然、北魏、铁勒、隋朝、西突厥等诸般强势之间，共传十王，历时 141 年，如鱼得水，自成一统。其国力不断增长，国境东西距离，魏时仅二百里，周隋时三百里，唐时八百里。其初境界大概东限白艻，西抵笃进；嗣后逐渐扩张，东越赤宁，西抵银山。在本文所述麴文泰父麴伯雅时期，以麴氏为君主，张氏为公卿的高昌国，借助丝绸之路贸易和本国资源，实现了国家的长治久安，国力达到鼎盛。此时，国

境或者东至伊吾，西境包括焉耆数城，俨然西域雄主。

和麹文泰相比，父亲麹伯雅更像个温厚的学者，聪明睿智、仁厚爱民、施德为文，因此，谥号"献文"。而麹文泰刚强直理、刑名克服、除恶为武，有克定祸乱之志，因得谥号"光武"。由此，我们不难理解，这位特立独行、胸有大志的小国君主龙行浅滩的痛苦。也可以理解，当他意识到原本试图依靠的唐廷先是对自己漠然置之，后又有占伊吾、助焉耆之咄咄逼人之举后，内心是多么愤怒。这些行为不仅让他觉得受到了侮辱和欺骗，更是动摇高昌国立国之本的重大威胁。因此，他一反常态，全面倒向西突厥不说，还主动出击，教训试图亲近唐朝的焉耆，甚至打算与西突厥势力联兵进攻伊吾，迫使唐帝国承认他对丝绸之路贸易的垄断地位。

道路上行人稀少，大多数高昌人在这样的天气里，都呆在家里"猫冬"。忽然，在"吱吱嘎嘎"的车轮声中，麹文泰听到一阵苍凉的歌声，他忍不住再次撩帘张望，旷野寂寥，几只黑漆漆的乌鸦聒噪着飞过头顶，惊惶地飞向远方的山林。一个衣冠褴褛的老农，扛着一根绢机的"马头"（提综摆杆，前大后小，形似马头），哼着一支胡人小调在队伍前面慢慢地赶路，佝偻的后背抖出一团团劳累的热气。他一定是在回家的路上，家里也许有个满脸皱纹的老婆子在等着他，等着他将破损的绢机装好，织出高昌享誉西域的平纹素绢，再用一种叫"苏"的染料处理，制作成极富个性的绞缬。也许会拿去换些银钱，也许会做成一件绢衫或一方罗帕，也许不过是为了在年底前以绢代赋。不管怎么，这个老叟是高昌人，他跟麹文泰一样，就属于这片土地，死也宁肯埋在自己洒过汗水的田埂旁。那是怎样入土为安的幸福，哪怕为王者棺椁深埋，白衣者苇席下葬。

前面传来卫士的呼喝声，刚才还悠哉游哉唱歌赶路的老叟骤然看到了王家的仪仗，惊惶地闪在一边，拜伏于地。车轮从他花白的发辫边飞驰而过，苍老浑浊的眼神在俯瞰而下的麹文泰眼前一闪而过。看面貌，果真是个胡人。高昌历来是个以汉人为主体，其它杂胡兼有的国家。其汉人主要是自西晋始由陇右陆续迁移而来的，包括麹、张、马、索、氾、阳、宋、赵等大姓；随着岁月流逝，国家的繁荣，百余年来著籍的胡人也不在少数，粟特姓的康、史、何、曹姓，焉耆龙姓，龟兹白姓比比皆是。出土的《唐神龙三年（707）高昌县崇化乡点籍样》残文书中，存户主名46人，其中属于粟特姓者24户：康姓10户、安姓6户、曹姓4户、何姓2户、石姓2户，属于其他胡姓者4户：白姓2户、竹（竺）姓2户，汉姓只有18户。有些姓名如安浮台、康延、何无贺、石浮盆、石浮满、曹莫盆等都是典型的胡名。这文书表明了唐西州粟特聚落的存在。神龙年间如此，贞观年间也相差无几。大量出土文书也表明，高昌自建国以来就是多民族的国家。著籍落户胡人不仅和汉人通婚，还承担和汉人一样的赋役，从而真正在高昌扎下根来，成为民族融合的先行者。同时，他们的语言和风俗习惯也同样深深地影响着高昌汉人，史载：

"文字亦同华夏，兼用胡书。"（《周书》卷50《高昌传》）但日常交往，"皆是胡语"（《北史》卷97《高昌传》）。除此以外，此时坐在麹文泰身侧的襄邑夫人，便是嫁于其父的隋朝华容公主宇文玉波。突厥人"父死，妻其后母"的习俗，自第六代先王麹宝茂娶突厥可汗女始，宝茂死而继位之麹乾固续娶，麹伯雅在麹乾固死后再被迫续娶，此俗遂流行高昌王室。因此，华容公主宇文氏续嫁麹文泰为妻，后又被唐朝册封为常乐公主，地位同样尊崇，仅次于麹文泰生母张太妃，与原世子夫人同列。

麹文泰很有停下车来，和那位臣民攀谈的冲动，可是，他又能说些什么？问其赋税可重，儿女诸役服毕，还是收成丰俭？麹文泰叹口气，打消了这个念头，他知道不会是啥好消息，即便是好消息，也不会让他感到轻松。谁知道明年这个时候，是否还是风调雨顺，国富民安？如此多事之秋，四面楚歌，他这个高昌王尚且惶惶不知将来，何必再拿这些去惊扰一个粗鄙的田舍翁。

"大王，难道今日之困境，竟比'义和之乱'更甚？"襄邑夫人见丈夫愁眉不展，想说些宽心话，"那时的艰难尚且吉人天相，安然得脱，如今忧患，何足道哉？今日往佛祖祈福，自会佑我高昌。"

麹文泰拍拍夫人的手，勉强笑了笑，没再多说什么，他没办法将自己面临的困境向枕边人和盘托出。爆发于27年前（612）冬季的"义和之乱"因由父王麹伯雅"解辫削衽"令而起。"解辫削衽"不过是麹伯雅试图按照隋朝体制改革高昌的第一步，但却引发了国内反隋势力的叛乱。叛贼一度占据高昌王城，改元义和。年轻的麹文泰被迫与父亲流亡西突厥，直到张雄等忠臣击败叛贼，麹氏方得复辟。如今的形势，却比当年凶险得多。自己两次回绝唐廷的诏书，又犯兵焉耆、伊吾。唐廷虽然取消了执失思力和薛延陀联合讨伐自己的命令，但是谁能保证唐廷就会就此偃兵息鼓，不再兴师问罪？自己曾力劝薛延陀拥兵自立，共同对抗唐廷。麹文泰知道，薛延陀真珠毗伽可汗夷男从来都是个野心勃勃，不甘于寄人篱下的家伙。因此，他对夷男说："既为可汗，则与天子匹敌，何为拜其使者！事人无礼，又间邻国，为恶不诛，善何以劝！明年当发兵击汝。"不管这么说是否能打动夷男，至少他竭力想离间薛延陀与唐的关系，使之不站在唐一边。可是，夷男出卖了他，将他的话如数转达给了唐朝皇帝，那些话，在唐朝皇帝看来，简直就是忤逆！势利的薛延陀为了表示和高昌毫无瓜葛，甚至还自告奋勇要求和唐一起攻打高昌！多么卑鄙无耻啊！

令麹文泰更忧心的是，不光薛延陀，周遭诸国也纷纷表示和高昌划清界限，还争先恐后地向唐廷表示阻塞东西交通的罪魁祸首就是高昌，就是他麹文泰，全然忘记了当初高昌为他们奔走唐廷，诚心相助的大恩大德。麹文泰知道，他所说的那些话，等于是和唐廷彻底决裂。可是，事已至此，还有别的办法吗？麹文泰咬紧了牙关，心中怨恨森森——开弓没有回头箭，唐廷先行不义，我岂能任人宰割！

王家队伍到达了仙窟寺，早有主持率

众僧前来迎接。麴文泰携王妃襄邑夫人、世子麴智盛等王宫贵族，齐往大殿拜佛祈福。在高昌国，僧侣寺院一直待遇优厚，不仅俗役减半，还全免田役，享受王室官方乃至私人供奉。仙窟寺乃王家寺院，不仅规模浩大，僧侣众多，佛像石窟也是西域一绝。

麴文泰焚香礼拜，众僧齐诵佛经，钟鼎齐鸣，庄严肃穆。

"我佛慈悲，佛光普照，佑我高昌……"麴文泰闭目喃喃自语，他抬头睁眼凝望石窟内神秘微笑的佛像，佛祖就那样微笑着看着他，神情高深莫测，不知道是否听见他虔诚的祈祷。佛祖啊，你的大慈大悲到底在哪里？请你为我指引一条光明大道吧。佛像两边各有一幅精美的佛本生壁画，一幅是摩诃萨埵投崖以身喂饿虎，一幅是尸毗王为了营救鹰爪下的鸽子而割肉饲之，呵呵，这样的佛光为什么没有降临到今天的高昌！

指引，谁来指引？佛光，谁来普照？

麴文泰想起了六年前在他面前声泪俱下苦苦规谏的左卫大将军兼都管曹郎中张雄，此人出自"君麴卿张"中的张姓豪门，又是文泰生母张太妃之侄，原本是"入筹帷幄，出总戎机，纬武经文，职兼二柄"的重臣。曾在义和之乱中跟随麴氏虎亡八年，忠心耿耿，为麴氏复辟居功至伟。可就是他，和麴文泰在治国理念上产生了重大分歧。七年前高昌出兵攻掠焉耆时分歧被完全激化，张雄坚决反对攻打焉耆，规谏不成，竟面刺文泰"有偷安之望"，尖锐指出，若高昌试图"阻漠凭沙"，必无

好下场。勃然大怒的麴文泰将之杖击出宫，发誓不再录用。征焉耆者大胜归来，这个不知死活的张雄，居然洋洋上书规劝他向唐廷请罪以免兵灾。甚至冒着大逆不道的危险提出了先遣世子麴智盛持伏罪诏入朝为质，再视情势由王亲身奉诏入朝请罪，乃至学父王伯雅请举国内附等三步策略。这激得麴文泰差点动了杀机！他怒斥张雄，称三国时期，枭雄曹操挟天子以令诸侯，率八十万大军征东吴。东吴上下包括重臣张昭都摇唇鼓舌劝孙权降曹，而周瑜则一针见血地指出：所有人能都降，就孙权不能降。今天的高昌，不也是这样吗？为什么你不做我身边的周瑜，偏要做张昭，八十万大军还远在天边便如惊弓之鸟，这样的谋臣，不要也罢！结果，不等麴文泰自己动手，张雄便规谏莫用，殷忧起疾，于高昌延寿十年（唐太宗贞观七年）五十岁便撒手人寰了。张雄夫人麴氏含辛茹苦带大两个儿子张怀寂与张定和，长大后两兄弟都在唐朝供职。定和早逝，怀寂参与平定吐蕃骚乱，与王孝杰将军一起收复安西四镇，为唐朝的统一大业立下了汗马功劳。夫人麴氏死后被唐朝授予"永安太郡君"。此为后话不提。

麴文泰摸摸佛像的脚，佛继续他的微笑。张雄是危言耸听吗？据说唐廷有个魏徵，敢于和唐天子争议朝堂。难道，张雄就是高昌的魏徵？即便是，他也死了，再不能聒噪朝堂了。什么"有偷安之望"，简直一派胡言！唐朝的狼子野心，昭然若揭，是绝对容不得高昌安居西域小小一隅的。那个李世民，和前隋帝王完全不同。

想到前隋，麴文泰内心充满了依恋。早在前隋大业年间，麴文泰就曾随父伯雅游历中原。四年间，涉足东西二京及燕、代、汾、晋。所见所闻不仅使他大开眼界，也极大地刺激了他效仿中原王朝，经营高昌为西域强国的宏图大志。"义和之乱"后，麴文泰在西突厥流亡六七年，卧薪尝胆，不仅巩固了和西突厥的关系，将之引为外援，也深思熟虑了他的治国之策。历代麴氏诸王，鲜有与其比肩的丰富阅历和厚重的政治经验。因此，当麴文泰唐武德六年（623）即位后，立刻进行了大刀阔斧的改革，完全仿效大隋王朝的规格和模式建立起了全新的高昌国，也将高昌的政治经济文化推向了极至。

国力的膨胀坚定了麴文泰雄居西域的信心，也让他有了比肩中原王朝的念头。高昌王麴乾固时期，奏文往来皆称"记识奏诺奉行"，兼用了中原王朝皇帝和太子公文仪式的两种格式，以免有僭越之嫌。这充分反映了麴乾固处理高昌与中原大国关系时的良苦用心。而麴文泰则照搬了唐朝的公文格式，连"奏文奉信"之印一并抄了来。殊不知，"奏文奉信"乃行于皇帝奏文往来的用语，对于这一点，熟知中原礼仪的麴文泰不可能不知道，他之所以这么做，就是想尝尝做人皇帝发号施令的滋味，这无疑折射出他"欲与天公试比高"的雄主心态。不过，麴文泰也没傻到公开与唐帝国叫板的地步，至少初期他还是有所忌惮的。鉴于西域复杂的政治局势，他和他先辈一样，八面玲珑，试图在中原王朝和西突厥势力中坐收渔翁之利，实现自己小朝廷的利益最大化。在麴文泰看来，中原王朝，前隋最好，隋炀帝意图以天朝舆服仪仗的威仪和出嫁宗室女达到"弗动兵车，诸蕃既从"的目的。这种政治统治要求自然很适合麴氏一脉的胃口，而现在的李世民，军中莽汉出身，喜欢靠武力解决问题，吐谷浑、薛延陀、东突厥就是前车之鉴！若天亡我高昌，天亡我麴文泰，那就来吧。与其束手待毙，不如亡命一搏！高昌的深壕高墙，精心修葺经年；兵马粮草也非纸糊糟糠，不信不能一搏！

焚香缭绕，经声佛号幽幽。

麴文泰礼毕，精神焕发。他兴致勃勃地布施寺庙，又在王公贵族前呼后拥之下，信步山谷，游览众窟。世子智盛，襄邑夫人等见王愁眉略展，心下欢喜，皆以为佛祖显灵，永佑高昌。殊不知，高昌大限即至！

历代麴氏诸王皆清楚，高昌地处四方福辏之地，居中原王朝、北方游牧民族、西域乃至西方世界的十字路口。为了确保自身政权的存在，必须借"汉魏遗民"的特殊身份与中原王朝保持天然的联系；同时，又不得不臣服于柔然、高车、铁勒、西突厥等北方游牧民族政权。这需要一种巧妙的政治平衡能力。不过，当内地出现动乱，统一政权趋于崩溃的时候，高昌便会毫不犹豫地投靠后者。而北方游牧民族，基于可以从高昌处获得巨大的丝路贸易利益，也百般扶持麴氏。麴文泰目睹唐之新兴，自然会与隋比，但他"见秦陇之北，城邑萧条，非复有隋之比"，认定唐不如隋，加上唐对其开西域的呼声并不热衷，后又步步进逼，颇有鲸吞之势，他自然会亲近西突厥以做靠山。不过，他这么做，正如张雄所担心的，两国博弈，恶性循环。意图扩展西部战略防御纵深，全面繁荣丝绸之路的唐帝国，绝不会容忍其国防线纵深内存在一个如鲠在喉，阴结突厥的高昌。见高昌对帝国的警告置若罔闻，渐行渐远，唐太宗下定了发兵的决心。

四 地苜蓿美，轮台征马肥——侯君集眼里的高昌

"高昌王麴文泰所恃者，不过城、民、财、友、道也，微臣看来，此五利立足碛西尚可，然拒王师，却是螳臂当车或流沙阻浪，不堪一击！"在两仪殿激扬文字的是陈国公——吏部尚书、进位光禄大夫、唐朝名将、凌烟阁二十四功臣名列第十七位的侯君集。

诸位看官可能注意到了这位老兄如此冗长的头衔，殊不知，这些头衔都是此公跟随唐太宗一刀一剑硬打出来的。由于参与太子李承乾谋反，被《旧唐书》作者沈昫等很势利地揶揄了一把，称其自幼"性矫饰，好矜夸，玩弓矢而不能成其艺，乃以武勇自称"（《旧唐书·侯君集列传》）。连演义里也说李靖看出侯君集有反骨，因此不肯将自己的兵法倾囊相授。事实上，侯君集绝非浪得虚名之辈。

早在玄武门事变之前，侯君集就跟随还是秦王的李世民南征北战，战功赫赫，历任左虞侯、车骑将军，封全椒县子。就骁勇无敌，他也许比不过秦叔宝、尉迟恭，就统兵帷幄，他也许不如李靖、李勣，但他是秦王府出身的嫡系将领，一直充当李世民身边的亲随。在玄武门之变中，侯君集鞍前马后，居功至伟，史称"建成、元吉之诛，君集之策居多"。李世民涉险进入玄武门，随行九人中即有侯君集，可见信宠之深。李世民继承大统，对其封赏非常优厚，给予他食邑千户，仅次于尉迟、房、杜、长孙几人，而在诸将之上。（李靖当时也才五百户。）不仅如此，任人唯贤，知人善任的李世民，对侯君集一路提拔，左卫将军，以功进封潞国公，赐邑千户，接着又拜为右卫大将军。贞观四年（630），迁兵部尚书，从此进入唐帝国核心领导层，和杜如晦、房玄龄等一干老谋深算的人精共同参与政事。在这样的圈子里混，没点真本事，光靠皇帝老子的宠信是玩不转的。再说，那时的皇帝老子是千古一帝的李世民，也不是那么好糊弄的！

于是，侯君集还得露点真章。贞观八年（634）十二月初三，侯君集以积石道行军总管的身份参与征伐屡扰唐境的吐谷浑。此次作战的总指挥是西海道行军大总管、右仆射，名将李靖。刚一开战，唐军便长驱直入，所向披靡，先是李道宗在库山（今青海湖东南）将吐谷浑痛打了一顿，使其

士气大衰，望风而逃。吐谷浑的伏允可汗见硬扛扛不住，便搞起了坚壁清野——伏允烧尽野草，轻兵入碛，试图以天时地利迫使唐军知难而退。唐军中很多人也认为，"马无草，疲瘦，未可深入"。鄯州道行军总管任城王李道宗也打起了退堂鼓，道："柏海近河源，古未有至者。伏允西走，未知其在，方马疲粮乏，难远入，不如按军鄯州，须马壮更图之。"一片撤军声中，唯侯君集坚持对敌继续追歼，其断言道："不然。者段志玄家还，才及鄯州，虏已至其城下。盖虏犹完实，众为之用故也。今一败之后，鼠逃鸟散，斥候亦绝，君臣携离，父子相失，取之易于拾芥，此而不乘，后必悔之。"（《资治通鉴·卷第一百九十四》）"他认为："王师已至，而贼不走险，天赞我也。若以精兵掩不备，彼不我虞，必有大利。若遁岨山谷，克之实难。"提议分进合击，对败退而元气未伤的吐谷浑军穷追猛打。李靖采纳了侯君集的意见，分兵两路追击，自率李大亮、薛万均等部由北路切断其通往祁连山的退路，并迂回至伏俟城；侯君集、李道宗等部由南路追截南逃的吐谷浑军。接下来的战况可谓大快人心：北线李靖接连在曼头山（今青海共和西南一带）、牛心堆（今青海西宁西南）、赤水源（今青海兴海东南）三战三捷，败吐谷浑军至丧胆。侯君集和李道宗率南路唐军在杳无人烟地区行军2000余里，途经无水无草的破罗真谷（今青海都兰东南一带），艰苦异常。史载："君集、道宗行空荒二千里，盛夏降霜，乏水草，士糜冰，马秣雪。阅月，次星宿川，达柏海上，望积石山，览观河源。"

一路征战，于五月间在乌海（今青海苦海）追上伏允可汗，大破其众。南路唐军继续进逾星宿川（即今青海黄河上源星宿海），至柏海（今青海鄂陵湖或扎陵湖）与李靖军胜利会师。穷途末路的伏允可汗亡命向西败走，准备渡突伦川（又称图伦碛，今新疆塔克拉玛干沙漠），投奔于阗。李靖部将契苾何力闻讯，率骁骑追上伏允可汗，伏允可汗虽侥幸脱逃但几乎单身匹马，最后走投无路，自缢身亡。他的儿子大宁王慕容顺见大势已去，只得率部归唐，被封为甘豆可汗、西平郡王，吐谷浑由此成为唐朝属国，唐西北边境自此得以平之。

此战中，侯君集虽未统领全军，只负责一方面，但仍表现出了令人相当赞叹的战场操控能力和战场谋略。为大获全胜立下汗马功劳，想必大唐军神李靖也很赞赏。唐太宗自然更加欢喜，又大大封赏了一番，授君集陈州刺史，改封陈国公。贞观十二年（638），又提拔为吏部尚书，进位光禄大夫。吏部不仅是肥缺，也是文官瞩目之职。侯君集乃行伍出身，从未学文。唐太宗把这个职位交给他，显然也有历练和敦促之意。侯君集也很争气，勤奋学文，努力工作，即便是对其颇有微词的《旧唐书》也不得不承认他干得很不错："典选举，定考课，出为将领，入参朝政，并有时誉。"

不过比起纵横沙场，扬名军功来，吏部这个肥缺对侯君集的吸引力便大大消弭了。贞观十二年八月，吐蕃赞普松赞干布以吐谷浑阻其迎娶唐朝公主为名，提兵二十万大举进犯。先占吐谷浑领地，接着又破党项、白兰羌等部落，并致书唐朝："若不许嫁公主，当亲提五万兵夺尔唐国、杀尔、夺取公主。"接着，围困唐朝边防重镇松州（今松潘），败都督韩威，见吐蕃大军势猛，羌族首领、唐阔州刺史别丛卧施、诺州刺史把利步利相继举州降蕃。志得意满的松赞干布扬言："公主不至，我且深入。"

公主可以嫁，但是不能这么嫁。唐太宗立刻令侯君集为当弥道行军大总管，负责战事。这是侯君集第一次作为主帅领兵进讨，八月二十九日，唐太宗又以右领军大将军执失思力为白兰道行军总管、左武卫将军牛进达（牛秀）为阔水道行军总管、右（一说左）领军将军刘兰为洮河道行军总管，率步骑兵五万人进击松州。唐与吐蕃两大帝国的第一次大规模交锋就此开始。一时间，狼烟四起，松州草地战马奔流，刀光剑影；松州城外，旌甲蔽日，战鼓雷鸣；松州城下，马嘶人嚷，杀声震天。侯君集部下右武卫大将军牛进达一马当先，夜袭吐蕃军，斩首千余，导致吐蕃军军心动摇，赞普帐下八位大臣自杀以谢国人。见唐军如此强悍，松赞干布大惊，不得已引军退回逻些城。遭此大败，松赞干布意识到与唐帝国这样的强敌交手，于国于民于己都无益，不如结盟以瓜分天下。而唐太宗也觉得吞掉吐蕃不可为，在准备开西域的时候多树强敌也于己不利，于是，以战促和，让其知道利害即可。公元640年10月，松赞干布派大相禄东赞入唐，"献黄金五千两及它宝"，再次求婚。唐太宗便因势利导许嫁文成公主，就此稳定了唐与吐蕃一线的和平，得以腾手进军西域。

经此两战，侯君集俨然成为唐帝国云集战将中的一颗新星。挟得胜之师，侯君集踌躇满志，归朝后得陇望蜀，又将眼光瞄向了伐高昌的主帅头衔，变成力主西征的鹰派人物。

"卿所言城、民、财、友、道五利，确为高昌恃强之本，然卿有破解之法乎？"唐太宗颔首示意侯君集继续侃侃而谈，他其实知道，侯君集为得帅印，已经做足了功课，甚至很谦虚地请教他以往鲜与交往的裴矩，还巴巴地请阿史那社尔吃饭。

"微臣不才，小有心得，"侯君集挺胸昂首，环视周遭众卿，注意到魏徵、褚遂良等一干老文棍将脸拉得跟驴脸一般，他不由得心里冷笑一声，朗声道："陛下明鉴，且听微臣一一道来。"

侯君集所言的高昌五利，是很有道理的，我们用现代的观点和语言将之一一剖析之：

其一，高昌之城。据黄文弼先生考证，公元七世纪的高昌，和中原一样实行郡县制，其大城有五，即高昌、田地、交河、蒲昌和天山城，并且倾向于五城即五郡。由于解放后大量吐鲁番文书的出土，经研究，高昌麴氏王朝后期，有都城一：高昌城，郡城三：交河、田地和南平城（新疆吐鲁番县城南40里的让布工商古城，俗名"拉木伯"），县城十四：横截、永昌、无半、始昌、安乐、安昌、永安、洿林、高宁、宁戎、威神、临川、酒泉、龙泉城，镇戍四：东镇城、笃进、盐城和柳婆城，总计二十二城。《周书·高昌传》说："诸城各有户曹、水曹、田曹。"每城由国王派遣司马、侍郎相监检校，名为"城令"。

其中，王城高昌和第二大城市交河皆地势险要，易守难攻。经过一千多年的风雨兵火，如今的高昌故城，依旧雄风犹存。2005年，笔者赴新疆一睹高昌城之真容。结合考古资料，对高昌故城描述如下：全城座落火焰山脚下，平面略呈不规则的正方形，城郭高耸，街衢纵横，护城河道的残迹犹存，城垣保存基本完好，分内城、外城、宫城三重，总面积220万平方米。城垣保存较好，外城残存的墙基厚9—12米，高11.5米，周长约5.4千米。城墙都由夯土筑成，夯层厚8至12厘米，上面留有上下数层絙木孔，孔内衬土坯，呈方孔状。显然为加固之用。据史书记载，高昌城当年城墙上共有12重大铁门，分别冠以"玄德"、"金福"、"金章"、"建阳"、"武城"等不同名号。其中，南面有三个城门，东、西、北面各有两个城门。西面北边的城门如今保存最好，还可见有曲折的瓮城。部分地段尚可见凸出的马面和外附墩台。南城墙地势较高，登高可观城全貌，在此四望，城内建筑遗址遍布，尤以西南最为密集，当年的庙宇、佛堂、街道都历历在目。外城内西南有一大型寺院，寺门东西长约130米，南北宽约85米，占地约1万平方米，由山门、庭院、讲经堂、藏经楼、大殿、僧房等组成。大殿内尚残存壁画痕迹，传说玄奘法师的讲经台即在与此。传说当时有人问玄奘法师："讲经堂为什么上圆下方且不封顶？"法师答："因为佛法无边，普被方圆。"

内城居外城正中，西南两面城墙大部分保存完好。周长约3公里。宫城为长方形，居城北部，北宫墙即外城北墙，南宫墙即内城北墙。这一带尚存多座3—4米高的土台，当时为回鹘高昌宫廷之所在。就城墙和城市整体布局而言，高昌回鹘时期和麴文泰时期应该没有太大的差异。不管是建筑防御水平还是规模，高昌绝对算得上是一座当之无愧的王城——能够轻易容纳3万百姓和3千僧侣，有相当坚固的要塞，其水平远远高于同时期的其它绿洲小国。公元1275年，蒙古12万骑兵围攻高昌，花了长达半年的时间方才将其攻下。估计贞观十四年间的唐王朝也对高昌城的高墙坚壁深有感触，称其"增城深堑，予备讨伐"，"深掘濠堑，高其城雉"。

其二，高昌之民。高昌是西域唯一以汉民族为主体的国家，西晋末年以来，中原战乱，导致秦雍一带的大批移民涌入相对平静的河西地区。符坚东平六州，欲跨威河西，图有西域，发兵十数万西进讨平凉州。于是先前那股涌向河西的流民潮，加上新近加入的河西本地居民，包括敦煌张、索、马、宋等望族，陇西麴、赵等大姓再次大规模西迁进入高昌。与先前定居于此的汉族屯田吏士，征西留守军人，派驻为官者合流，构成高昌国的主体民族。此后，又有昭武九姓杂胡和其它民族的人士著籍、通婚，形成高昌之民。以麴氏为代表的陇西人出自羌胡之乱频繁的金城、陇西诸郡。在与少数民族的拉锯战中，他们深切感受到"强则分种为酋豪杰，弱则为人附落，更相抄暴，民以力为雄"，"杀人偿死，无它禁令"，"以战死为吉利，病终为不详"等等丛林法则，在其间浸淫日久。加之作为内地政权平定羌乱的最前沿，金城、陇西输送和锤炼了大批能征善战之士。如《三国志·郑浑传》所云："关西诸郡，北接上党、太原、冯翊、扶风、安定，自上贡以来，数与胡战，妇女载戟挟矛，弦弓负矢，况其悍夫。"与羌胡的长期征战，铸就了当地人的尚武精神和豪侠气概，也造就了六郡人勇武强健，鞍马骑射名冠天下。陇右出身的名将，如李广、赵充国、甘延寿等皆以期门、羽林起家。难怪班固感叹："秦汉以来，山东出相，山西出将……何则？山西天水、陇西、安定、北地处势迫近羌胡，民俗习修战备，高上勇力，鞍马骑射。故《秦诗》曰：'王于兴师，修我甲兵，与子偕行。'其风声气俗自古而然，今之歌谣慷慨，风流犹存耳。"（《汉书·辛庆忌传》）

沿袭古风的高昌汉民，秉承祖先尚武气质和世代形成的将帅之风，造就了虽只胜兵万人而能称雄西域的强悍战力。同为西域"大"国的焉耆、于阗等近邻，都曾被其武力侵犯过。在经年的战斗中，高昌国也建立起完善的军事制度。既有属中央禁卫军的"宿卫"，也有负责后勤如是制造弓箭的工匠"弓师"。具体"兵种"有称为"兵人"的步兵，也有被称为"逻人"的骑兵，此外还有"细射"（神射手）、"步矟"（持长矛的步兵）、过羧水（不详）等名目。估计还有不可考的其它兵种。其中约四千骑兵应是其精锐部队。这些部队由统一的军事管理机构负责管理指挥，包括高昌王直接领导的中兵机关设官有中兵校郎、中兵参军、中郎。还有为中央九部之一的兵部，设官除荣誉性质的郎中外，主要有长史、司马、参军、主簿。其次为府、郡、县的兵曹，府、郡兵曹设官有司马、参军、主簿，县兵曹设官有录事、参军、主簿。相比西域诸国，不仅体制健全，同时管理效率也较高。

其三，高昌之财。在西域诸国中，高昌不仅军事力量首屈一指，国家财力也是个中翘楚。除了坐拥丝绸之路交通便利和贸易税收外，高昌的自然资源也很丰厚。《魏书·高昌传》云："（高昌）气候温暖，厥土良沃，谷麦一岁再熟，宜蚕，多五果，又饶漆。有草名羊刺，其上生蜜。而味甚佳。引水溉田。出赤盐，其味甚美，复有白盐，其形如玉，高昌人取以为枕，贡之中国。多蒲桃酒。……国中羊、马，牧在隐僻处以避寇，非贵人不知其处。"高昌国的沃野，主要是集中在两个地方，一是现火焰山前端鲁克沁、苏巴什沟、木头沟等河流的三角洲连成的那片泥质细土平原上；二是盆地西部白杨河、阿拉沟造成的托克逊冲积扇。自匈奴和汉朝逐鹿西域，看中的不仅是此地乃兵家必争之要冲，更是膏腴之地。匈奴人曾明言："车师（高昌古称）地肥美，近匈奴，使汉得之，多田积谷，必害人国，不可不争也。"因此，"单于必争此地，不可田也"（《汉书·西域传》）。经汉屯田以来，高昌人积累了丰富的农业经验，尤其是大批河陇汉移民的到来，使当地农业进步神速。高昌人很早以前就将这些土地按灌溉条件和肥沃程度从上至下分为"常田"、"潢田"、"部田"三级，分别予以精耕细作，不仅种植麦、糜、粟、青稞等粮食饲料作物，也种植大量棉花，纺织出远销中亚地区的高昌白叠布。同时，还采用现代常用的间种法在葡萄园和麦田的田间地头种植林果类的榆、桑、枣、梨等，以取得最大经济效益。为保证作物的用水，高昌人对有限的水资源精打细算，发明了坎儿井，引水溉田，巧用肥料（据吐鲁番出土文书记载，作为土地有机肥料的羊粪尿在高昌国可是需要花钱的），高昌官府还建立了严格的灌溉管理体制。由此，高昌农业取得了巨大的成功，《三国志·仓慈传》高度评价道："（高昌）寒暑与益州（现成都平原）相似，备植九谷。"按照高昌国的法律，凡农民占地耕作，均要向官府按每亩三斛的标准交纳官租。葡萄酒的产业也很发达，据出土的《高昌条列得后入酒斛斗数奏行文书》部分记载，从所得租酒灌入瓶中剩出之酒，数目就达300余斛；而第7行"案额相对，案中长酒"之"额"为租酒额，"案"则是所得租酒案，即一笔笔之收入，其数亦有225斛。加上延期交纳的，其"都合得后入酒究伯柒拾三斛壹斗半升"。可见高昌租酒总数之大，税收之丰。

盐矿是高昌国主要的矿产资源，有赤盐、白盐两种。白盐尤其质地精良，"其形如玉"，有"君土盐"、"玉华盐"之美称，不仅广泛贩卖至突厥、中原和西方用于食用，还可做成具有明目等保健功效的"鸣盐枕"，"贡之中国"。此外，以粟特人为主的胡商进出高昌，极大地活跃了高昌的国际贸易，不仅给高昌提供了源源不断的商业税收，还带来了西方风格的商品和技术。很多粟特人在高昌定居下来，成为高昌国民。他们从事商业，手工业、纺织业，是高昌财政收入的重要来源。正因为如此，即便是历经柔然、铁勒、突厥等层层盘剥，高昌还是能保持较高的经济增长。粮食不仅自给自足，赋税也有盈余，养兵施政的财政支持不成问题。麴文泰主政的高昌延寿年间，尚有财力按照大隋模式兴致盎然地大兴土木，缮造宫室，讲究华丽奢侈的舆辇服饰，王室奢靡之风有增无减。

其四，高昌之友。麴氏王朝和西突厥一直有着极为密切的关系，除了相互通婚以外，两者也有共同的政治、经济利益。义和之乱后，麴文泰和父亲在西突厥流亡达六七年，西突厥待之甚厚，还出兵帮助其复辟，"两国的传统友谊源远流长"。被唐朝威胁后，他能仰仗的外援，也就只有西突厥的乙毗咄陆可汗。贞观十二年（638），两者联兵攻陷焉耆五城，"掠男女一千五百人，焚其庐舍而去"，同时驱逐了唐朝在此地扶植的泥孰系突厥势力，再次结下了深厚的"战斗友谊"。战后，麴文泰同乙毗咄陆可汗建立了攻守同盟，约定"有兵至，其为表里，互为援军"。乙毗咄陆可汗似乎也很讲信义，在可汗浮图城（今新疆吉木萨尔北破城子）囤以重兵，与高昌互为犄角之势，摆出了随时准备联合迎战大唐的军事态势。

其五，高昌之道。这是麴文泰最为津津乐道的地理优势。诚然，即便是从唐军最靠西的前进基地伊吾边境出发，至赤亭守捉至少一百九十里，从赤亭至高昌边境至少二百二十里（黄文弼先生考证）。这四百多里道路异常艰难，气候无常，后勤保障任务艰巨，大军从沙州至玉门的道路，也是沙碛连绵，人迹罕至。因此，麴文泰信誓旦旦地对惊惶不已的国人说："唐国去此七千里，涉碛阔二千里，地无水草，冬风冻寒，夏风如焚。风之所吹，行人多死，当行百人不能得至，安能致大军乎？若顿兵于吾城下，二十日食必尽，自然鱼溃，乃接而虏之，何足忧也！"（《旧唐书·侯君集列传》）并认为若唐兵发三万以下，高昌力能制之。想来麴文泰也是统过兵，打过仗的，兵法所忌的"劳师袭远"、"以逸待劳"还是很清楚。先累死拖死，然后绝粮困死，最后胜利就唾手可得了。麴文泰显然认为高昌道路险绝，可胜十万雄兵。不过，我们也可想见，在当时的情况下，要想让数万大军一直沿此西行，的确困难重重。麴文泰的信心并非空穴来风，这位西域雄主自大是自大了点，但是还不至于是弱智。

李靖是大唐军神，但是岁月催人老，征吐谷浑时已经勉为其难。谁会是下一个军神？很多人都觊觎这顶无冕之冠，侯君集绝对是其中之一，而且比很多人都急切。因为他早先听说皇帝似乎更看好李世勣，皇帝曾对众臣云："隋炀帝劳百姓，筑长城以备突厥，卒无所益。朕唯置李世勣于晋阳而边尘不惊，其为长城，岂不壮哉！"好个"边尘不惊，其为长城，岂不壮哉"的李世勣！大丈夫卫国镇边，受誉莫过如此！大唐军神，难道就这般落入昔日降将之手？不，绝对不行！侯君集知道自己必须向皇帝交出一份足以令其高度赞赏的胜

利答卷才能压上当红的李世勣一头，因此，他对伐高昌的帅印，是志在必得。而要拿到这份美差，他需要得到皇帝的全面支持。

侯君集的准备很充分，朝堂上的表现也堪称完美。

魏徵和褚遂良眼睛瞪得铜铃般大，几次欲挺身发言都被太宗眼色制止，几个重臣气鼓了肺，无奈地看着侯君集气宇轩昂地指点江山："所谓城垣高耸，臣已备下巢车、轒辒、云梯、长稍，破之易如反掌！所谓高昌万余雄兵，能敌数万大唐虎狼之师？姑勿论我众敌寡，且说精兵猛将，区区高昌堪比几何？更有甚者，陛下有好生之德，一直对麴文泰苦口婆心，录其旧款，仍怀愍念，所以频遣使人，具申朝旨。勖以为善之规，示以自新之路，庶知感悟，无烦师旅。而昏迷遂性，荒惷不悛，贯盈之衅既稔，天亡之期已及。民心尽失，民无死战之意，何来死战之兵！所谓高昌财厚，围困经月，财粮皆无又撑得几时？恐不及耗用即为我大唐献物耳！所谓高昌外援，彼西突厥历来附强凌弱，言行全顾其私利，微臣断定，其必观望视高昌而进退：若高昌抵得王师，则出兵相助；若高昌不敌，其必撤援西遁。即便咄陆进击，臣亦可分兵御之，实不足惧也；高昌之道，自入唐经营伊吾，已勘其道，设驿站烽燧连绵，又有熟知地形之契苾、阿史那社尔为前驱，何足道哉？然则臣讨吐谷浑，曾行空荒二千里，盛夏降霜，人龇冰、马瞅雪，至刺马饮血以解饥渴，然得大破伏允。敢问此道艰辛可在高昌道之下？"

太宗微笑颔首，魏徵、褚遂良等面面

相觑，岑文本则端坐不动，眼观鼻、鼻观心做老僧入定状。房玄龄等老臣更是深知皇帝决心已下，多说无益，不如以不变应万变。不，应该未雨绸缪……

朝堂内鸦雀无声，李世民缓步走过群臣，一直走向两仪殿的大门，众臣的目光跟随着他。唐太宗的步伐不紧不慢，但却异常稳健。门口的宦官慌忙打开大门，一股寒风嘶然而进，吹得众人不由得蹙眉缩颈。猛然间，唐太宗转过身来，手臂坚定地指向西方："高昌！"他大喝一声，声音裹卷着绕廊呼啸的寒风，回荡在整个大殿，

"朕决意开西域，讨高昌！"两个目瞪口呆的宦官此时才醒悟过来，又慌忙将大门关上。殿堂里方安逸如初。

李世民快步走回龙床，衣袂肃索，众臣凛然。

"岑文本！"

岑文本眼睛一亮，赶紧躬身道："臣在。"

"拟诏令！"

"遵旨！"早已打好了腹稿，岑文本眼中精光大盛。魏徵和褚遂良对视一眼，默然苦笑。

五 四边伐鼓雪海涌，三军大呼阴山动
——天可汗的无敌之师

贞观十三年（639），唐太宗发布讨高昌诏，岑文本洋洋洒洒的一千零一十二个字，文笔流畅，辞藻华丽。"高昌麴文泰，犹为不轨，敢兴异图，事上无忠款之节，御下逞残忍之志。往经朝谒，备加恩礼，豁壑难满，曾无报效，禽兽为心，遽怀凶狡。"历数麴文泰"虐用其众，毒被所部，赏罚无章，内外嗟怨。缮造宫室，劳役日新。修营舆辇，奢侈无度"等十余条大罪，并对高昌王臣百姓晓以利害："若文泰面缚军门，泥首请罪，特宏焚榇之泽，全其将尽之命。自馀臣庶，弃恶归诚，并加抚慰，令各安堵。示以顺逆之理，布兹宽大之德。如其同恶相济，敢拒王师，便尽大兵之势。

以致上天之罚。明加晓谕，称朕意焉。"

大唐帝国终于对高昌动手了！

而倔强自信的麴文泰则打定主意和大唐分庭抗礼，其豪气千云地表示："鹰飞于天，雉窜于蒿，猫游于堂，鼠安于穴，各得其所，岂不快邪！"可惜，他和他的高昌马上就会被大唐铁军面前撞得粉碎，连雉、鼠都不如！

十二月初四，唐太宗诏令侯君集为交河道行军大总管，左屯卫大将军薛万均、姜行本为副总管，阿史那社尔为交河道行军总管，率步骑数万及突厥、契苾之众征讨高昌。

天可汗终于放飞了他的海东青们。

这里有必要花费笔墨，给诸位讲述一下，自我感觉良好的麹文泰即将面对的，是怎样一支傲视群雄的无敌之师。我敢说，要是他真的了解，一定会因自己对抗大唐的草率决定把每根肠子都悔得铁青。

大唐帝国的战争机器迅速开动起来。

这里先从唐朝的行军制度说起。所谓行军是唐代为实现征伐某地或者剿灭叛乱等军事目的而征发多种兵员，如府兵、兵募、蕃兵，有时还有义征，间或有健儿等构成的类似今日野战军的军事组织。一般称为"某某道行军"。初唐时期，府兵制还算健全，可以从各折冲府（类似今天的军分区）抽调府兵参战，因而征讨高昌的唐军以府兵为核心，兵募为主体，蕃兵为补充，义征比例不高，在太宗后则更少。

府兵，来自各地折冲府，类似今日的武装部，唐初全国共有六百三十四个府，均由十二卫和东宫六率分领。折冲府分上、中、下三等，上府一千二百人（有时增至一千五百人），中府一千人，下府八百人，所属的兵士通称卫士。每府置折冲都尉一人，左右果毅都尉各一人，别将、长史、兵曹参军各一人，这是府一级的组织。府以下，三百人为团，团有校尉及旅帅；五十人为队，有队正、副；十人为火，有火长（注意，火是伙食单位，不是军事编制单位，队才是唐军最基本也是最稳定的作战编制单位）。设折冲府的地方，凡年龄在二十至六十岁者，皆有服役之义务。服役的人每年要轮流去长安担任宿卫任务（称为番上），遇到大规模军事行动，需调发府兵，则须朝廷颁铜鱼符及敕书（合

称鱼书），由刺史和折冲都尉会同勘对，才能差发。《新唐书》卷50《兵志》称："凡发府兵，皆下符契，州刺史与折冲勘契乃发。"唐长孺先生在《唐书兵志笺证》里考证发兵的凭证信物既有作为常制的铜鱼符，也有作为临时之制的木契，征发府兵需要由中央颁发铜鱼符或木契并与地方州官会同勘合符契。调发全府，即由折冲都尉率领；调发不尽，则由果毅或别将率领。每年冬天，折冲都尉主持教练军阵战斗之法。正月，折冲府造卫士名籍，名下具注三年来宿卫、征防及其他差遣情况，评定优劣，申送所属之卫。折冲府储备战马、帐幕、鏊、甲、弩、矟等武器，征行时配给兵士。府兵自备军资、衣装、轻武器和行粮。每府由国家给与公廨田四顷或公廨钱十万至二十万。公廨田大致采取租佃形式，收取地租；公廨钱以高利贷形式收取利息，这些收入作为本府公用和官员食料开支。

府兵制始于北魏，在隋唐得以进一步发展，它其实是兵农合一的兵役制度，是唐初武功强盛的主要因素之一。府兵们平日务农，农闲教练，征发时自备兵器、资粮，证调服役的人，定期宿卫京师或戍边；战时出征，战事完毕，即"兵散于府，将归于朝"。

行军的最高指挥官是行军大总管，其职位类似今天的野战军总司令。副总管自然类似于副总司令，而总管，比如，任交河道行军总管的阿史那社尔则相当于野战军下属负责某战役方向作战的师团长。总管下还有子总管、押官、队等。《唐六典》卷5《兵部郎中》记载："（横海、高阳、

唐兴等军）五千人置总管一人，以折冲充；（诸军镇）每五百人置押官一人，一千人置子总管一人，五千人置总管一人。"基本类似现代军队之师团营连等编制。

《通典·兵典》所引《李靖兵法》详尽地解读了唐代行军编制与合成。该书卷148《立军》有云："诸大将出征，且约授兵二万人，即分为七军，如或少临时更定。"卷157《下营斥候并防捍及分布阵》条载："诸且以二万人为军，……有贼，将出战布阵，先从右虞候军引出，即次右军，即次前军，即次中军，即次后军，即次左军，即次左虞候（军）。"

所谓七军，是指整个野战军的基本构成，亦即中军、前后二军、左右二军、左右虞候二军。前后二军和左右二军又称左右厢四军。战时列阵各有位，进退出击皆有序，相互配合，协同作战。各军掌控的人数不尽相同，《李靖兵法》里给出了一个大致的标准，《通典·兵典》卷148《立军》条云："中军四千人。……左右虞候各一军，每军各二千八百人。……左右厢各二军，军各二千六百人。军中，中军人数最多，四千人；左右虞候军次之，各有二千八百人；左右厢四军最少，各有二千六百人。除中军由大将亦即大总管直接统领外，其他六军均设总管。"又云："且以二万人为军：四千人为营，在中心；左右虞候（二军）、左右厢四军共六总管各一千人为营。……六总管下，各更有两（小）营。"六军总管各统一军，分别为本军的长官，而其各以一千人为营当是总管亲统之营，六总管之下各辖两小营应是子总管所统之营。一

军之中可分为三营，所以《下营斥候并防捍及分布阵》条就称："兵既有二万人，已分为七军，中军四千人，左右（厢）四军各二千六百人，虞候两军各二千八百人。左右（厢）军及左右虞候军别三营，六军都当十八营。中军作一大营。……中军在中央，六军总管在四畔，象六出花。"——这就是大名鼎鼎的李靖六花阵。

从这种布营安排中可见，一军有三营，六军共十八营，再加上中军一大营，则一道行军有十九营之多。当然，在实际作战中，行军中军、营的设置并不像《李靖兵法》那样整齐划一。行军多是临时受命出征，人数随作战对象和任务而定，李靖以两万人为一道行军只不过是为了执行虚拟的标准，所以，他本人也说"如或少临时更定"。《李靖兵法》中行军的军、营关系示意如图一。

行军兵种的划分根据士兵的任务、装备和特点而有多种，但最基本的划分是战兵和辎重兵。《通典》卷148《兵典·立军》引《李靖兵法》称：中军四千人，内取战兵二千八百人，五十人为一队，计五十六队。战兵内弩手四百人，弓手四百人，马军千人，跳荡五百人，奇兵四百人。左右虞候各一军，每军各二千八百人，内各取战兵千九百人，共计七十六队。战兵内每军弩手三百人、弓手三百人、马军五百人、跳荡四百人、奇兵四百人。左右厢各二军，军各二千六百人，各取战兵千八百五十人（共计一百四十八队）。战兵内每军弩手二百五十人、弓手三百人、马军五百人跳荡四百人、奇兵四百人。马步通计总当

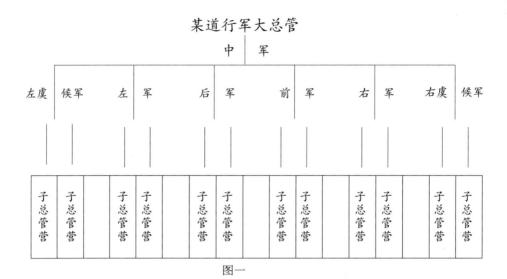

图一

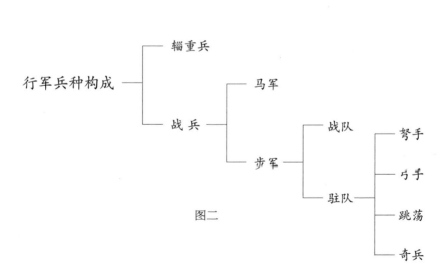

图二

万四千人，共二百八十队当战，余六千人守辎重。

图二是根据士兵任务而划分的兵种。战兵即行军的战斗人员。战兵内又分为弓手、弩手、马军、跳荡和奇兵。辎重兵则负责防守辎重。根据以上提供的数字，可以得出各军兵种比例构成（以两万人为标准）（图三）。

战兵之内又可以根据装备的不同划分步军和马军。《通典》引《李靖兵法》云："计二万兵，除守辎重六千人（外），马军四千人，令当八十队，步兵令当两百队。"马军即骑兵，步兵实即包括弩手、弓手、跳荡和奇兵，其比例构成亦可计出，如图四所示。

行军在临战时还有战队、驻队之分。《通典》卷157《兵典·下营斥候并防捍及分布阵》条称："诸且以二万人（为）军，用一万四千人战，计二百八十队。有贼将出战布阵，……除马军八十队，其步军有二百队。其中军三十六队，左右虞候两军各二十八队，共五十六队。其左右厢四军各二十五队，共一百队。须先造大队，以三队合为一队，虑防贼并兵冲突。其队居当军中心，安置使均。其大队一十五队，中军三队，余六军各二队，通五十八队。合有一百七十队，为战、驻等队，……以八十五队为战队，……八十五队为驻队。"

根据这条资料，战时，战兵兵种的划分如图五所示。

步兵二百队，除三十队编为十五个大队"居当军中心"，负责警卫外，其余一百七十队又分为两部分：战队和驻队，两者各占一半，必然各自包括了一部分弩手、弓手、跳荡和奇兵。

以上三种划分，第一种和第二种是在行军正常建制下进行的，第三种则在"出战布阵时"才进行。不管哪种情况，我们都可以在唐军队伍中见到相当完善的火力配置体系和诸合兵种协同作战的模式。

图三 （单位：人）

兵种别 军别	战		兵			辎重兵	合 计
	弩 手	弓 手	马 军	跳 荡	骑 兵		
中 军	400	400	1000	500	500	1200	4000
左右虞候二军	300×2	300×2	500×2	400×2	400×2	900×2	5600
左右厢四军	250×4	300×4	500×4	400×4	400×4	750×4	10400
合 计	2000	2200	4000	2900	2900	6000	20000

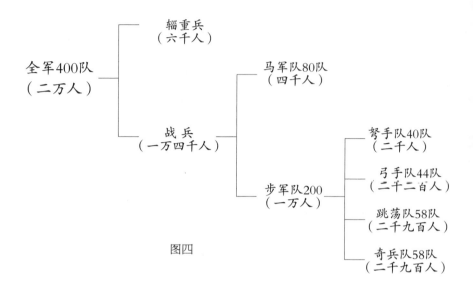

图四

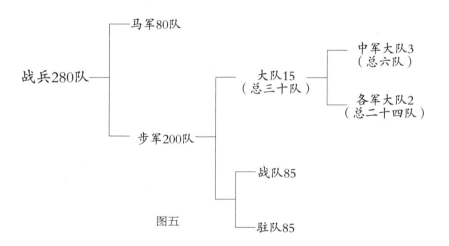

图五

这表明唐军拥有当时最先进、最完善的组织指挥体系，拥有一流的作战效率和高度发达的军事行动能力。

攻战之重，器械为先。唐军历来重视技术兵器的使用，不光是历来领先的弓弩、刀剑等轻兵器，还研发了大量重型武器，比如《神机太白阴经》里所描述的攻城利器。也就是侯君集前面所说的轒辒、云梯等战具。戎马半生的唐太宗太了解这些东西了，也很清楚它们对攻城拔寨的重要性。因此，派出了将作大臣姜行本做副总管随行出征。何谓将作大臣？皇帝身边首席工程师是也，修九成、洛阳二宫都不在话下，何况造些破城毁房的玩艺儿？

在电影《天国王朝》、《魔戒》里，我们看到在西方流行的很多攻城器械，如对重式投石机、撞城锤、可移动的箭楼，等等。其实，早在一千两百多年前，我们的唐朝祖先就制造出了令人眼花缭乱的"坦克"、"装甲推土机"和"重型榴弹炮"等等超级武器。

唐代的装甲推土机——轒辒车，这种用犀牛皮蒙顶的四轮车可藏十人，不惧守城方箭矢、滚木擂石乃至火烧，用以运土填平城壕，直抵城墙下，用装备的短把镢头（镐头）和铁錾（铁凿子）挖掘和破坏城墙。

唐代的重型榴弹炮——砲车，就是投石机。据史书记载，中国是在宋朝发明的对重式投石车，唐代的投石车估计还是人拉的，石块装在"窠"（巢状兜子）里，窠连在一根称之为长梢的杆上，杆子中间有横木转轴，就像小孩玩的跷跷板，人拉长梢另一端的绳子，就可向敌人抛射石块。据说，唐太宗东征高丽时就有使用射程达一里的投石机。《新唐书·李光弼传》里还记载有两百人同时挽索发射的巨型"擂石车"，每发"石所及辄数十人死，贼伤十二"，可见威力超猛。投石机装有四轮，可以机动。

唐代的坦克——尖头木驴。此战具看起来像移动可以移动的小屋，屋形下宽上尖，屋顶用湿牛皮防护，下方有六个小轮子，可推动前进，里面可藏六人（估计也装备了短把镢头和铁錾），可推行至城墙下撞击城门或为竖起的云梯提供保护。

唐代的机关炮——车弩，一种车轴和车轮同时转动的兵车，装有一具拉力达十二石（约一千四百斤）的大型弩弓。可同时发射大小七枝箭，最大的一支箭箭头长七寸、宽五寸、箭杆长三尺，周长五寸，用铁叶做箭羽，射程可达惊人的七百步，史载："所中城垒，无不崩溃，楼橹亦颠坠。"

唐代的直升机——巢车、木幔和飞云梯。海湾战争以来，美军的空地一体战大出风头，AH-64 "阿帕奇"直升机一路摧枯拉朽，尽显前沿对地攻击力量的核心风采，美军也信誓旦旦地宣称要掌控"树梢高度的制空权"。唐朝人树梢高度的攻击力量则是巢车、木幔和飞云梯。巢车其实就是一个可以依靠轮子移动的瞭望塔，负责提供侦察预警和为炮火指示方位，起到OH-58"奇奥瓦"侦察直升机的作用；而木幔则充当 "支奴干"重型运输直升机的角色，负责将战士提升到城墙高度，提升过程中，木幔为登城突击队提供掩护。相比之下，飞云梯虽缺乏装甲保护，但是更为轻便，可以比作"黑鹰"中型运输直升机，它由多节梯子折叠而成，一旦需要便可直立，搭立在城墙上，供突击队争战城头。

此外，对付城墙，还使用过地道、土山、火箭等，甚至还有异想天开的"雀杏"：将杏核掏空，内装艾绒等引火物，绑在麻雀腿上，放进城里去引发火灾。二战时，美国曾将燃烧弹绑在蝙蝠身上去袭击日本。由此看来，"雀杏"这玩艺也不是空穴来风。

看吧，就是这样一支武装到牙齿、拥有一流军事效率的虎狼之师，杀气腾腾地出了玉门关，一路向高昌杀去。

麴文泰年号延寿，以喻延年益寿。具有讽刺意义的是，高昌国的寿，偏偏终于延寿年间。

这真是天意。

六 直上排青云，傍看疾若飞——向西！向西！

黄沙漫天，烟尘滚滚。

蹄声如雷，间杂着突厥人特有的呼哨。

纵马疾奔的阿史那社尔大口大口地呼吸着西域苍凉的空气，每个毛孔都兴奋地在天地间舒张开来。"狼崽子们，跑吧，跑吧，跑坏了马我砍了你们的头！"他哈哈大笑着，在高岗上拨住马头，正跑得欢的战马也大张了嘴，不甘心地扬起了前蹄。他的附离们纷纷聚拢过来，按照唐军操典排成整齐的队列。从今天起，他们不再是乌合之众！

极目远眺，朝霞中长长的行军队伍一眼望不到头。车辚辚，马萧萧，旌旗翻卷，刀枪如林，号角金鼓此起彼伏。正如《姜行本记功碑》碑文所铭刻的："铁骑亘原野，金鼓动天地，高旗蔽日月，长戟拨风云，自秦汉出师未有如斯之盛也！"

如此盛大雄壮的军容，令阿史那社尔也感到震撼，一股豪迈热血之气不断在胸腔激荡："碛西，我回来了！带着天可汗的大军回来了！"

西征唐军陆续汇集，数万将士浩浩荡荡过沙州（敦煌），自玉门关出关，穿越沙漠和戈壁荒滩，过第一道碛口，直扑高昌。这是自汉至延光二年（123），班定侯之子班勇为西域长史，复平西域之后，中原统一王朝的汉家兵马再一次踏足高昌城垣之下！

这条道路，法显曾经走过，玄奘曾经走过，如今，沿着这条道路滚滚西进的，不再是零落孤独的求法者，不再是颠沛流离的商旅队，而是武装到牙齿的大唐帝国军队！

出得玉门关，西北方向有5座唐军镇守的烽燧，每座相距百里，第一烽燧位于今甘肃白墩子，第二、三、四、五烽燧分别位于今甘肃红柳园、大泉、马莲井和新疆境内的星星峡，这些烽燧沿道路和水源一线排开，不仅是大唐西陲最前沿的哨所，也是控制道路要塞和极其重要的水源补充地。由此再往西行，便是人迹罕至、令人闻之色变的莫贺延碛。时当盛夏，烈日焚焚，昼长夜短。熟知气候、地形的阿史那社尔和契苾何力都知道，行军最好的时辰便是傍晚和黎明。

即便如此，行军仍旧艰难无比。

千百年暴烈的炙风堆砌成高低起伏、蜿蜒无垠的茫茫沙碛，那些优美的沙丘和戈壁勾勒出风的曲线。它们看似杂乱无章，但彼此连接得又非常和谐，仿佛一首悠扬不息的牧歌，一直唱到天地的尽头。没有人有闲情雅致来欣赏这样的风景，因为在这里迈出的每一步都是那么艰难，没及脚踝的浮沙和砾石尽情地吞噬着唐军将士们几乎被热浪烤干的体力，使他们很快就脚软筋麻。到达任何一个目标都需要走多出几倍的路——只有选择沙丘山脊延伸的路线或者戈壁崩裂的山口，转着圈儿曲折到达。白天要命的酷热、夜晚难熬的冰凉刺骨，还有缺水、少粮、流沙……更痛苦的是，你不知道你迈出的步子，是走向令人惊喜的希望，还是稀里糊涂迈向了死亡。

大军入碛已经两天了，连绵的沙碛依旧看不到尽头。耳边除了呼呼的风声、自己的喘息声和脚步声，除此以外，什么也听不到。满眼看见的，总是赤黄的沙碛、埋没尘间的枯骨，然后再是沙碛，依旧枯骨、令人发狂的赤黄一直连到碧蓝的天边，见不到一棵草，一只蚂蚁！白天，蛊惑妖异的海市蜃楼摇曳天地；夜晚，星点闪烁的磷火，犹如幽灵环伺。

尽管有时会听到天空传来的轰隆隆的

雷声，看到翻滚的乌云，但是长途跋涉的唐军将士再也不会傻呼呼地等着下雨了。刚入碛的时候，大家听到雷声，看到乌云，满心欢喜地等着雨水下来，可丁点未落，让人空欢喜一场。听那带路的突厥老兵说，雨是下了，但还没有落地，便被热气蒸干了。这个天杀的地方！

唐军将士的肌肉和神经都备受着煎熬。在此之前，有前隋大将薛世雄率军通过莫贺延碛而击伊吾，侯君集自然详细了解过他的行军路线，知道该路行军的凶险，更明白这是险中求胜唯一选择。当时，伊吾国王不信隋军能渡过沙碛，因此，毫无设防，待大军至，只得望薛万雄旌旗而降。侯君集挥师西进，誓超前人，他要给高昌来个出其不意！

进入沙碛第三天，队伍开始出现损耗，有一些士卒掉队，等待他们的只有死亡。二十匹战马因缺水、少粮引起的疾病，或倒毙，或被丢弃，大军的速度明显慢了下来，怨言也开始出现了。阿史那社尔也好，契苾何力也好，甚至大总管侯君集，都不得不身先士卒，前后激励，与士兵同甘共苦，一起艰难跋涉。所有的唐军将士都明白，开弓没有回头箭，他们只有硬着头皮咬牙西行，一直向西。

"黄沙碛里客行迷，四望云天直下低。为言地尽天还尽，行到安西更向西。"沙碛里没有一丝风，更显得死气沉沉，烈日穿过毫无云彩遮拦的天空，火辣辣地落在干涩的沙丘上，每个沙砾的缝隙似乎都张大鼻孔在喷出热气。有干渴难耐的士卒滚下碎石纷乱的山脊，他的同伴们惊慌地呼喊着，纷纷跑下陡峭的山坡去营救他。阿史那社尔抬头看看天，夺目的阳光使他眼睛阵阵发黑。渗进鼻孔的细小沙粒同样传导着沙海的肆虐，牲畜们连喷响鼻的兴致都没有了，个个都张大嘴喘气，嘴边的涎水很快就干成了白色的小碎块。

"还有多远？"有士卒低声议论，"这已经是第五天了，该到了吧？"

"我不知道，你问那个突厥老头去！"回答的小头目扶正自己遮阳的斗笠，脑门上汗如雨下，"我只能说我们的方向没有错！"

"只要方向没错，我们迟早会走出这沙碛的！"有人鼓励道。

"传令下去，就地寻阴凉处歇息一下，"阿史那社尔回头对部下说，"叫他们汗收了再喝水，每人三口！"

一匹快马突然出现在众人视野，马上是一名大汗淋漓的斥候。"前锋！"他嘶哑的声音在旷野里显得像刀片般薄，"姜副总管的前锋到达黑绀岭！"

"真的？"阿史那社尔大喜过望，拦下斥候，"姜将军已到黑绀岭？"

见是交河道行军总管旗号，斥候欲下马行礼，阿史那社尔摆手止住："尔且快快道来！"

斥候咽了一口唾沫，满脸的沙尘簌簌下掉，汗水又将沙尘冲得沟壑纵横，让人无法看清他的长相。"回将军，千真万确！小的是姜将军属下牙兵，奉将军之命回来向侯大总管通报军情。"

"哦，那姜将军已到黑绀岭几日？"忠实细心的附离们查看了斥候的腰牌，的确是姜行本属下。

"姜将军率我等走野马泉捷径，已于五月十日登黑绀岭！"斥候翻着白眼珠算了算，"迄今已月余！"

阿史那社尔不仅有些吃惊，他都不知道侯君集已派遣姜行本前行如此之深，时间已是如此之久！天知道那些汉人是怎么做到的！

好胜之心让阿史那社尔扬起了马鞭，一阵突如其来的大风将他的声音放大得震耳欲聋："儿郎们、狼崽子们，出发！别让汉家儿郎笑话咱是瘸腿的癞驴！"

两天后，唐朝大军走出了地狱般的莫贺延碛。前方，就是高昌！

黑绀岭为现新疆巴里坤松树塘山，地处天山北麓。六月，正是雪融冰化、绿草如茵的季节，是进入吐鲁番盆地绿洲的重要制高点。更重要的是，那里植被丰富，树木参天，堪称塞外江南，既有利于屯兵积粮，也有利于就地取材。就地取材做甚？别忘了，姜行本是精于土木，熟知战具制造的将作大臣。跟他同时到达黑绀岭的，还有一大批从山东征发的能工巧匠。大唐顶尖工程师和一流工程兵凑一块，那就能创造奇迹。

姜行本这人，除了喜欢修这造那，年纪一把了还喜欢学古人勒石纪功。在黑绀岭上，本来有一块为班超记功的汉碑，这家伙二话不说，把人家碑文给铲了，重新刻上了为自己歌功颂德的碑文，其称："未盈旬月，克成奇功。伐木则山林殚尽，叱咤则山谷荡薄，冲梯暂整，百橹冰碎，机桧一发，千石云飞。墨翟之拒无施，公输之妙讵比？"由此，我们可知，他这一个月确实没闲着，估计投石机、轒辒车、车弩、巢车啥的变态武器造了一大堆，把大片树林都砍光了！墨翟或者公输般知道了一定气绝。

更有趣的是，不知道施了啥魔法，姜行本的这块碑居然成了神物。传说此碑不可去看，更不能拓印。古书《西乡土志》曰："碑至神异，相戒不得拓，拓即立致风雪，断行人。"《东归日记》亦曰："顷刻间果起大风，雪花飘扬，旋即放晴，幸未误事。"现此碑几经辗转，存于新疆历史博物馆，不知道哪天还会兴风作浪，突招雨雪……扯远了。不过，在攻伐高昌的过程中，姜行本的战争机器的确发挥了决定性作用。因此，战后唐太宗封赏其为金城郡公，赐物一百五十段、奴婢七十人。还专门写了一封表扬信——赐姜行本玺书，其云："攻战之重，器械为先，将士属心，待以制敌。卿星言就路，躬事修营，干戈才动，梯冲暂临。三军勇士，因斯树绩；万里遄寇，用是克平。方之前古，岂足相况。"看来李世民对姜行本这个技术人才在战争中的表现，那是相当地满意。

"高昌兵马如霜雪，汉家兵马如日月。日月照霜雪，回手自消灭。"童谣缭缭，不绝于耳。街道上有官差的斥骂传来，清脆的童谣戛然而止，隐隐四下散去，不见所踪。待官差惘然之际，童谣又在别处荡漾开来。

襄邑夫人和麴文泰的原配王妃站在一边默不作声，一群女侍慌慌张张地收拾着散落一地的杯盏碎片。盛怒之后的麴文泰扶着王宫的窗沿，恶狠狠地扫视着王宫前萧索的街道。往日，这里是高昌最繁华的地方，如今却商贾流散，百姓惊惶。

唐国军队进逼的消息已然传遍全国！

那些该死的亲唐派，那些怯懦的群臣，那些无处不在的奸细……麴文泰咬牙切齿，一筹莫展，急火攻心！几天水米未进寝食难安！一队匆匆征召的士卒跟在领兵将领马后，列队经过宫门。他们甲胄不齐、服饰不一，更有几个明显还不到高昌国规定的十五岁的服役年纪。"哐啷"一声，有个小卒的箭囊掉落在地，招来军将一阵马鞭和斥骂，小卒蒙头哇哇哭叫。麴文泰闭上了眼睛，抓紧窗棂的双手青筋暴露。

"陛下……"襄邑夫人屏退左右，柔声道，"不如进些饮食，臣妾亲手熬了粥……"襄邑夫人和王妃一起脸色惨变，王妃甚至"啊"地一声惊呼出声。

缓缓回首的麴文泰两目深陷，嘴角流涎，整张脸仿佛是被沸汤淋过的面皮，褶皱累累，以至完全耷拉下来。这才不过几天呀！

"陛下！"一位浑身披挂的军将狂奔而来，"腾"地在麴文泰面前跪下，"紧急军情！"襄邑夫人和王妃认得此人是镇守田地城的城令亲信，快马赶来，自然军情非同小可。

空气凝滞了半天，一夜苍老的麴文泰才幽幽道："讲。"

"唐人已过碛口，抵我田地城下，诚令……"军将不敢再说了，因为他看见自己的国王猛然大张了嘴，瞪大了眼睛，似乎要怒吼什么，但是喉咙"呀呀"说不出一个字。报信军将说的碛口，应是如今的星星峡口。唐代出河西走廊往西域有南北两道，北道由今安西直通伊吾、高昌。星星峡乃北道要冲，是北山中因风蚀形成的一道干谷，一个天然道口，与高昌城近在咫尺！

"陛下！"在一片惊呼中，麴文泰觉得脑子里"嘣"的一声，一直苦苦支撑他的最后一根弦断了！天旋地转，万物模糊。

"砰！"西域雄主——高昌王麴文泰，重重地倒在了地上！

凄厉的哭号划破高昌王城长空，国王驾崩！

麴文泰薨毙的消息立刻被快马加鞭送到了正位于柳谷（今新疆吐鲁番西北）的唐军大营。这个消息对侯君集来说，与伐平高昌无关，不过要是高昌因此而降，那也何乐而不为。大军通过莫贺延碛的消息，吓死了麴文泰，此出其不意，攻其不备，兵贵神速之法，李靖也不过如此！他的第一个目标已经实现。不过侯君集手下那些急于进攻的战将们急不可待了，因为探马还带来一个天大的好消息：麴文泰近日即将安葬，高昌国内诸色人等齐聚葬地。大军帐下捍骑众多，若学李靖三千精骑灭东突厥，即可遣兵星夜突袭，包管将高昌精华全数擒杀，高昌国自然唾手可得。

不过，侯君集没有这么做，他深知，对于高昌，大唐皇帝绝非迫其屈服那么简单，而是要永久占据扎下根去。因此，不能不择手段，反而要讲究手段，尽可能减少"失民心、伤民生"的杀戮。再说，皇帝讨高

昌诏书里可是说得很清楚，王师乃兴师问罪而来，师出有名，堂堂正正，若趁人家葬礼而袭之，不仅胜之不武，还授人话柄。因此侯君集说："不可，天子以高昌骄慢无礼，使吾恭行天罚，今袭人于墟墓之间，非问罪之师也。"（《旧唐书·侯君集列传》）

但战争不是请客吃饭，侯君集立刻根据形势做出了战术调整，发出了三道指令：一，全军主力掉头进攻高昌第三大城市——田地；二，着令契苾何力等轻骑直入可汗附图城，以防西突厥军队增援；三，修书火线继位的麴智盛，劝其放弃抵抗，束手投降。

憋足劲的唐军将进攻矛头直指田地城（今新疆鄯善西南鲁克沁），一干精兵悍将摩拳擦掌要将该城化为齑粉。偏生那镇守田地城的高昌国诚令也是位赤胆忠心的好臣子，对唐人的劝降书嗤之以鼻，誓言战至最后一人。于是，侯君集只好拿他磨刀。姜行本的攻城战具一字排开，各部人马蓄势待发。

战斗没有丝毫的悬念，史载："君集遂刊木填隍，推撞车撞其睥睨，数丈颓穴，抛车石击其城中，其所当者无不糜碎，或张毡被，用障抛石，城上守陴者不复得立。"（《旧唐书·侯君集列传》）。城壕被填平了，城墙被抛石机砸垮了，人也稀里哗啦了。不过午时，田地城的防御便被撕成了碎片。唐军没费多大力气便夷平了这座城市，俘获男女共七千余人。侯君集取得了第一个胜利，也将不久之后的高昌城拔城战提前预演了一番。

此时，麴文泰葬毕，其子麴智盛正式

继位。他沿袭了过世父亲的策略，继续负隅顽抗，试图坚持到突厥外援的到来。而对侯君集来说，礼数已尽，于是不再手软。大军呼啸西进，剑指高昌。

不容对方有丝毫喘息的机会，侯君集命帐下前锋中郎将辛獠儿（估计是蕃将），率精骑于当夜直趋高昌城。麹智盛也不是束手待毙之辈，他立刻调兵遣将，亲自率高昌精锐在城外列阵，打算对孤军深入的唐军前锋来个迎头痛击，好好杀杀对方的威风。

"哀兵必胜。"年轻的麹智盛浑身披挂，头也不回地迈步走出了王城。在他身后，是母亲和妻儿一片婆娑的泪眼。"高昌此时只有绝处搏生！"

两千骑兵、六千步兵，这几乎是高昌能集中起来的所有精锐。不久前，麹智盛作为世子曾率这支军队洗劫了焉耆，大胜而还。城中为此欢庆三日，好不风光。此次对阵的不再是只有胜兵数千的西域邻居，而是声势浩大的中原帝国大军。鹿死谁手，似乎昭然若揭。但是，麹智盛不想无所作为，无论如何，他必须抓住一切讨价还价的机会，必须抓牢哪怕一丝的希望，他必须向观望的西突厥可汗发出一个强有力的信号，我能击败唐人，我值得援救。

他必须一战！

城中壮年倾巢而出，那些年少体弱的，都已站在城头，担当留守。当大军缓缓出城时，可以感受到他们在城头期望的目光。不管他们亲唐或是反唐，作为高昌百姓，他们实在不希望自己辛苦耕耘的家园同田地城一样毁于一旦。而要想让家园在战火中幸存，要么拼死一战，击退敌人，要么开门纳降，俯首称臣。他们的国王选择了前者，他们就被绑在了同一辆战车上，身不由己地看着自己的子弟兵向着死亡悲壮而去。

"陛下，唐人的斥候！"

"看到了。"麹智盛冷静地回答。

清晨的火焰山，阳光映处，血红如火，阳光未及，青肃如铁。一缕淡淡的沙尘在山脊处袅袅散去，那里，仡立着单人独骑的剪影，此人背后插的红色小旗被强劲的山风吹得笔直——唐军的斥候！这说明唐人大军距此已然不远！

"列阵，迎敌！"鼓号声声，高昌军不愧是西域劲旅，立刻箭上弦，刀出鞘，摆出了作战架势。麹智盛挥挥手，一支五百人的骑兵应命呼哨前出，做试探进攻，并诱使唐军前锋接战。

山脊上的唐军斥候俯瞰着列阵的高昌军，似乎有些不屑地按下马头，居然顺坡迎向滚滚冲来的五百高昌铁骑。那斥候的骑术异常精湛，他身体后仰，在沟壑纵横的山坡上纵马飞速而下，居然还能拉弓放箭！

一支响箭！

它从山坡上飞跃而出，划出一道优美的曲线，伴随着由远至近的尖锐镝声，悠然落在冲锋的高昌骑队面前，箭镞一闪，"喀"地插进地下。这无疑是一种示威，一种挑衅！

七 上将新破胡，西郊绝烟埃——狭路相逢！

不甘示弱的高昌骑队也纷纷张弓搭箭准备还以颜色。

似乎是响应斥候的鸣镝，山脊上陡然冒出一条与山脊曲线起伏一致的黑线——很多很多的骑兵！他们在山脊稍事停顿后，便喷涌而下。

号角大作，蹄声响彻山谷，火焰山喷发了！

黑压压的骑兵随着斥候的道路从山上倾泻而下，他们的人数是如此之多，使整个火焰山看起来都被他们带动着，向严阵以待的高昌军隆隆压来！

对手出乎意料地多，比探马报告的多得多，难道他们晚上又有援军到达？面对如此雷霆万钧的攻势，麹智盛觉得浑身发凉，太阳穴嘣嘣狂跳。可是，他必须坚持，必须在帅旗下岿然不动！

短促的交锋后，高昌军的先遣马队拨转马头撤退了。唐军骑兵则紧紧跟随，仿佛一道不可遏制的巨浪，向麹智盛的战阵席卷而来。重甲裹身的高昌军步稍手们憋足了劲，挺稍竖盾准备接受对方这雷霆万钧的强力一击！细射手们在盾墙后面满弓瞄准，只待一声号令……

雷鸣般的马蹄声使大地都为之战栗，近了，更近了！

"放箭！"高昌军阵中弓弩齐发，箭雨倾盆。

冲天的烟尘中，有痛苦嘶鸣的战马、翻滚倒地的骑手。

紧接着，唐军骑手的箭雨呼啸而来，双方箭雨交错而过，引发一片片惨呼。

唐军骑兵根本没有直接正面冲击猬集一团、长稍如林的高昌军战阵，而是分兵袭击：一路驱赶高昌骑兵抄其后路，一路环绕对方，轻捷骑射，不让其步军移动。他们显然想割裂高昌军步骑，同时困住对方主力。更重要的是，他们在等待，等待一个时机。

"陛下，看那边！"有军将向东北方一指，"唐人大军！"

本来就被蝗虫般的唐军骑兵不断骚扰的麹智盛定睛细望，战场上尘土飞扬，视线极差，但他还是看到了正迅速摆开战斗队形的唐军步军——那一定是唐军主力。

其实那不是主力，只是紧随辛獠儿前锋马军的前军步军，共计不到三千人，加上两千骑兵，比高昌军还少。加上正急速赶来的左虞侯军，才与高昌军旗鼓相当。但士气高涨的唐军，气贯如虹，声势上不输以逸待劳、军心低迷的高昌军。

烟尘袅袅散去，麹智盛总算看清楚了自己面临的形势。唐军骑兵就是要缠住自己，同时掩护自己的步军做好战斗准备，而自己一开局便处于消极被动的位置，白白丧失了先发制人的好机会，准备卯足劲和唐军骑兵对碰一下的步稍手也白白耗费了精气。望着同样做好战斗准备的唐军，又看看鱼贯收缩至步军战阵两翼的唐军骑兵，麹智盛叹了口气，早闻唐兵精悍，今日一见，果真名不虚传。

麴智盛仰望蓝天，天空明净如玉，太阳一步步爬上天穹，信手抛洒着金色的光芒，似乎根本没有在意自己脚下这一场一触即发的大战。开弓没有回头箭，此时此刻，除了拼死一战，别无选择！既然如此，制于敌不如制敌！麴智盛高举起右手，猛然向前挥动，进攻！现在就进攻！对方人数并不多，一鼓作气击败他们！

箭矢耗尽的唐军前锋骑兵返回阵中补充，战事稍有冷却。但是两军之间的无人地带不时发生小规模的交战，大多是唐军轻骑兵和高昌马队之间的较量，双方的箭矢投枪不时夺走一两个对手的性命。不断有血淋淋的伤者和尸体被同伴拖走，失去主人的战马则在战场兜上几个圈子后，慌里慌张地跑回本阵。人马的杂沓将沙砾踩出不规则的划痕，在凹陷的低洼处，间或粘合着死伤者已经凝固的鲜血，腥红点缀在赤黄中间，好不醒目。

唐军队形里有人在唱歌，后来，声音越来越大，最后骤然变成狂风怒吼般的轰鸣，成千上万的唐人都加入了这个大合唱。虽然听不太清楚他们在唱什么，但是其军威士气，由此昭然。

"是唐人的《大角歌》，陛下！"

麴智盛点点头，示意知道。"吹号！击鼓！进攻！"作为统帅，麴智盛知道，双方无形的较量已经开始，一步都不能走错，高昌军再也不能在气势上落于下风，"全体大角手和所有战鼓，一齐！"

高昌军的号角憋足了气，雄狮般怒吼起来，将士们应声齐齐呐喊，敲击盾牌声也一浪高过一浪，奋力反击唐人咆哮的歌声。

一队骁勇的高昌骑手高擎战旗，飞马在唐军阵前掠过，引来双方山呼海啸般的躁动。突然，呐喊声高亢起来——战阵最前面的高昌步兵又开始遭到唐军轻骑兵的打击，呼哨而来的骑兵向他们射去阵阵箭雨，待他们从盾牌后面直起身来试图反击时，又鹯行而去。突如其来的袭击差点兜住了持旗示威的那队高昌骑兵，迫使他们不得不退入阵中。被激怒的高昌战阵一齐发动，待骑兵再次逼近时，集中弓箭手奋起还击，并组织尖兵以快制快，主动冲出队列邀击那些冒失的骑手，一旦他们接近就几人一组，拿长矛将他们刺下马。这又引发骑射手们更加猛烈的攻击，呼喝怪叫的唐军骠骑时而聚集时而分散，不断寻找战阵的弱处，能多杀几个就杀几个，遇到强硬反击就急速后撤。这种极为无耻的战术激起了高昌将士们一致的愤怒，战阵吼声如雷，一片激奋的喊杀声。

"这就是我要的士气！"麴智盛说，"冲啊！斩敌酋首级者，赏黄金百两，封侯拜将！"

擂鼓大震，高昌军全力猛扑！

"杀！……"高昌军的全体将士发出了骇人的怒吼，担任先导的前四排劲卒加快了脚步，带动整个战阵扑向对面的唐军。"杀啊，冲啊！"前四排是精力最充沛，作战经验最丰富，甲胄武器最精良的步梢手。他们的激情极大地鼓励了那些军心涣散的士兵，细射手和骑兵们也跟着高声呐喊，开始快速冲锋。一时间，杀声震耳，鼓号喧天。

首先，迎接他们的是唐军的车弩。尽管数量并不多，但骇人的大箭冲进密集的高昌战阵，杀伤力相当惊人。

高昌军前排重甲步稍手们的表现堪称完美，担任指挥的高昌将军也使尽浑身解数整顿队伍，他们都知道，自己队形的完整决定了整支队伍的战力。但是，前卫的散乱不能避免，即使重型甲胄保护的士卒也根本无法与唐军的车弩对抗。其实，对方的命中率不高，也不算密集，但是，只要命中，车弩发射的三尺长箭便发挥出可怕的杀伤力。它们摧枯拉朽般洞穿高昌人坚固的盾牌，将人体和盾牌残忍地串在一起，在人群密集处，甚至连穿数人，把他们像肉串子一样击倒在地。顽强的高昌人没有胆怯，更没有停下脚步，后列的步稍甲士迅速填补了阵亡战友的位置，继续向前勇猛地冲锋，双方的距离越来越近了！

"嗒嗒嗒！"一阵密如鼓点的箭矢啸声，仿佛巨灵神舒张骨节的暴响，紧接着是第二次、第三次……一簇簇弩箭如嗜血的牛虻，笔直地奔向它们的目标。没有几个人听到过这样怪异的声响，不仅是成千上万支羽箭划破空气的嘶叫，更有箭镞穿透铁甲的沉闷铿锵，仿佛饿虎利齿咬合的叩响。一向对自己中西合璧的重型铠甲充满信心的高昌人惊骇地发现，唐人的弩箭居然可以在两百步外轻易而举地洞穿他们的铁甲，而且命中率惊人！甚至最结实的头盔，最厚重的整块胸甲也有被一箭对穿的！虽然箭矢没有深入皮肉，但是已经让很多高昌战士丧失了战斗力，而且随着距离的接近，唐人弩箭的威力愈发难以抵挡，中上一箭

不仅仅是挂彩的问题，而是有丧命的危险！这样的威力显然对密集行进的高昌战阵以巨大威胁，前排的劲卒们勉强保持着队形，他们中的大多数人都被利箭射伤了，伤重得不得不将自己的位置让给后面的同伴。强劲的唐军弩机不仅使盾牌大大失效，也使重甲形同虚设！士气一度高涨的高昌军团开始遭受挫伤，前进的脚步再也不那么整齐雄健。因此，前排的盾墙一段接着一段崩溃了，不断有士族中箭栽倒在地。而且他们惊恐地发现，自己手里的盾牌不能有效抵御对方的箭矢，穿透盾牌的箭镞经常将他们的胳膊与盾牌狠狠地钉在一起。随着距离的不断接近，盾牌愈发不能奏效，而已方弓箭手还根本够不着唐人的边儿。天啊，唐人怎么会有如此犀利的箭！

面对唐军精准密集、取人性命于数百步之遥的箭雨，高昌战士们无不感到深深的震撼，一股透心的寒意无法抑制地涌上心头。为减少损失，高昌勇士直挺着长矛，以最快的速度冲向近在咫尺的唐军，而唐军则以最狂热的利箭来迎击他们。在相距百步的最后冲刺中，高昌战士们除了弩机发射的箭矢外，还遭到从天而降的曲射长弓箭矢的沉重打击。第一梯队只有不到半数的甲士冲到了唐军战阵面前，而且良好的队型开始散乱。两翼部分的甲士超越了遭受到最大打击的中央部分同伴，最先和唐人短兵相接。

混战开始了。

唐人弩手们后退，战锋队挺前迎击。针对先后突入己方队形的高昌人，队型似乎很稀疏的唐人很快从四面八方围拢过来，

用横刀、棍棒和长枪予以围歼。

辛獠儿高举马槊，发出了冲锋的命令，三百玄甲重骑倾巢出动，列锋矢之阵向高昌战阵中央进攻，那里，正是麴智盛帅旗所在。玄甲营铁骑仿佛一把无坚不摧的铁耙，深深地铲过已呈疲态的高昌中军，将他们搅成了一锅粥。直挺的马槊和长矟正面交锋，格击断折无数。往往是前排冲势蛮悍的马槊将高昌圆盾连同后面的步矟手一齐戳穿，而顽强的高昌步矟手则在被卷入铁蹄下的同时，高举自己的长矛，划开玄甲骑士柔软的马腹。马背上收势不及的骑手顿时变成一堆盔甲包裹的石头，劈头盖脸地砸在密密麻麻的长矛丛林中，而紧跟在他后面的同伴则继续毫不犹豫地碾压过来，甚至直接从他的身体上踏过去！

锋矢之阵，有进无退！

玄甲骑士白色缤纷的帽缨，插入坚强如铁的高昌军阵中，硬生生撑开一个缺口。嗷嗷狂叫的陌刀跳荡队随之冲入缺口，冲锋突刃，掀起一片夺命血花。那些手拿长柄大砍刀的唐人战士居然不用穿铠甲，只是抡刀猛砍，他们的后面是更多狂吼乱叫的唐军。唐军挥舞着手里的短刀、盾牌和长矛，一个个凶神恶煞地涌进缺口。为堵住中央缺口，麴智盛亲自率领最后的预备队投入反击。在投掷长矛挫其锐气后，高昌战士们抽出了佩刀，和唐人们开始近身肉搏，刀剑格击，惨呼贯天，人数稍占上风的高昌军一度堵住了缺口。试图包抄的唐军轻骑也被两翼的高昌军遏制。双方旗鼓相当，陷入了惨烈艰辛的拉锯战。

高昌军和唐军就犹如两头抵死相持的健牛，瞪着各自血红的眼睛，四蹄深陷，筋骨虬结，寸步不让。因为他们都知道，狭路相逢，不进则亡！

骄阳当空，沙场炙热，那些喷射的鲜血、刀剑相格的火星、挣扎的残肢、在铁甲上嘶然蒸腾的汗珠，搅得乾坤贲张，几欲崩裂。一股股充满血腥味的热浪扑打着麴智盛的脸，令他感到前所未有的窒息。本想吞块肥肉，没想到噎在嘴里的却是一根硬骨。如果不能速战速决，高昌军就岌岌可危。为什么？因为高昌没有后援了。

但是，唐人有。

豆大的汗珠划过麴智盛同样瞪得铜铃般大的眼眶，汗水的咸腥刺激着他的眼角，可是他却无暇眨眼。他听到了马蹄声，暴风雨般的马蹄声，甚至盖过了激烈绞杀的战场。

关键时刻，阿史那社尔率领他的骑兵风驰电掣般地赶到了！

狼纛之下，铁骑如风！

见山谷中战斗已经白热化，匆匆赶来的阿史那社尔立刻毫不犹豫地投入了战斗。从高昌军侧后横贯其战阵，将其一举撕碎！

"狼崽子们，冲啊，碾碎贼子们的骨头！"一枝敌方箭矢擦着阿史那社尔额头飞过，他连闪都没闪一下。对于骑兵来说，一往无前的冲锋命令已经下达，巨大的能量已经释放，那就没有什么能够拦阻这匹奔腾的烈马。作为首领，阿史那社尔一如既往地冲在最前面，他忠实的附离们紧紧跟在两侧。他们发出刺耳的呼哨，左手一探一抖，系在鞍桥上的盾牌便操了手里，同时，右手从背后抽出了连枷，顺势舞了几个花。突厥附离们所使用的连枷，汉人称"虎尾梢子"，棒长三尺五寸八分，枷长七寸五分，围俱二寸五分，重八斤四两，棒枷连以三环，棒首及枷两端钻以铁叶，棒枷下端铁叶遍钉，铁乳矗矗。振臂一抖，哗哗着响，以上击下，无坚不摧，即使重甲护身，也难挡一击！连枷是附离们非常喜欢的马上利器，他们当中很多都是使枷好手。对他们来说，在一往无前的战马上用虎尾梢子砸碎对手的天灵盖是极其令人畅快的。他们喜欢听到对手头骨破碎的闷响，哗哗的铁链震动和着对手痛苦的惨叫，就是一曲催人奋进的凯歌！

后面的轻骑抽弓搭箭，为附离们开路。阿史那社尔的大唐鹰犬们挟风带雷，以锐不可挡之势，直接插进高昌军左翼。被狂飙迷离双眼的高昌人最后看见的，是狼藉下附离们漫天挥舞的棍棒刀斧！

狂热的附离们在高昌军的矛林面前表现出令人胆寒的视死如归，他们在阵前提缰飞跃，用自己心爱的坐骑砸向密集的长稍。往往是战马被长稍戳成筛子眼，而他们自己则趁机扑身而上，舍生忘死杀入缺口，在高昌战士来不及拔剑时就将他们砍翻在地，或者自己也跟胯下坐骑一样，被无数长矛攒穿。

也许没有人听过吃人饿鬼的饱嗝声，但是众多颅骨碎裂的闷响，只能以此形容。即使厚厚的甲胄，也抵挡不了雷霆万钧的棍棒斧锤！

左翼的高昌军战阵彻底开了锅，原本还算整齐的稍林在唐军骁骑的冲击下像狂风中的乱草，乱七糟八地搅和在一起，互相挤压碰撞，完全丧失了威力。而唐军陌刀手的到来，也最终断绝了高昌人恢复战斗力的希望。被阿史那社尔锐骑挤压拥挤在一起的高昌战士成为陌刀绝好的屠戮对象，近战肉搏，又是人群密集，陌刀的威力发挥得淋漓尽致。

陌刀手们很久没有体验过每刀必杀的快感了，人人奋勇，个个争先，陌刀生花，血肉横飞！他们车轮般旋转的刀片将四面八方的对手肢体彻底劈裂开来，连同他们的长稍和刀剑。陌刀手如决堤洪水般冲散了高昌军阵，像发疯的狼群一样吞噬着所有的抵抗。

从左翼开始，溃败的乌鸦穿透了整个高昌军，他们崩溃了！

麹智盛脸色惨白，知道大势已去，他不由分说拨转马头，在禁军的护卫下仓惶后撤。高昌人最后的侥幸和希望被无情地粉碎了！他们在唐军冷酷无情的打击下乱成一团，即使是最勇敢的高昌战士，也开始抱头鼠窜，争相逃命，千军万马自相腾踏，彻底沦为刀俎之肉！

待候君集率唐军主力赶到，战斗已经结束，高昌军遭受极其惨重的损失，更重要的是，其源自河西六郡的剽悍勇猛被唐人连根拔除！阿史那社尔没有停下脚步，而是一路追击，顺势拔除了高昌城外所有的据点，将战线直接推到了高昌城垣之下！

唐军主力有条不紊地扎营建寨，将高昌城围成了铁桶。

一战胆寒的麹智盛送来了书信，信中云："有罪于天子者，先王也。天罚所加，身已丧背。智盛袭位未几，不知所以忿阙，冀尚书哀怜。"言辞虽然凄凄可怜，但是兵临城下，岂有轻易罢兵之理。麹智盛其实也知道唐人不会善罢甘休，他不过是想通过将罪过推到已死的麹文泰身上，争取能缓一时算一时，寄希望于西突厥的援军和高昌城垣。此时此刻的麹智盛，老子尸骨未寒就开始做死人文章，确实也是黔驴技穷，穷途末路了。早看出其如意算盘的侯君集答复得非常实在，既然如此，那就老老实实开城门投降吧，于是回复云："若能悔祸，宜束手军门。"（《旧唐书·侯君集列传》）但麹智盛还心存幻想，坚守不出。一场拔城战不可避免，对唐军来说，这不过是将田地城的战斗继续予以深化。

填沟、拆墙、砸石头。

五丈高的巢车越过高昌引以为豪的城垣，俯瞰城内，城内动静一览无余。巢车里的瞭望哨挥动令旗，引导投石车对城中人众之处进行火力覆盖，压倒性的打击使城内飞沙走石，鬼哭狼嚎。城中军民纷纷躲避，在房里不敢出来。估计位于城市一隅的高昌王宫也是瓦砾迸飞，一塌糊涂。困守其间的麹智盛惶惶不可终日，只得日日焚香拜佛，祈祷西突厥援军在高昌城墙被砸平之前能前来解围。

其实侯君集之所以没有一鼓作气发起猛攻，也是对西突厥有所顾忌，如果此时全力以赴攻打高昌，西突厥瞅准空档从后背捅上一刀，也够他喝上一壶。因此，他稍微放缓了进攻，想等等契苾何力的消息。同时，也想瞧瞧焉耆那边的动作。在大军出征前，侯君集曾派人约焉耆王龙骑之，令其与唐军合围高昌，焉耆国表示愿意听命。但是，焉耆方面行动并不积极，除了力量有限外，他们也想坐观局势发展，以换取本国最大利益。而侯君集就是要让他们瞧瞧，不用他们，唐人捏死高昌也是跟捏死蝼蚁一样容易，以督促骑墙的焉耆乖乖听话。

而剑指西北分战场的契苾何力知道，他要做的就是用最快速度赶到可汗浮图城（今新疆吉木萨尔北破城子），在西突厥主力到达前将其拿下，保证侯君集所率唐军主力的侧翼安全。

朝霞在山岗上抹出一线红，赤黄的土地因清晨还未干的露水而显得湿润。没有飞扬的尘土，没有灼人的热浪，只有缕缕青草，从印满蹄印的地上探出头来，贪婪地摄取各色粪便带来的养份，还有那短暂的清凉空气。

沙枣、胡杨和白梭梭非常茂密，地面的骆驼刺下，飞窜过草原野鼠和野兔，偶尔还有几只惊鸟呼啦啦飞过。长途奔袭已经有些疲惫的契苾何力所部缓缓穿过灌木林，踏入了那一望无垠的大草原。近一人高的草丛随风摇曳，仿佛万顷波涛。战马们显然非常高兴在这样的地方行军，匆匆赶路的同时，还可以啃上两口鲜美的嫩草。因此，它们个个摇头摆尾，昂首阔步，舒畅的响鼻声从队伍头一直响到队尾。军士们的心情也骤然豁朗，虽然大家都不太说话，但神情都十分轻松愉悦。

"好啦，别光顾看风景啦，各队加快行军速度，五十里换一次马！"契苾何力大声下达行军命令，"必须在太阳升起之前行出八十里！"草原上无遮无拦，要保存体力只有抓紧凉快的时辰加倍赶路。

全军刚刚换马完毕，便有斥候飞骑而来。

"副总管，贼军！"斥候滚鞍落马，行礼报到，"西突厥人！"

"哦？来得正好！"契苾何力眯起了眼睛，巴不得和对方在草原野战一较高下，攻城原本就不是他所长，"迎战！"此去可汗浮图城不过四十里，西突厥人难道要决死一战？

未等唐军列阵完毕，一干纵马前来的西突厥人远远地便勒住马缰，稀稀拉拉拜伏在地。其中几个缓缓上前，用突厥话高呼："阿史那步真叶护请降！"

契苾何力一愣，蓦然有些失望：投降？还没打呢！

事实上，不仅是可汗浮图城，整个西突厥主力都望风而逃，远遁千里。憋足劲

的契苾何力向城百里之遥连连派出斥候，皆寻不得西突厥军星点蛛丝马迹。大失所望的契苾何力立刻遣兵押阿史那步真赴侯君集大军并具告西突厥之情。

与契苾何力的失落不同，侯君集得知可汗浮图城投降后喜出望外，而望眼欲穿的麴智盛则躲在垛口后面亲眼目睹了阿史那步真拜伏在侯君集马前，仰天长叹，对群臣言："事绝矣！"

贞观十四年八月初八，高昌末代国王麴智盛开门出城投降，高昌国延寿纪年寿终正寝。侯君集一方面大度地安抚其众，另一方面则继续分兵略地，将高昌国三郡、五县、二十二城尽括囊中，从而迅速控制了高昌全境。由此，得户八千零四十六，口三万七千七百余。大唐帝国的疆土由此增加了东西八百里、南北五百里的辽阔地域。

八 至今窥牧马,不敢过临洮——帝国龙爪

在中国历代皇帝里，尤其是开国皇帝里，弓马娴熟能征善战者不胜枚举，但是，要说集勇猛与智谋于一身，敢冲锋突刃，百万军中取上将首级者，李世民绝对堪称翘楚。至少，当后人称其为"第一皇帝骑兵战将"，无人有异议。

在李世民的陵墓——昭陵，有闻名世界的昭陵六骏，即李世民在统一战争中所乘的六匹骏马，雕刻在高二点五米、宽三米的石板上，分两组东西排列，东面的第

一骏名叫"特勒（勤）骠"，黄马白喙微黑，为李世民征宋金刚时所乘；东面第二骏名叫"青骓"，苍白杂色，为李世民与窦建德征战时所乘；东面第三骏名叫"什伐赤"，纯赤色，为李世民征王世充、败窦建德时所乘。西面的第一骏名叫"飒露紫"，色紫燕，为李世民平定东都击败王世充时所乘；西面第二骏名叫"拳毛"，黄马黑喙，为李世民与刘黑闼征战时所乘；西面第三骏名叫"白蹄乌"，纯黑色，四蹄俱白，为

李世民平定薛仁杲时所乘。其中，青骓马中五箭，什伐赤前中四箭，背中一箭。飒露紫前中一箭，拳毛騧前中六箭，背中三箭，共中九箭。可见当时战斗之激烈，李世民作战之泼辣，经历九死一生之惊心动魄。"昭陵六骏"，姿态神情各异，线条简洁有力，造型栩栩如生，雕刻技巧精绝，显示了我国古代雕刻艺术的成就，是极为珍贵的文物。可惜它们已被来自美利坚的文化侵略者全部打碎，并盗去了其中的"飒露紫"和"拳毛騧"两骏。这两骏现存美国费城大学博物馆，其余四骏未被盗去，现存陕西省博物馆。

因此，笔者一再大声疾呼，弓马骑射，飞腾鹘行绝对不是草原民族特有的，我汉家儿郎同样战技精绝，尚武剽悍，千万不要把这点雄性血脉也自我阉割得干干净净。

"砰！"鞠杖划出一条优美的弧线，准确命中击球，小小击球如流星般飞逝而去。汗水淋漓的李世民手腕一抢，鞠杖很漂亮地舞出一朵花，他扬臂将球猛然飞击出去，被紧勒住转向的战马大张着嘴，口涎洒滴。太子承乾的鞠杖和吴王李恪的鞠杖为争球猛烈格击，都没有碰到球。飞马疾驰而来的驸马房遗爱纵马冲撞，健蹄下泥沙飞溅，雕有花纹的球在乱蹄中疯滚而出。房遗爱提杖欲击，却没太宗马快，马首又被太宗的神骏阻顶，只得生生勒住。太宗得势不让人，不管房遗爱鞠杖扑面而过，急速补击，球应声入门，左右观球众人齐呼万岁。

马球在唐称击球、打球、击鞠等，是贞观年间由吐蕃传入中国内地的。一经传入便立刻受到唐朝自上而下的青睐，不管

是皇族还是百姓，不管男女老少，尽皆沉迷于此。天策上将出身的唐太宗自然谙熟此道，他的儿孙们也不甘示弱，出了不少马球高手，唐玄宗曾在景龙年间和武慎交、武延秀等结伴击败前来迎娶金城公主的吐蕃使者，玄宗以后的穆宗、敬宗、宣宗、懿宗都好此戏，而僖宗更是以"击球状元"自诩，甚至宫廷贵妇，也多驱马挥杖者。所谓"百马撺蹄近相映，欢声四合壮士呼"，如此军事色彩浓烈的体育项目，能在大唐风靡，足见天可汗王朝的霸气与剽悍。

"进三球！此局东队胜！"充当判事记分的旗牌官抹着脸上的汗水，大声呼喝，"请陛下且事歇息，换马再战！"

李世民呵呵大笑，跳下马来，将鞠杖和马缰绳往侍卫手里一扔，一边取了水杯一边得意地冲李恪、房遗爱等道："如何，连输两局，服也不服？"

"罢了！罢了！下一局不打也罢！"李恪恼道，顺手打了自己坐骑脖子一掌，"马比不过，击杖也没了准头，今日好生晦气！"

"吴王殿下气馁也！"房遗爱笑道，也顾不得擦满脸的汗水，"汝若如此，未战便已输三分也！"

"然，此连骑击鞠之戏与挥军作战理同，所谓击鞠之戏者，盖用兵之技也。武由是存，义不可舍。恪儿万不可灭了自家士气！"李世民放下杯子道，"太子整日混迹突厥，骑射自是不差，此次与朕二人配合极佳，几合于一人却又过于两人，风回电击，左右驱突，赢之也不足为奇也！"

太子承乾在东宫以黄沙盖花园，做出大漠的形状，好好的宫殿也不去住，偏要

住毡帐，还整日穿着突厥服饰和一帮胡人大碗喝酒大块吃肉，口口声声要做快活自在的草原人。对此，唐太宗不仅看在眼里，也记在心里。

莫名其妙的赞扬让承乾喜色一闪而过，继之眼里浮出巨大的惊惧。吴王恪眼光闪动，也蓦然意识到什么，赶紧喝水掩饰。只有房遗爱浑然不觉，兀自喃喃道："要是我兄长遗直于我一队，我等配合默契，当堪与陛下一争胜负！如此连输两局，气杀我也！"

唐太宗看了闷头出汗的承乾和李恪一眼，微微一笑，转换了话题："走吧，魏征他们已经等了很久了，要是再不过去过问下朝政，这个田舍翁又要参朕啦。"

侯君集平高昌的捷报已经八百里加急送来，唐太宗却波澜不兴。

平定高昌的胜利为唐帝国彻底打开了西进之门，但是却在长安的朝堂上掀起了一股逆流，牵头唱衰西征意义的居然是极有分量的魏征和褚遂良。他们认为，说到底，西域太远，对大唐帝国来说，犹如枝叶，而关陇中原才是根本，何必费心费神去那鸟不拉屎的地方穷折腾。

魏征的观点说得非常之"人性化"："……今若利其土壤，以为州县，常须千余人镇守，数年一易，每及交番，死者十有三四，遣办衣资，离别亲戚，十年之后，陇右空虚。陛下终不得高昌撮谷尺布以助中国，所谓散有用而事无用，臣未见其可。"

时任黄门侍郎的褚遂良亦以为不可，对太宗处置突厥、吐谷浑和高昌的不同政策，表示难以理解。他上疏曰："河西供役之年，飞刍挽粟，十室九空，数郡萧然，五年不复。"他列举了派兵戍守西州带来的种种困惑：每年调兵戍守，戍兵自带装备，远离家乡，使其频于破产；滴迁西州的罪人，多是无赖子弟，寻衅兹事，骚扰边城，又多逃亡，官司忙于追捕，岂能有助于边疆防务；高昌道路遥远，沙破千里，冬天之风如刀，夏天之风如火，来往行人，遇之多死；如果张掖、酒泉发生警报，陛下不能从高昌征一夫之兵、一斗之粮，最终还得调用陇右诸州的兵民、粮食以赴援。"然则，河西者，中国之必腹；高昌者，他人之手足；奈何糜弊本根以事无用之土乎？且陛下得突厥、吐谷浑，皆不有其地，为之立君长以抚之，高昌独不得与为比乎？……"（《资治通鉴·唐纪十二》）

其下群臣，见有重臣承头者不少，亦步亦趋，指摘的风凉话说得不少，甚至侯君集等将领攻克高昌后的劫掠财物的种种不良行径，也成了御史们弹劾的热门内容。

可是，这些在唐太宗看来，只是舍本逐末，没有明了大唐帝国西进恢复中原王朝对西域控制权的深远意义，同时这种源于先秦"先华夏而后夷狄"的古训，以内地为"本根"、边疆为"枝叶"的论说，也不符合这位千古一帝华夏、夷狄"爱之如一"的中华民族新思维，他的眼界已经越过西州、葱岭，向西方无限延伸。贞观十四年，北疆之外的东突厥，有死灰复燃之势；西北疆之西突厥元气未损；西及西南疆外的吐蕃正在崛起。大唐帝国要想长治久安，必须要在西北地区筑下一道坚固的藩篱……因此，唐太宗对群臣的诸般聒噪，就两个字——"不纳"。

一个盛世，离不开明君贤臣。明君之所以"明"往往是因为其高人一等的战略眼光，而贤臣之所以"贤"又往往是因为他们能将明君的战略付诸实施，哪怕他们之间曾有激烈的观念分歧。

见皇帝决心已定，魏征等立刻采取措施，将大唐帝国的版图真切地向西推进。

措施一：不在高昌设羁縻州，而是直接置西州，在可汗浮图城置庭州，将高昌故地彻底等同中原，纳入帝国行政管理体系。

措施二：置安西都护府于交河城（今新疆吐鲁番西北雅尔湖村附近），留兵镇守，强化在西域的军事存在，并统筹处置西域新征服地区的军事事宜。

措施三：在西州全面推行大唐政令，尽快完成该地区的"政治经济改革"，使其社会经济得以恢复和发展，成为大唐西陲的基石。根据吐鲁番出土的唐代大量文书，后世的学者们发现西州地区的改制速度是非常惊人的，从贞观十四年到贞观十六年，短短两三年时间，高昌故地已经全面实行了均田制、租庸调制及其它赋役和兵制等一整套唐制。在天可汗的直接关怀下，大唐的行政效率令人叹为观止，谈笑间，高昌故地——大唐的西州完全被"消化"了。

有一句拉丁谚语："如果被征服者还在哭号，征服者就未竟全功。"但唐太宗无疑是成功的。

妄图争夺大唐军神荣誉的侯君集估计被胜利冲昏了头脑，他不仅没有奏请朝廷便自作主张委任官员，还大肆掠夺高昌国宫廷珍奇宝物，对那些貌美如花的西域美妇也是应收尽收。上行下效，他的部下竞相劫掠，大发战争财。此时，有司以此事对其进行弹劾，言之凿凿，铁证如山。唐太宗即便想护短都不行，遂下诏将侯君集等人拿入狱中。有趣的是，出来说情的居然是中书侍郎岑文本，他洋洋洒洒写了一大篇上疏，列举了几位名将的事迹，大不了又是鼓吹"使忠使愚"之类。唐太宗估计也念侯君集旧情，顺势开释了侯君集等人。原本意气风发的侯君集本以为凭借两番出征西域，战功卓著，可以平步青云，扬名天下，结果却因他眼中的"小事"下狱，一生努力付之东流。怨恨愤懑之余，渐有反叛之心。最终参与谋反，到底没能保住自己的脑壳，凌烟阁二十四臣之一的他，只留下个负手背对的肖像。侯君集的这个地位，李世民也算给得恰如其分，真应了那句老话："心比天高，命比纸薄。"侯君集因拔高昌而至巅峰，也因拔高昌而成人生之绝唱，可叹可叹！

而头脑保持清醒的阿史那社尔，在攻克高昌后，以未奉诏为由，对所掠财物，秋毫不取，和贪得无厌的侯君集反差自是极大。这无疑深得唐太宗青睐，天可汗不仅盛赞其廉慎，还赐予高昌宝刀及杂彩千段，并令检校北门左屯营，封为毕国公，名利兼得。连向皇帝告发侯君集有反骨的大唐军神李靖也对阿史那社尔赏识有加。在《唐太宗李卫公问对》中，李靖向唐太宗推荐了包括阿史那社尔在内的几位番将："万彻不如阿史那社尔及执失思力、契苾何力，此皆番臣之知兵者也。臣尝与之言松漠、饶乐山川道路，番情逆顺，远至于西域部落十数种，历历可信。臣教之以阵法，无不点头服义。望陛下任之勿疑，若万彻，则勇而无谋，难以独任。"可见，李靖对社尔评价颇高，在兵法方面还进行过指点。名师出高徒，贞观十四年后，阿史那社尔脱胎换骨，用兵如神，为大唐帝国立下赫赫战功。贞观十九年（645），阿史那社尔率本部人马随唐太宗东征高丽，驻跸山一役，社尔身先士卒，虽屡中流矢，仍拨箭继进，尽显名将风采，所部士兵见后，奋勇作战，终大获全胜。回京后，得兼授鸿胪卿（类似今日之外交部长），说明阿史那社尔不仅汉化深厚，太宗也有意磨练其政务才能。

贞观二十年（646），唐太宗决心彻底解决薛延陀问题，毫不犹豫地任命通晓番情的阿史那社尔为瀚海安抚大使，与执失思力、薛万彻等人各率本部兵马，兵分几路，出击薛延陀。阿史那社尔不负众望，和大唐军将们齐心协力，很快擒薛延陀可汗献于阙下。此战之后，回纥、拔野古、同罗、仆骨、多滥葛、思结、阿跌、契苾、跌结、浑、斛薛等十一部酋长相继归附于唐。贞观二十一年（647），唐太宗决定灭掉龟兹（今新疆库车），以打通东西商路，逐步走向成熟的阿史那社尔再次挂帅出征，以昆丘道行军大总管的身份，与安西都护郭孝恪和右骁卫大将军契苾何力率铁骑挥师西进，浴血征战年余，大唐将士前赴后继，战事惨烈，第一任安西都护郭孝恪不幸阵亡。强悍骁勇的唐朝大军在阿史那社尔指挥下，接连击败西突厥处月、处密二部，

扫平了龟兹、焉耆的抵抗势力，将大唐的疆界扩张到了今天的中亚，控制了西达葱岭（今帕米尔高原）的辽阔地区，实现了太宗皇帝的战略目标，天可汗之师威震西域。西突厥、于阗、安国惊恐万状，对他们来说，大唐帝国的强大不再是遥不可及的传说，而是就在他们城门口咆哮的铁蹄。他们不傻，知道啥叫识时务者为俊杰，于是，争着犒劳唐师，以示臣服和忠诚。"因说于阗王入朝，王献马畜三百饷军。"

贞观二十三年（649）正月，军功达到顶峰的阿史那社尔稳定了西域局势，迫使西域诸国心服口服，奉命班师回朝。在攻灭龟兹的前后战役中，唐军缴获甚丰，当时郭孝恪在军中，床帷器用多饰金玉，他要送一些给阿史那社尔，洁身自好的阿史那社尔当然不会犯侯君集那样的错误，继续保持本色，坚持不受，让风闻此事的唐太宗深受感动，"二将优劣，不复问人矣"（《新唐书·阿史那社尔列传》），对社尔更加信任。同年五月，太宗英年早逝，阿史那社尔悲痛欲绝，割耳捻面请陪葬昭陵。唐高宗李治下诏不许。后迁右卫大将军。永徽四年（653），加位镇军大将军。永徽六年（655），这位入朝为驸马，出则为战将的突厥王子在大唐寿终正寝。高宗皇帝赠其为辅国大将军、并州都督，谥曰元。并照社尔遗愿让其陪葬昭陵。他状如葱岭的坟冢，连同他的功勋碑，一起拱卫着唐太宗的昭陵。旧新唐书的史臣在《阿史那社尔列传》里叹曰："历代武臣，壮勇出众者有诸，节行励俗者鲜矣。社尔廉慎知足。"

笔者，则要拔剑扼腕赞一声：阿史那社尔，天可汗当之无愧的海冬青！

从贞观十四年到二十二年的八年间，天可汗的虎贲之旅踏着将士鲜血铺就的道路不断西进，平高昌、定西域、设四镇，一环扣一环。苍茫戈壁，兵马辚行，英雄辈出，千万将士秉承太宗皇帝圣意，前赴后继，血沃葱岭。大唐兵锋越过巍巍葱岭，出现在天山以南，建立了以安西四镇为核心的西域统治体系。当时的安西四镇为龟兹（今新疆库车）、疏勒（今新疆喀什）、于阗（今新疆和田西南）、焉耆（今新疆焉耆西南），安西都护府则座落在龟兹镇。它们成为继西州之后帝国最西部的藩篱，大唐帝国的军事政治力量终于牢固地扎根于西域地区。

自此，唐太宗设想的帝国西北战略目标完全实现：由安西四镇掌控的诸羁縻州和臣服小国构成大唐第一道国防线，以西州为核心的西、庭、伊三州则构成唐在西域开疆拓土的前沿根据地和第二道国防线，以凉州为中心的瓜、沙、肃、甘等诸州则构成大唐西域后方总根据地及第三道国防线。此后，唐在西域经营百年，此消彼长，所奉战略，不出太宗所谋，英明之贞观天子，不愧千古一帝。

中原帝国的龙爪，汉民族的根基，从此牢牢镶进了西域的土地，震慑了这块土地几乎一百年！即便是今天，任何人都不能回避这个铁一般的事实，那些字迹模糊的石碑，汉字的织锦，被西人视为珍宝的文书，锈蚀殆尽的刀剑，色彩斑斓的石窟壁画就是我们祖先留下的不可磨灭的足迹。

中华的西域，由来已久！

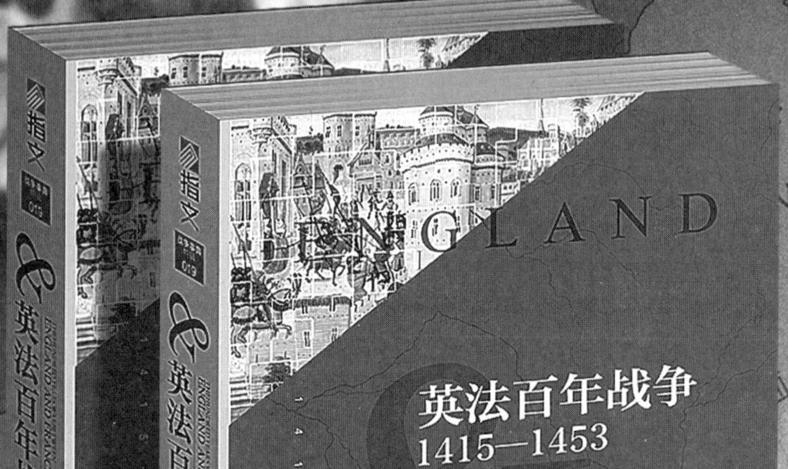
指文
英法百年战争
[下卷]
王一峰 著
指文
英法百年战争
[上卷]
王一峰 著
ENGLAND
英法百年战争
1415—1453
THE HUNDRED YEARS WAR BETWEEN
[上卷]
王一峰——著
FRANCE

英法百年战争1415—1453

英法两国争夺欧洲大陆霸主的入场券

近400张图片及战时手绘地图，全面展示了百年战争中英王亨利五世、圣女贞德等一批杰出人物的功业与光辉事迹，细致勾勒了法兰西王国新君主体系建立的关键走向与曲折过程！

战争事典 特辑018

英国历史学家莱恩-普尔的代表作

以摩尔人为主线，展现了西班牙中世纪历史的宏大
以及活跃在地中海的巴巴里海盗群体的兴衰

MOORS

西班牙摩尔人和
地中海巴巴里海盗的故事

斯坦利·莱恩-普尔精选集

[英]斯坦利·莱恩-普尔 著

张炜崤 李珂 译 刘萌 审阅

BARBARY CORSAIRS

指文® 战争艺术

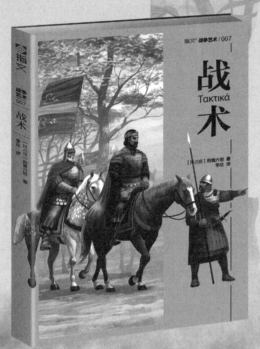

指文 战争艺术／007

战术
Τακτικά

[拜占庭] 利奥六世 著
李达 译

拜占庭帝国皇帝
利奥六世
亲笔著作

由希腊语直接翻译，详细描写了
同时期拜占庭帝国的战争艺术
是研究东罗马帝国军事思想的重要案头资料

拜占庭
军事思想的
代表作

详细记载拜占庭军队人员、装备、
编组、阵型以及训练和作战方式

指文 战争艺术／008

战略
拜占庭时代的
战术、战法和将道

[拜占庭] 莫里斯一世 著
王子午 译